国家重点档案保护与开发项目资助

省情与施政

广东省政府会议录

（1925—1949）

第十册

广东省档案馆　编

SPM 南方出版传媒 广东人民出版社

·广州·

目　　录

汪伪广东省政府会议录

（1940 年 5 月 13 日—1945 年 6 月 28 日）

汪伪广东省政府会议录

(1940 年 5 月 13 日—1945 年 6 月 28 日)

广东省政府
第一次省务会议录

日　　期　民国二十九年五月十三日

地　　点　本府会议厅

出席者　陈耀祖　王英儒　林汝珩　彭东原　周之桢　李道轩
　　　　汪宗准　周应湘

列席者　（全省保安副司令）郑洸薰

主　　席　陈耀祖

纪　　录　（秘书）汪彦平

报告事项

一、周秘书长报告，领到中央特任省政府主席代理主席之特任状，简任省政府各委员、各厅长之简任状，及全省保安司令、副司令之派任状情形。

二、林厅长报告筹备广东省政府成立情形。

讨论事项

一、主席交议，规定每星期二、五日下午二时举行省务会议案。

（决议）通过。

广东省政府
第二次省务会议录

日　　期　五月十七日

地　　点　本府会议厅

出席者　陈耀祖　王英儒　林汝珩　汪宗准　周应湘　李道轩
　　　　彭东原（告假）　周之桢（公出）

主　席　陈耀祖

纪　录　（秘书）汪彦平

报告事项

一、宣读第一次会议录。

二、教育厅林厅长、建设厅陈厅长、财政厅汪厅长呈报，遵于五月十日到厅视事并同日启用印信官章案。

三、警务处李处长呈报，遵于五月十日到处视事并同日启用印信官章案。

讨论事项

一、主席交议，秘书处拟具广东省政府秘书处组织规程草案，请公决案。

（决议）通过，用"暂行"字样呈行政院。

二、财政厅汪厅长提，拟具广东省财政厅组织规程草案，请公决案。

（决议）通过，文字修正交秘书处办理。

三、教育厅林厅长提，拟具广东省教育厅组织规程草案，请公决案。

（决议）通过，文字修正交秘书处办理。

四、民政厅王厅长提，拟具广东省民政厅组织规程草案，请公决案。

（决议）通过，文字修正交秘书处办理。

五、警务处李处长提，拟具广东省警务处组织规程草案，请公决案。

（决议）通过，文字修正交秘书处办理。

六、主席提，拟荐用汪彦平、王之光为省政府秘书，汪彦平兼第二科科长，莫章民为第四科科长，汪彦斌为会计主任案。

（决议）通过。

七、建设厅陈厅长提，拟请呈荐章启佑为本厅主任秘书，卢汝诚为技正兼科长，高士琛为技正兼科长，章启瑞为科长，请公决案。

（决议）通过。

八、财政厅汪厅长提，拟请呈荐欧道空、邹海平为本厅秘书，钟衍庆为第一科科长，薛逢英为第二科科长，欧道空兼第三科科长，叶赞镰为第四科科长，请公决案。

（决议）通过。

九、教育厅林厅长提，拟请呈荐陈致平为本厅主任秘书，汪汉三为秘书，车湛深为第一科科长，林伯榆为第二科科长，许少册为第三科科长，史元济为第四科科长，黄承镰、邝家鼎、周公伟为督学，请公决案。

（决议）通过。

广 东 省 政 府
第三次省务会议议事录

日　期　五月二十一日
地　点　本府会议厅
出席者　陈耀祖　王英儒　汪宗准　林汝珩　李道轩　周应湘
　　　　彭东原（假）　周之桢（公出）
主　席　陈耀祖
纪　录　（秘书）汪彦平

报告事项

一、宣读第二次会议录。

二、民政厅王厅长呈报，遵于五月十日到厅视事并同日启用印信官章案。

三、广东省保安司令部陈司令、郑副司令呈报，遵于五月十日到部视事并同日启用印信官章案。

四、秘书处报告，汪代主席来寒电一件。

讨论事项

一、建设厅陈厅长提，拟具广东省建设厅组织规程草案，请公决案。

（决议）通过，文字修正交秘书处办理。

二、民政厅王厅长提，拟规复民政厅原有赈务办公处，改为广东省赈务委员会，办理急赈案，请公决案。

（决议）（一）电请中央拨款赈济。（二）电请中央赈务委员会迅速组织广东省赈务分会。（三）在省赈务分会未成立前，由民政厅组织筹备委员会负责计划本省赈济事宜。

三、主席提，拟荐用潘延武为广东省政府第一科科长案。

（决议）通过。

四、民政厅王厅长提，拟请呈荐吴霆灼为本厅主任秘书，莫伯闲为秘书，王达夫为第二科科长，何君实为第五科科长，虞息辅为秘书兼第四科科长，岑捷锋代理第一科科长案。

（决议）通过。

五、警务处李处长提，拟请呈荐萧鹏举为本处主任秘书，李华生、赵若山、李光业、区戊圻为秘书，何畏为第一科科长，黄龙云为第二科科长，刘诚为第三科科长，陈锡予为第四科科长，毛少植为第五科科长，保仲生为警察审判所所长，倪复初为警察教练所教育长案。

（决议）通过。

临时动议

一、教育厅林厅长提，为谋恢复原有公私立学校及教育文化机关，拟限一个月内恢复；倘有逾期不能照办者，得由本厅将原地址随时改为办理教育文化机关之用案。

（决议）通过。

二、教育厅林厅长提，拟恢复广东图书馆，择定中华中路学宫街南海学宫为馆址，以便进行案。

（决议）通过。

三、民政厅王厅长提，拟请呈荐李道纯署理南海县县长，李智庵署理番禺县县长，苏德时署理顺德县县长，卢宝水署理东莞县县长，陈德明署理增城县县长案。

（决议）通过。

四、财政厅汪厅长提，拟请呈荐李凌霜为本厅金库长案。

（决议）通过。

广 东 省 政 府
第四次省务会议录

日　期　五月二十四日

地　点　本府会议厅

出席委员　陈耀祖　林汝珩　汪宗准　彭东原　李道轩　周应湘

　　　　　王英儒　周之桢（公出）

主　席　陈耀祖

纪　录　（秘书）汪彦平　王之光

报告事项

一、宣读第三次会议录。

二、奉行政院令，发省政府及隶属行政院之市政府设置特派交涉员暂行办法一件。

三、奉行政院令，行政院第七次会议议决取销本省中山模范县制度一件。

四、准行政院秘书处函知，行政院第七次会议议决，驻粤外交特派员改称为广东省特派交涉员，公署改称为办事处一件。

五、奉行政院训令，各省市对于国地两税，应仍遵照二十六年七月以前国民政府公布，暨本院核准之法令施行一件。

讨论事项

一、财政厅汪厅长提，拟将各县沙田税捐核定底价招商明投，以收速效而裕库收案。

（决议）通过，承办期改以一年为限。

二、财政厅汪厅长提，拟规复各区税务局，接管各县府暂代征收之省税，必要时并可委托兼管国税，兹拟具该局组织规程草案暨预算经费表，请由省政府分别令行各县移交接管案。

（决议）通过。

临时动议

一、林教育厅长提，拟请呈荐杜澍桢为教育厅督学案。

（决议）通过。

二、汪财政厅长提，关于广东省银行所有产业事变后无人管理，拟请组织清理委员会负责整理案。

（决议）交财政厅拟具办法提会决定。

广 东 省 政 府
第五次省务会议议事录

日 期　五月二十八日

地 点　本府会议厅

出席委员　陈耀祖　王英儒　林汝珩　汪宗准　李道轩　周应湘
　　　　　彭东原（假）　周之桢（公出）

列席者　（广东保安副司令）郑洸薰

主 席　陈耀祖

纪 录　（秘书）汪彦平　王之光

报告事项

一、宣读第四次省务会议录。

讨论事项

一、汪财政厅长提，拟具广东省各当按押店开设暂行章程，及县解缴当按押店饷表，请公决案。

（决议）交民政厅审查再提会。

二、汪财政厅长提，拟具广东财政厅金库暂行组织规程草案，请公决案。

（决议）修正通过。

三、汪财政厅长提，拟请呈荐凌达材、周沛霖为本厅秘书案。

（决议）通过。

广东省政府
第六次省务会议议事录

日　期　五月三十一日

地　点　本府会议厅

出席委员　陈耀祖　林汝珩　汪宗准　彭东原　王英儒　李道轩
　　　　　周秉三　周应湘

列　席　（保安副司令）郑洸薰

主　席　陈耀祖

纪　录　（秘书）汪彦平　王之光

报告事项

一、宣读第五次省务会议录。

二、中央赈务委员会岑委员长俭电一件。

讨论事项

一、汪财政厅长提，拟具广东省契税暂行章程及契税减征办法，定期开始征收契税，请公决案。

（决议）交财政厅与广州市政府商洽后再提会决定。

二、李警务处长提，拟请省府通令所属，对于逃亡警察勿予收容并须通缉归案究办案。

（决议）通过，令饬所属各机关遵办并分别函知各军事机关。

三、陈兼建设厅长提，拟请呈荐金肇组〔祖〕为本厅技正，孔健飞为技士案。

（决议）通过。

临时动议

一、汪财政厅长提，拟请呈荐雷遇春为广东禁烟局局长案。

（决议）通过。

广东省政府委员会
第七次会议录

日　　期　六月四日

地　　点　本府会议厅

出席委员　陈耀祖　汪宗准　彭东原　李道轩　王英儒　周应湘
　　　　　林汝珩　周秉三

主　　席　陈耀祖

纪　　录　（秘书）汪彦平　王之光

报告事项

一、宣读第六次会议录。

讨论事项

一、王民政厅长提，奉第五次省务会议发交，审查关于当按押店开设暂行章程一案，兹拟具审查报告书提请公决案。

（决议）照修正意见通过。

二、林教育厅长提，拟具广东省体育委员会规程，请公决案。

（决议）通过。

三、汪财政厅长提，拟请呈荐蔡志卓、郑逊伯为本厅视察案。

（决议）通过。

广东省政府委员会
第八次会议录

日　　期　六月七日

地　　点　本府会议厅

出席委员　陈耀祖　林汝珩　汪宗准　李道轩　彭东原　王英儒

周应湘　周秉三（假）　周之桢（公出）

主　席　陈耀祖

纪　录　（秘书）汪彦平　王之光

报告事项

一、宣读第七次会议录。

二、主席临时报告，南京教育部来鱼电一件。

讨论事项

一、汪财政厅长提，拟具广东省禁烟局暂行组织规程草案，请公决案。

（决议）交王民政厅长、周委员秉三会同审查。

二、汪财政厅长提，关于开设当按押店一案，再拟具下则小押章程，提请公决案。

（决议）关于开设当按押店一案，交财政厅、民政厅另拟办法，以利人民周转。

三、汪财政厅长提，本厅秘书周沛霖因病呈请辞职，拟请呈荐卫永保递补案。

（决议）通过。

临时动议

一、汪财政厅长提，谨将开设广属沙田税捐情形列报，并拟具认额批办及派员征收两办法，请公决案。

（决议）认额批办办法准试行一年，并规定其认额，不得少过底额百分之九十，余照通过。

广东省政府委员会
第九次会议录

日　期　六月十一日

地　点　本府会议厅

出席委员　陈耀祖　王英儒　林汝珩　汪宗准　彭东原　周秉三
　　　　　李道轩　周应湘　周之桢（公出）

主　席　陈耀祖

纪　录　（秘书）汪彦平　王之光

报告事项

一、宣读第八次会议录。

讨论事项

一、王民政厅长提，拟设置各县联防局，谨拟具各县地方联防暂行
条例，请公决案。

（决议）交林委员、李委员会同审查，审查时并邀同王民政厅长出
席，郑保安副司令列席，由林委员召集。

二、王民政厅长提，拟请呈荐陈树勋为本厅视察案。

（决议）通过。

临时动议

一、王民政厅长提，拟请呈荐雷宏张、朱誉均为本厅视察案。

（决议）通过。

广东省政府委员会
第十次会议录

日　期　六月十四日

地　点　本府会议厅

出席委员　陈耀祖　王英儒　李道轩　彭东原　汪宗准　周应湘
　　　　　林汝珩　周秉三（假）　周之桢（公出）

列　席　郑洸薰

主　席　陈耀祖

纪　录　（秘书）汪彦平　王之光

报告事项

一、宣读第九次会议录。

讨论事项

一、李警务处长提，关于盗匪案件，于中央政府未颁布施行惩治盗匪法之前，拟请通令准暂援用惩治盗匪暂行办法，以资救济案。

（决议）应否暂仍援用一年，及案件之判决应由本府或军委会驻粤办公处核定，呈候中央核示。

二、王民政厅长提，现已恢复县治，各县应否遵照国府颁布修正县组织法从新改组，以崇体制案。

（决议）通过，呈行政院备案。

三、林委员、李委员会提，奉交审查民政厅提议之广东省各县地方联防暂行条例，谨拟具意见，提请公决案。

（决议）照审查意见通过。

临时动议

一、李警务处长提，订定各县市各级警察机关及县警察队设置办法暨编制方案，请公决案。

（决议）原则通过，仍交王委员、林委员审查，审查时并邀同李警务处长出席，郑保安副司令列席，由王委员召集。

二、汪财政厅长提，拟定征收税款暂行办法草案，请公决案。

（决议）通过。

三、王民政厅长提，拟请呈荐陈廷周署理从化县县长，孙承治署理花县县长，请公决案。

（决议）通过。

广东省政府委员会
第十一次会议录

日　期　六月十七日
地　点　本府会议厅
出席委员　陈耀祖　林汝珩　李道轩　彭东原　周秉三　汪宗准
　　　　　　周应湘　王英儒　周之桢（公出）

主　席　陈耀祖

纪　录　（秘书）汪彦平　王之光

报告事项

一、宣读第十次会议录。

二、中央赈务委员会岑委员长元电一件。

讨论事项

一、汪财政厅长提，各县行政经费拟由省库支发，请从速规定其所辖区乡镇公所经费，亦请从速规定在县地方款开支案。

（决议）自七月份起各县行政经费由省库拨发，并交民政厅从速规定各县行政经费，及各县所辖区乡镇公所经费。

二、主席交议，汪财政厅长呈，拟请自省政府成立之日起，各县政府未经呈奉核准批办各类税捐，一律予以撤销，以明系统，而资整理案。

（决议）通过。

三、汪财政厅长提，拟请呈荐完谦为本厅主任秘书，并拟调本厅秘书兼第三科科长，欧道空专任第三科科长职，免去秘书一职，以专责成案。

（决议）通过。

临时动议

一、王委员、林委员会提，奉交审查各县市各级警察机关及县警察队设置办法暨编制方案，谨拟具意见提请公决案。

（决议）照审查意见通过。

广东省政府委员会
第十二次会议录

日　期　六月二十五日

地　点　本府会议厅

出席委员 　陈耀祖　王英儒　林汝珩　李道轩　周秉三　彭东原
　　　　　　　汪宗准　周应湘　周之桢（公出）

列　席　（广东省保安副司令）郑洸薰

主　席　陈耀祖

纪　录　（秘书）汪彦平　王之光

报告事项

一、宣读第十一次会议录。

二、奉行政院令，发惩治盗匪暂行办法令，仰遵照并饬属遵照令一件。

三、奉军事委员会令，发惩治盗匪暂行办法令，仰遵照并转饬知照令一件。

讨论事项

一、汪财政厅长提，拟遵照财政部定章暨宋前厅长酌减税率征收营业税，请公决案。

（决议）通过。

二、汪财政厅长、彭市长会提，拟将广州市区内契税暂行委托市地政局代办，兹拟具广东省契税暂行章程及契税减征办法，请公决案。

（决议）通过。

三、王民政厅长、汪财政厅长会提，奉交审议本省各当按押店开设章程酌予变更一案，谨拟具审议报告书提请公决案。

（决议）照审查意见通过。公营大押，试办六个月，如有盈余，拨充本省慈善救济事业基金。

四、王民政厅长提，拟议广东省民政厅长巡视暂行章程，请公决案。

（决议）通过。

五、主席交议，据汪财政厅长呈报，订定广东财政厅各属沙田征收处暂行章程，请公决案。

（决议）通过。

六、李警务处长提，拟将临时警捐改由本年八月一日起主客各半分担，以昭平允案。

（决议）交王委员、汪委员会同审查，审查时并邀同李警务处长出

15

席，由王委员召集。

七、林教育厅长提，拟请呈荐凌汝骥为本厅督学案。

（决议）通过。

广东省政府委员会
第十三次会议录

日　　期　六月二十八日

地　　点　本府会议厅

出席委员　陈耀祖　汪宗准　彭东原　周秉三　李道轩　王英儒
　　　　　周应湘　周之桢（公出）　林汝珩（假）

主　　席　陈耀祖

纪　　录　（秘书）汪彦平　王之光

报告事项

一、宣读第十二次会议录。

讨论事项

一、汪财政厅长提，拟将前市公署财政处批办广州市糖类捐顺合公司承案撤销，另行公开招投，谨拟具糖类营业状况调查表，暨调查糖类入口数目总计表，提请公决案。

（决议）照案通过。

二、主席交议，据周兼汕头市长呈送汕头市政府组织条例及办事规程，暨荐委各局局长履历，请公决案。

（决议）（一）组织条例及办事规程照参议室签注意见原则通过。（二）关于各局职掌交有关各厅处审查。（三）呈荐各员除施静鸣改任为秘书长，警察局长陈光烈另有任用，改委黄汉民充任外，余照通过。

三、汪财政厅长提，拟请设立广东省银行复业筹备委员会，谨拟具该会章程，提请公决案。

（决议）通过。

四、汪财政厅长提，关于征收煤油税款拨付五成以充各县政费一案，拟具意见提请公决案。

（决议）照案通过。

五、汪财政厅长提，拟请呈荐梁逸卿为本厅视察案。

（决议）通过。

六、李警务处长提，本处第二科科长黄龙云辞职拟照准，遗缺拟请以秘书赵若山兼任案。

（决议）通过。

七、主席交议，据李警务处长呈报，该处秘书李华生另候任用，请免本职案。

（决议）通过。

临时动议

一、汪财政厅长提，拟具广东省财政厅征收临时地税暂行章程，及广东省财政厅各县临时地税督征处暂行章程，暨经费预算表，提请公决案。

（决议）通过。

二、王民政厅长提，拟撤销迁港之东莞明伦堂沙田整理委员会，从新改组，并拟请委卢德为该会委员长，王建屏、阮谷贻、陈晴峰、李家英、陈瑶宝为委员案。

（决议）通过。

广东省政府委员会
第十四次会议录

日　期　七月二日
地　点　本府会议厅
出席委员　陈耀祖　王英儒　林汝珩　李道轩　黄子美　周秉三
　　　　　彭东原　汪宗准　周应湘　周之桢（公出）
主　席　陈耀祖
纪　录　（秘书）汪彦平　王之光

报告事项

一、宣读第十三次会议录。

二、奉汪院长电，行政院会议议决简任黄子美为广东省政府委员电一件。

讨论事项

一、王民政厅长提，拟议广东省民政厅行政会议暂行规程，及广东省县市政府行政会议暂行规程，请公决案。

（决议）修正通过。

二、主席交议，据周兼交涉员呈，拟请荐任黄东满为本处秘书暂兼第一科科长，耿廷桢为第二科科长暂兼秘书，潘家骥为第三科科长案。

（决议）通过。

临时动议

一、林教育厅长提，拟请将本厅督学邝家鼎调充省立第一师范学校校长，本厅专门委员朱接□①充任省立第一女子师范学校校长，请公决案。

（决议）通过。

广东省政府委员会
第十五次会议录

日　　期　七月五日

地　　点　本府会议厅

出席委员　陈耀祖　李道轩　周秉三　王英儒　彭东原　林汝珩
　　　　　　黄子美　汪宗准（完谦代）　周应湘　周之桢（公出）

主　　席　陈耀祖

纪　　录　（秘书）汪彦平　王之光

---

① 此字呈左中右构体，左部首模糊不清，中右部为"敫"。

18

报告事项

一、宣读第十四次会议录。

讨论事项

一、主席交议，秘书处签呈，本府五月份公报业已编印，拟自六月份起，依照前省政府委员会议议决统一公报办法，凡本府各厅处应登公报稿件，均在本公报发表案。

（决议）照办。

临时动议

一、周兼特派交涉员提，拟具广东省特派交涉员办事处组织规程草案，请公决案。

（决议）原则通过。交秘书处修正文字。

广东省政府委员会
第十六次会议录

日　　期　七月十二日

地　　点　本府会议厅

出席委员　陈耀祖　李道轩　黄子美　周秉三　彭东原　周应湘
　　　　　林汝珩　汪宗准（完谦代）　王英儒（假）
　　　　　周之桢（公出）

列　　席　（保安副司令）郑洸薰

主　　席　陈耀祖

纪　　录　（秘书）汪彦平　王之光

报告事项

一、宣读第十五次会议录。

讨论事项

一、王民政厅长提，拟编各县政府及行政区署经费预算，请公决案。

（决议）交财政厅审查再提会。

二、汪财政厅长、王民政厅长会提，奉交审查临时警捐办法一案，谨拟具审查报告书，提请公决案。

（决议）照审查意见通过。

三、主席交议，据警务处长呈报，拟具清理积欠警捐办法暨征收临时警捐办法，应否照办，请公决案。

（决议）（一）本府为体恤人民艰苦起见，所有本年五月以前，广州市民欠缴之临时警费，准予一律豁免。（二）自本年五月起，市民应即按月遵章缴纳临时警费，若有欠缴五、六、七月警费者，限于七月底以前清缴，免予处罚。（三）八月以后，如有延欠警费，即照清理积欠警捐办法第四条办理。

四、陈兼建设厅长提，拟请呈荐李大德为本厅技正案。

（决议）通过。

五、王民政厅长提，从化县县长陈廷周因病辞不赴任，请予照准，遗缺拟请呈荐本厅视察陈树勋接任案。

（决议）通过。

广东省政府委员会
第十七次会议录

日　　期　七月十八日
地　　点　本府会议厅
出席委员　陈耀祖　王英儒　李道轩　黄子美　彭东原　汪宗准
　　　　　周应湘　周秉三　林汝珩　周之桢（公出）
列　　席　（保安副司令）郑洸薰
主　　席　陈耀祖
纪　　录　（秘书）汪彦平　王之光
报告事项
一、宣读第十六次会议录。
二、林教育厅长呈，为将省立第一师范学校改为省立第一中学校，仍委邝家鼎为校长呈一件。

讨论事项

一、主席交议，据三水县真日代电为潦水为灾，请拨国币二千元，以资赈济，应否照拨，请公决案。

（决议）照拨国币二千元。

二、主席交议，关于汕头市政府组织条例及办事规程，前经第十三次省务会议议决，关于各局职掌交有关各厅处审查一案，现各厅处业将审查意见先后送府汇录，提付公决案。

（决议）交参议室依照各厅处意见再予修正，并征询周市长意见后，呈行政院备案。

三、王民政厅长提，本厅视察陈廷周业已调充从化县县长，遗缺拟请呈荐周任勋充任案。

（决议）通过。

四、王民政厅长提，拟请委莫培远、卢子枢为东莞县明伦堂沙田整理委员会委员案。

（决议）通过。

临时动议

一、主席交议，据广州市彭市长呈，请任命潘芸阁为市政府秘书长，许少荣为财政局局长，梁荣荪为工务局局长，蔡明为社会局局长，何星常为教育局局长，潘芸阁兼地政局局长，王会杰为卫生局局长，吴实之、郑渭中、潘子诚为参事，并请转呈行政院任命案。

（决议）先由本府派委，再呈行政院任命。

二、汪财破厅长提，广州市第一种娱乐捐承办将届满期，拟仍照案续办，核定底价，缮具核定承办章程，招商公投简章，定期布告公投，请公决案。

（决议）核定承办章程第四条文末，加"如该商开设娱乐场不足九十间，不得借口要求减饷"。招投简章第十项内载"非经呈奉核准，不得增加间数"删去。余照通过。

广东省政府委员会
第十八次议事录

日　期　七月二十六日

地　点　本府会议厅

出席委员　陈耀祖　王英儒　林汝珩　李道轩　黄子美　周秉三

　　　　　　彭东原　汪宗准　周应湘　周之桢（公出）

主　席　陈耀祖

纪　录　（秘书）汪彦平　王之光

报告事项

一、宣读第十七次会议录。

二、奉行政院令，据呈本省多盗，可否仍援用惩治盗匪暂行办法，至盗案最终审核职权应属何机关，请令遵一案，指令知照由一件。

讨论事项

一、主席交议，据汪财政厅长呈，据广州市商会呈报召集典商讨论登记复业情形，请示办理各点，应否照准，提付公决案。

（决议）照案通过，章程交财政厅修正。

二、主席提，拟具广东省东区行政督察专员公署暂行组织规程，请公决案。

（决议）规程第十一条修正，余照通过。

三、王民政厅长、周交涉员会提，奉交审查广东省禁烟局暂行组织规程草案，拟具审查报告书，提请公决案。

（决议）照审查意见通过，仍交财政厅，依照行政院禁烟禁毒两种治罪暂行条例修正意见修正后，呈省政府备案。

四、王民政厅长提，拟议县长巡视章程，请公决案。

（决议）通过。

五、主席交议，据王民政厅长呈，本厅视察陈树勋业已调署从化县县长，遗缺拟请呈荐李曜明充任案。

（决议）通过。

六、林教育厅长提，拟请呈荐李国梁为本厅督学案。

（决议）通过。

临时动议

一、李警务处长提，拟将本人兼任警察教练所所长一职辞退，遗缺请以警务处第五科科长毛少植接充，仍兼第五科科长案。

（决议）通过。

二、王民政厅长提，拟请呈荐朱国基接充本厅第二科科长案。

（决议）通过。

三、主席提，拟派陈光烈为东区行政督察专员案。

（决议）通过。

四、主席交议，据王民政厅长呈，拟请委陈献猷署理潮安县县长，林少梅署理潮阳县县长，张毓英署理三水县县长案。

（决议）通过。

五、主席交议，据王民政厅长呈，拟请将增城县县长陈德明调省，遗缺拟委王达夫署理案。

（决议）通过。

六、主席提，本府为沟通中日文化，促进善邻友好关系，选送学生四名赴日留学，所有关于选送事宜，交由教育厅办理案。

（决议）通过。

七、主席提，本省设立广东大学，拟派教育厅长林汝珩暂兼校长案。

（决议）通过。

八、主席提，拟派汪宗准，李阴南、关维庆、李尚铭、黄子美为广东省银行筹备委员会委员，并以汪宗准兼主任委员案。

（决议）通过。

广东省政府委员会
第十九次会议录

日　　期　八月一日

地　　点　本府会议厅

出席委员　陈耀祖　林汝珩　李道轩　黄子美　汪宗准　周应湘
　　　　　周秉三　王英儒　彭东原（假）　周之桢（公出）

列　　席　（保安副司令）郑洸薰

主　　席　陈耀祖

纪　　录　（秘书）汪彦平　王之光

报告事项

一、宣读第十八次会议录。

二、主席报告，奉行政院令，各机关于每星期中举行周会，仰遵办具报等因。除分令所属各机关遵令举行，并分别转饬遵照外，本府定每星期二举行，由下周开始。届时各厅处科长以上，市府秘书长局长参事以上，保安司令部处长以上，须一律来府参加。

三、警务处呈，请将特种营业商店临时警捐补充办法，定为仍由住客负担，以免纠纷呈一件。

讨论事项

一、主席交议，准中央电讯社广州分社函，请按月补助经费一千元，应否照拨提付公决案。

（决议）（一）自八月份起按月补助该分社经费军票一千元。（二）该分社计划办法及预算书应随时呈报本府。（三）每周并须编造工作报告呈送本府。

二、主席交议，据李警务处长呈，拟组设查定民业租赁委员会，拟具查定民业租赁委员会暂行规则，呈请察核，是否可行，请公决案。

（决议）交王民政厅长、汪财政厅长、彭兼市长会同审查，审查时并邀同李警务处长出席，由王民政厅长召集。

三、主席提，拟呈荐梁朝汇为本府秘书案。

（决议）通过。

四、李警务处长提，本处秘书兼第二科科长赵若山，以事务繁剧，弗能兼任，面请辞去兼职，拟予照准，所遗第二科科长缺，拟请呈荐张绍昌充任案。

（决议）通过。

广东省政府委员会
第二十次会议录

日　期　八月八日

地　点　本府会议厅

出席委员　陈耀祖　王英儒　林汝珩　李道轩　黄子美　周秉三
　　　　　彭东原　汪宗准　周应湘　周之桢（公出）

主　席　陈耀祖

纪　录　（秘书）汪彦平　王之光

报告事项

一、宣读第十九次会议录。

讨论事项

一、主席交议，据李警务处长呈，拟请规复惩教场，谨拟具该场组织简表暨预算书，恳予察核，是否可行，提付公决案。

（决议）原则通过，关于经费交财政厅纳入本省全年度预算内筹划。

二、王民政厅【长】、黄委员、李警务处长会提，关于广东省各县市地方联防队枪枝烙印暂行办法一案，经会同参照国民政府查验自卫枪炮及给照暂行条例，从新审查完竣，谨将意见提请公决案。

（决议）照审查意见通过。

临时动议

一、主席交议，据李警务处长呈，谨拟具火葬场每月经常费预算书，呈请察核示遵，是否可行，提付公决案。

（决议）通过，经费由财政厅筹拨。

二、主席交议，林教育厅长拟具广东省政府考选留日公费学生简章，提付公决案。

（决议）通过，简章内加入"毕业后回国服务办法"一项。

三、王民政厅长提，拟组设广东省民食调节委员会及大规模之营米公司，救济民食案。

（决议）先成立广东省民食调节筹备委员会，以民政厅长、财政厅长、建设厅长、广州市长为委员，并指定王民政厅长为主任委员，负责筹办。

四、王民政厅长提，拟请呈荐孙绳武为宝安县县长，附呈该员履历，请公决案。

（决议）通过。

广东省政府委员会
第二十一次会议录

日　　期　八月十五日
地　　点　本府会议厅
出席委员　陈耀祖　王英儒　林汝珩　黄子美　周秉三　彭东原
　　　　　汪宗准　周应湘　李道轩（公出）　周之桢（公出）
主　　席　陈耀祖
纪　　录　（秘书）王之光　梁朝汇
报告事项
一、宣读第二十次会议录。
讨论事项
一、李警务处长提，拟请将广东省政府所属各机关公务员填具保证书案。

（决议）交王民政厅长、汪财政厅长、周秘书长审查。

二、汪财政厅长提，拟具奖励举报各县临时地税册籍暂行办法，请公决案。

（决议）通过。

临时动议

一、主席交议，据汪财政厅长报告，据广州市政府许财政局长面称，市府经费支绌，拟请由省政府酌予补助经费。现拟在广州市政府预算未奉审定前，暂由省政府借拨军费〔票〕五万元补助该市府经费案。

（决议）预算未审核完竣前，暂借拨军票五万元，补助该市府本月经费。

二、主席提，据王民政厅长报告，本省民食调节筹备委员会筹备完竣，附具审查修正广东省民食调节委员会组织章程，提请察核。查调节民食事宜亟待进行，该会拟即日成立，并指定王英儒、汪宗准、彭东原、李道轩、金肇组、植梓卿为委员，并以王英儒为主任委员。

（决议）通过，并修正组织章程。

广东省政府委员会
第二十二次会议录

日　期　八月二十二日

地　点　本府会议厅

出席委员　陈耀祖　王英儒　林汝珩　黄子美　周秉三　彭东原
　　　　　　汪宗准　周应湘　李道轩（公出）　周之桢（公出）

主　席　陈耀祖

纪　录　（秘书）王之光　梁朝汇

报告事项

一、宣读第二十一次会议录。

二、奉行政院令，准军事委员会咨复，惩治盗匪案件最终审核权，仍照暂行办法第十条之规定办理，令仰遵办。

讨论事项

一、主席交议，据邱灼晖呈，请核发广东省妇女会改组筹备会开办费军票二千元一案，已先予批准，请追认案。

（决议）通过追认。

二、王民政厅长、汪财政厅长、周秘书长会提，奉交审查关于广东省政府所属各机关公务员填具保证书一案，拟具审查报告书，提付公决案。

（决议）照审查意见通过。

三、汪财政厅长提，案据番禺县县长李智庵呈称，本年征收地税，请准予解厅四成，留县四成，以二成拨充各乡长代征奖金及编造田亩册籍经费一案，拟准提扣一成，请公决案。

（决议）通过。

四、汪财政厅长提，为广州市糖类捐再投不能成立，未便一再迁延，致碍税收，拟将顺合公司承案撤销，暂饬广州省税局直接解，拟具征收糖类捐章程，提请公决案。

（决议）照案通过。

临时动议

一、主席交议，据彭兼市长呈，请饬库将本年五、六、七各月补助费先行拨支具领一案，经饬据财政厅签呈，拟具按月补助市政府经费办法，是否可行，提付公决案。

（决议）照财政厅签拟办法通过，五月份免予补助，六月份补助军票五万元，七月份至十二月份每月补助军票十万元，三十年一月至六月每月补助军票八万元，六月以后看察情形再行决定。

二、主席交议，据广州市政府彭市长呈，拟请将本府五、六、七月份各员官俸公费，仍照拟定预算原额报销，及由八月份起，即遵照奉发原表办理，提付公决案。

（决议）通过照办。

三、主席交议，广东省银行筹备委员关维庆因事不能到差，拟改派王英儒为筹备委员案。

（决议）通过。

四、汪财政厅长提，为筹拨广东振务分会暨各项慈善救济费，拟分别附加税捐以资应付而维善举案。

（决议）通过。

广东省政府委员会
第二十三次会议录

日　期　八月二十九日

地　点　本府会议厅

出席委员　陈耀祖　王英儒　林汝珩　黄子美　周秉三　彭东原

　　　　　汪宗准　周应湘　李道轩（公出）　周之桢（公出）

主　席　陈耀祖

纪　录　（秘书）王之光　梁朝汇

报告事项

一、宣读第二十二次会议录。

二、据王民政厅长呈，关于各县政府及行政区署经费预算，拟改为八月份施行，并编拟各行政区署经费预算表，呈请核示，当经饬据财政厅签注意见，以该预算及办法尚属可行等情，经予照准。

讨论事项

一、主席交议，据海员工会、机器工会、民船工会代表何际熙等呈，拟筹备组织广东全省总工会，并拟具筹备计划意见书，连同经常费暨开办费预算书，筹备发起员履历表，缴请察核一案，当经先予批复准拨开办费国币一千三百元，每月经常费军票一千元，并饬将筹备员名单呈核，请追认案。

（决议）通过追认。

二、汪财政厅长、李警务处长、彭兼市长、王民政厅长会提，奉交审查李警务处长呈拟查定民业租赁委员会暂行规则，及市政府呈缴弃权民业租金临时管理委员会组织规程二案，业经会同审议完竣，惟关于该会隶属问题，应请省政府核定，谨将审查结果，连同修正广东省会地方暂管民业整理委员会规程，提请公决案。

（决议）照审查意见通过。（一）组设广东省会地方暂管民业整理委员会。（二）修正该会规程。（三）由省政府主席兼任主任委员，并指派王英儒、周秉三、李道轩、许少荣、植梓卿、陈嘉霭为委员，并以王英儒、李道轩、许少荣兼常务委员。

三、林教育厅长提，拟请以本厅督学李国梁调充省立第二中学校校长案。

（决议）通过。

临时动议

一、主席提，据〔拟〕组织广东省二十九年度预算审查委员会，并指定汪财政厅长、林教育厅长、彭市长、周秘书长、黄委员为委员案。

（决议）通过。

二、主席交议，据广东民食调节委员会主任委员王英儒呈，该会议定广东营米公司统一运销平抑谷米办法提要，及组织大纲，请予察核，提付公决案。

（决议）交黄委员暨广东省银行筹备委员李阴南、省政府设计委员会主任委员何品良审查，由黄委员召集并邀同王主任委员列席。

广 东 省 政 府
第二十四次会议录

日　期　九月五日

地　点　本府会议厅

出席委员　陈耀祖　王英儒　林汝珩　李道轩　黄子美　彭东原
　　　　　汪宗准　周应湘　周秉三（假）　周之桢（公出）

列　席　（保安副司令）郑洸薰
　　　　（本府设计委员会主任委员）何品良
　　　　（广东省银行复业筹备委员会委员）李阴南

主　席　陈耀祖

纪　录　（秘书）王之光　梁朝汇

报告事项

一、宣读第二十三次省务会议录。

二、奉行政院令，为各省政府委员会议，应由各该省高等法院院长列席，令仰查照令一件。

三、奉行政院令，为第十八次院会决议，各省警务处长应列席各该省政府委员会议案，令仰遵照令一件。

讨论事项

一、主席交议，据广东省银行复业筹备委员会呈报临时开办费表暨预算表，请察核示遵一案，已先予照准，请追认案。

（决议）通过追认。

二、王民政厅长提，拟请设立广东省归国华侨招待所，并派员宣慰海外华侨案。

（决议）先咨询侨务委员会意见后再提会决定。

三、汪财政厅长提，本厅秘书凌达材另有差委，遗缺拟请呈荐徐国材充任案。

（决议）通过。

临时动议

一、黄委员提，奉交审查广东省民食调节委员会呈拟广东营米公司统一运销平抑谷米办法提要，及组织大纲一案，谨拟具审查报告，提请公决案。

（决议）（一）关于调节民食及取缔米商居奇操纵等事宜，仍由民食调节委员会办理并充实该会之组织。（二）营米公司应采取纯粹商业性质交王主任委员负责筹备。

二、王民政厅长提，据东莞县明伦堂沙田整理委员会呈报，委员王建屏辞不就职，拟予照准，遗缺拟请委叶勤接充，附呈履历，请公决案。

（决议）通过。

三、王民政厅长提，拟整饬吏治，重申公务员保障奖惩及考绩等例则，通令实施，提请公决案。

（决议）先交林厅长、周委员秉三、黄委员会同审查，由林厅长召集，并邀同王厅长列席。

广东省政府
第二十五次会议录

日　期　九月十二日

地　点　本府会议厅

出席委员　陈耀祖　王英儒　林汝珩　李道轩　黄子美　汪宗准
　　　　　　周应湘　用秉三（公出）　周之桢（公出）
　　　　　　彭东原（公出）

列　席　（广东高等法院院长）陈鸿慈

主　席　陈耀祖

纪　录　（秘书）王之光　梁朝汇

报告事项

一、宣读第二十四次省务会议录。

讨论事项

一、主席提，本府前派铁禅和尚东渡考察友邦佛教状况，并致送旅费军票三千元，请追认案。

（决议）通过追认。

二、主席交议，据广东省银行复业筹备委员会汪主任委员呈，拟广东省银行条例，请察核咨部核准施行案。

（决议）交林委员、李委员、周委员、周委员审查，由林委员召集并邀同汪主任委员出席说明。

临时动议

一、主席交议，据广州市彭兼市长，拟具调整广州市政府行政机构及人事迁调意见，请予察核提付公决案。

（决议）（一）地政局裁并财政局办理。（二）财政局局长调派蔡明接充，递遗社会局局长缺，调派潘芸阁接充。（三）秘书长潘芸阁辞职照准，所遗秘书长缺，派教育局局长何惺常暂兼。

二、王民政厅长提，拟具广东省各县市地方自治人员考核及奖惩暂行条例草案，提请公决案。

（决议）交黄委员、周秉三委员、陈高等法院院长审查，由黄委员召集。

三、主席交议，据民食调节委员会王主任委员面呈，拟具该会谷米管理处组织大纲暨系统表，及核发营米特许证办法，统一谷米运输平抑价格办法提要，缴请察核提付公决案。

（决议）（一）谷米管理处组织大纲暨系统表修正通过。（二）营米特许证办法暨平抑价格办法提要试办三个月。

广 东 省 政 府
第二十六次会议录

日　期　九月十九日

地　点　本府会议厅

出席委员　陈耀祖　王英儒　林汝珩　李道轩　黄子美　周秉三
　　　　　　彭东原　汪宗准　周应湘　周之桢（公出）

列　席　（广东高等法院院长）陈鸿慈

主　席　陈耀祖

纪　录　（秘书）王之光　梁朝汇

报告事项

一、宣读第二十五次会议录。

二、据汪财政厅长呈，据广州市商会转据押业同业公会，请再展复业登记期限及改善新张担保办法，请核示等情，经先准予变通办理。

三、准警政部咨，奉行政院令，检发修正省警务处组织法，除咨令外附同该组织法咨请查照。

讨论事项

一、主席交议，据中山日报社呈，拟请核定，凡人民或团体登载关于诉讼缪辖及维护法益等声明广告，须在本报刊登方生效力案。

（决议）照准。

二、主席提，本省粮食奇昂，贫民待赈孔亟，拟举办公务员捐薪助赈，以苏民困案。

（决议）（一）捐薪办法：特任官按月薪额捐百分之十，简任官百分之五，荐任官百分之三，委任官百分之一点五，但月薪在一百元以下者免捐。（二）捐薪以六个月为期，由本年九月起至明年二月止。

三、汪财政厅长提，拟具修正征收煤油贩卖业营业税章程，暨管理煤油商贩运规则，提请公决案。

（决议）交黄委员、周秉三委员审查。

四、汪财政厅长提，拟具修正营业税评议委员会规程暨评议规则，提请公决案。

（决议）交王厅长、周秘书长审查。

五、汪财政厅长、李警务处长会提，拟将全市清理垃圾事项收回自办，并恢复征收洁净费办法，以专责成而资整顿案。

（决议）通过，由十月一日起照办。

临时动议

一、主席交议，据中华东亚联盟协会会长林汝珩呈，拟请由省政府按月补助经费，并附具预算书，提付公决案。

（决议）由九月份起按月补助军票二万元。

二、主席提，潮阳县县长林少梅因病出缺，所遗潮阳县长缺，拟派陈宗铠署理案。

（决议）通过。

广东省政府委员会
第二十七次会议录

日　期　九月二十六日
地　点　本府会议厅

出席委员 陈耀祖　王英儒　汪宗准　彭东原　李道轩　周秉三
　　　　　周应湘　黄子美　林汝珩（假）　周之桢（公出）

列　席 陈鸿慈　郑洸薰

主　席 陈耀祖

纪　录 （秘书）王之光　梁朝汇

报告事项

一、宣读第二十六次会议录。

二、查本府第十九次会议议决，各县政府及行政区署经费预算表内附行政人犯囚粮表一项，规定行政囚犯日给口粮二十五钱，纪录在卷。现以米价腾贵，司法人犯囚粮均日给三十钱，行政人犯自应一律待遇，经令饬改为每名囚犯日给口粮三十钱，以示体恤。

三、奉行政院令，据教育部呈，为第一次教育行政会议，议决各省市对于原有之教育专款不得移作他用，仰遵照办理等因，遵经转饬遵照。

四、奉行政院转奉国民政府令，发省市银行暂行条例，令仰查照饬知等因，遵经转饬知照。

五、据民政厅呈转顺德县长苏德时呈报，遵令于本年九月九日迁回该县大良办公。

六、据汪财政厅长呈，为减征契税拟展限三个月，请察核祇遵等情，经准如拟办理。

讨论事项

一、黄委员、周秉三委员会提，奉交审查广东省地方自治人员考核及奖惩暂行条例草案，谨拟具审查意见，提请公决案。

（决议）照审查意见通过。

二、王民政厅长、周秘书长会提，奉交审查广东省营业税评议委员会规程及审查规则，谨拟具审查意见，提请公决案。

（决议）除审查意见所列第三项仍维持原文外，余照审查意见通过。

三、林教育厅长提，奉令办理考选留日学生一案，兹将考选结果提请查核，并另拟指派学生送日留学，请公决案。

（决议）取录倪家蓉、王效先、杜澍梅、杨已生四名，并指派汪澄晖、鲍文清、鲍耀富三名送往日本留学。

四、林教育厅长提，本厅督学黄承镳调充广东大学附中主任，所遗督学缺，拟请呈荐梅庆芬充任案。

（决议）通过。

临时动议

一、主席交议，据财政厅长汪宗准签呈，奉饬审核广东省民食调节委员会谷米管理处经临费支付预算书，谨拟具意见复请察核等情，提付公决案。

（决议）照签复意见通过：（一）开办费照原额核减二成。（二）经常费内办公费核减三成。（三）特别办公费核减为月支五百元。

广东省政府委员会
第二十八次会议录

日　　期　　十月三日

地　　点　　本府会议厅

出席委员　　陈耀祖　王英儒　汪宗准　林汝珩　彭东原　李道轩
　　　　　　周秉三　周应湘　黄子美　周之桢（公出）

列　　席　　陈鸿慈

主　　席　　陈耀祖

纪　　录　　（秘书）王之光　梁朝汇

报告事项

一、宣读第二十七次会议录。

二、奉行政院指令，该省政府毋庸单独拟订各厅处组织规程，免致纷歧。倘为各厅处内部职权分掌及办事便利起见，可依据省组织法第二十条之规定，另订办事细则。至警务处已另订有组织法，仰候国府明令公布，再行饬知等因。遵经饬由本府秘书处，将各厅处暂行组织规程改订为各厅处办事细则，至警务处组织法亦已奉颁到府，所有原订本府各厅处暂行组织规程自应废止。

三、奉行政院令，据司法行政部提，请撤销前司法行政部核准各省司法机关加征讼费一案，经呈奉国府核准通令撤销，仰该省府知照并转饬遵照等因。遵经分函广东高等法院查照并饬属遵照。

四、奉行政院令，据呈该省税收薪饷拟改以军票收授一案，在中央币制确定以前准予试办，令仰知照。

五、准国民政府侨务委员会函，为遵行政院令，公布本会处理各省市侨务暂行办法，请查照办理。

讨论事项

一、主席交议，据广东省振务分会呈，准广东民政厅函，据广州市工务局拟订以工代赈计划暨收支预算比较表，请察核示遵，提付公决案。

（决议）交民政厅审查拟具办法再提会。

二、主席交议，据广东省妇女会筹备委员会呈，请予按月补助经费，经先予批准，照财政厅签拟按月补助该会军票三千元，请追认案。

（决议）通过追认，由十月份起按月补助军票三千元。

三、林教育厅长提，拟请设立广东省童军事业协进会，谨拟具组织章程，提请公决案。

（决议）通过。

四、陈兼建设厅长提，为复兴农村，增加农村生产，拟设立农林处，谨拟具农林处组织章程，暨附属机关组织章程，及各项预算表，提请公决案。

（决议）通过设立，章程预算交王委员、汪委员、黄委员审查，由王委员召集。

五、林教育厅长提，拟请委派谢敬思为广东省立第一职业学校校长，请公决案。

（决议）通过。

临时动议

一、林教育厅长提，拟请规定留日公费学生出国川资治装费及学费案。

（决议）每名一次过发给川资及治装费军票二百元，学费每月军票一百元，先给六个月，交教育厅发给。

二、主席交议，据广州市彭兼市长呈，该府新任秘书长及各迁调局长，其官俸公费特别费应否仍照前奉颁发规定办理案。

（决议）依照前奉中央指令办理。

三、主席提，拟组织庆祝国庆筹备委员会，办理筹备庆祝事宜案。

（决议）指定李委员、王委员、林委员、彭委员、周委员、周委员，暨省党部萧委员负责筹备，由李委员召集。

四、主席提，拟派本府设计委员会主任委员何品良，兼任建设厅农林处处长案。

（决议）通过。

广东省政府委员会
第二十九次会议录

日　期　十月十一日

地　点　本府会议厅

出席委员　陈耀祖　　王英儒　　汪宗准　　彭东原　　周秉三　　周应湘
　　　　　黄子美　　林汝珩（公出）　李道轩（公出）
　　　　　周之桢（公出）

列　席　陈鸿慈

主　席　陈耀祖

纪　录　（秘书）王之光　　梁朝汇

报告事项

一、宣读第二十八次会议录。

二、奉行政院支电一件。

三、奉行政院令，准考试院咨据铨叙部呈，为准中央政治委员会秘书厅函复，解释简任政务官之范围一案，令仰知照。

四、奉汪主席电，广东省银行暂派董事五人，以陈耀祖为董事长，汪宗准、李荫南、陈君慧、李尚铭为董事。

五、据李警务处长呈，为各县市警察队长现拟修正由县市长兼任，但得由原日警察局长充任，请察核备案等情，经准予备案。

讨论事项

一、主席交议，据广州市彭兼市长呈，据地政局呈，请依照奉颁土地法，拟具方案转呈察核备案等情，提付公决案。

（决议）交王委员、汪委员审查。

二、黄委员、周秉三委员会提，奉交审查广东省财政厅煤油贩卖业营业税章程，暨管理煤油贩运规则，谨拟具审查意见，提请公决案。

（决议）章程规则照审查意见通过，税额应否增加交财政厅酌量办理。

临时动议

一、主席交议，据王民政厅长提，请拟呈荐黄龙云署理澄海县县长案。

（决议）通过。

二、王委员提，奉发审查广州市工务局拟订以工代振计划，暨收支预算比较表，遵经审查完竣，谨拟具广东省会地方灾区整理办法，连同审查报告书提请公决案。

（决议）交民政厅、建设厅、市工务局负责计划。

广东省政府委员会
第三十次会议录

日　期　十月十七日

地　点　本府会议厅

出席委员　陈耀祖　王英儒　汪宗准　彭东原　李道轩　周秉三
　　　　　　周应湘　黄子美　林汝珩（公出）　周之桢（公出）

列　席　陈鸿慈　陈致平

主　席　陈耀祖

纪　录　（秘书）王之光　梁朝汇

报告事项

一、宣读第二十九次会议录。

二、准中华民国驻东京办事处函知，于本年十月一日接篆视事。

三、令派李荫南为广东省银行总经理。

讨论事项

一、主席交议，据广东省民食调节委员会王主任委员呈，据谷米管理处呈缴运售谷米取缔规则，请核示等情，提付公决案。

（决议）交汪委员、黄委员、周秉三委员审查。

二、主席提，派朱觐平为广东省民食调节委员会专任委员，准支薪俸，提请追认案。

（决议）通过追认。

临时动议

一、主席提，拟派欧大庆为行政督察专员兼署中山县县长案。

（决议）通过

二、主席提，拟设置广东省保安中区司令部，并派广东全省保安副司令郑洸薰暂兼中区司令案。

（决议）通过。

广东省政府委员会
第三十一次会议录

日　　期　十月二十四日

出席委员　陈耀祖　王英儒　林汝珩　李道轩　周秉三　周应湘
　　　　　黄子美　汪宗准（公出）　彭东原（公出）
　　　　　周之桢（公出）

主　　席　陈耀祖

纪　　录　（秘书）王之光　梁朝汇

报告事项

一、宣读第三十次会议录。

二、据广州市政府彭兼市长呈，拟将各局长官俸划一数目支给，请核示等情，经予照准。

讨论事项

一、主席交议，据李警务处长呈，拟定由十一月份起，仿照前省会公安局征收房捐警费章程，改征房捐警费，请核示等情，提付公决案。

（决议）交王委员、黄委员审查。

临时动议

一、王委员提，奉交审查关于建设厅提议设立农林处组织章程一案，遵经审查完竣，谨将意见编具报告书，提请公决案。

（决议）交建设厅。

广东省政府委员会
第三十二次会议录

日　期　十月三十一日

地　点　本府会议厅

出席委员　陈耀祖　王英儒　汪宗准　林汝珩　李道轩　周应湘
　　　　　　周秉三　黄子美　彭东原（公出）　周之桢（公出）

主　席　陈耀祖

纪　录　（秘书）王之光　梁朝汇

报告事项

一、宣读第三十一次会议录。

二、奉行政院令，奉令会计年度改用历年制，令仰遵照并饬属遵照等因，遵经转饬遵照。

三、准国民政府侨务委员会咨，为咨复建设〔议〕设立广东归国华侨招待所，及派员宣慰海外华侨一案，请查照仍将华侨招待所筹设及组织情形见示备查由。

讨论事项

一、主席交议，据广东妇女会邱会长呈，拟开办贫苦妇女留产院，谨拟具该院组织大纲及简章，暨开办费经常费预算书，请核示等情，提付公决案。

（决议）本案俟该会呈报社会运动指导委员会广东分会核准后，再由本省振务分会酌量补助其经费。

二、主席交议，据广东民食调节委员会王主任委员呈，呈报议决补回公益行等损失半数以示体恤，请核示等情，提付公决案。

（决议）照准。

三、主席交议，据广州民声日报社呈，拟请援例指定，凡人民或团体之业权买卖、抵押、让渡、遗受、报失等项声明，以刊登民声日报一星期即发生效力，请察核等情，提付公决案。

（决议）照准。

四、王委员、汪委员会提，奉交审查广州市地政局所拟测量登记及改善征收土地税办法方案一案，谨拟具审查意见，提请公决案。

（决议）照审查意见通过。

临时动议

一、汪委员兼财政厅长提，据中山省税局呈，请增加开办费恢复前山等处四检查所，拟请增加开办费五百元，该开办费及各检查所经费，拟请在各区省税局预算盈余项下拨付，当否，请公决案。

（决议）预算照准，各项开办费由财政厅节余项下开支。

二、黄、汪、周委员会提，奉交审查谷米管理处所拟运售谷米取缔规则一案，遵经审查完竣，谨将意见提请公决案。

（决议）照审查意见通过。

广东省政府委员会
第三十三次会议录

日　期　十一月七日

地　点　本府会议厅

出席委员　陈耀祖　王英儒　汪宗准　林汝珩　李道轩　周秉三

周应湘　黄子美　彭东原（公出）　周之桢（公出）

主　席　陈耀祖

纪　录　（秘书）王之光　梁朝汇

报告事项

一、宣读第三十二次会议录。

二、派关维庆为广东省银行副总经理。

讨论事项

一、主席交议，据广州市彭兼市长呈，据财政局先后呈称，拟规复及开征本市花捐、特种娱乐捐、广告费暨鲜鱼鳞介入市税等项，并拟具委办各项税捐办法及税捐征收章程，转呈核示等情，提付公决案。

（决议）交王委员、汪委员审查。

二、陈兼建设厅长提，兹拟具修订广东省建设厅农林处暨所属场会组织章程草案，提请公决案。

（决议）农林处组织章程通过，文字修正交秘书处办理，所属场会组织章程，仍交王委员、汪委员、黄委员审查。

三、主席交议，据王民政厅长、陈兼建设厅长会呈，呈报会同查勘番禺县属大塘乡厚德围果园及赤岗塔禾田情形，并拟将该围果园及禾田交农林处派员先行接管备用，请核示等情，提请公决案。

（决议）通过。

四、主席交议，据汕头市许市长呈，拟请将本府所属公务员捐薪助赈款额留充本市办赈之用，免予呈缴，一俟统筹就绪再行呈请拨款补助等情，提付公决案。

（决议）仍饬呈缴。至关于汕市救济事宜，另由本府拨款补助。

五、主席交议，据广东迅报社呈，拟请指定，凡人民或团体所有业权买卖、抵押、让渡、遗受、报失等项声明广告，须刊登本报一星期即为有效，请核示等情，提付公决案。

（决议）照准。

六、王委员、黄委员会提，奉交审查警务处拟议征收房捐警费章程及处罚瞒报房捐警费规则一案，谨拟具审查意见提请公决案。

（决议）照审查意见通过。

七、主席提，本府秘书兼第二科科长汪彦平，拟免去兼职，所遗科长缺，拟派本府咨议禤炽而兼代案。

（决议）通过。

八、主席提，本府秘书处第四科科长莫章民另有任用，拟免去本职，所遗科长缺，拟荐委倪家祥充任案。

（决议）通过。

九、汪委员兼财政厅长提，本厅视察员郑逊伯现经调充中山省税局长，所遗视察员职务，拟请呈荐朱仲元充任案。

（决议）通过。

临时动议

一、主席提，拟派邝挺生、关维庆为本省出席日本第二次东亚经济恳谈会代表，黄东满为随员，共需经费六千七百三十五元，开具预算书，提请公决案。

（决议）通过，预算交财政厅审查。

二、主席提，本市郊外各山岭迩来不断发生盗掘坟墓案件，应严厉处办，以资保护案。

（决议）交民政厅、警务处办理。

三、主席提，由南宁来市之公务人员拟由本府派员慰问案。

（决议）先派李警务处长代表本府前往慰问，并酌拨款项招待。

广东省政府委员会
第三十四次会议录

日　　期　十一月十四日

地　　点　本府会议厅

出席委员　陈耀祖　王英儒　汪宗准　林汝珩　李道轩　周应湘
　　　　　周秉三　黄子美　彭东原（公出）　周之桢（公出）

列　　席　陈鸿慈

主　　席　陈耀祖

纪　　录　（秘书）王之光　梁朝汇

报告事项

一、宣读第三十三次会议议事录。

二、据广东省银行呈，拟具广东省银行章程，请俯赐存转等情，经转咨财政部核办。

讨论事项

一、主席交议，据民政厅王厅长呈，呈报惠济义仓管业田产清册暨整理办法，请核示等情，提付公决案。

（决议）交林委员、汪委员、黄委员审查，由林委员召集。

二、主席交议，据民政厅王厅长呈，拟划一各县政府各科科别，及更正各县经常费预算书所列科长名称，暨规定各级县政府职员名额，编列职员编配表，请察核备案等情，提付公决案。

（决议）交周应湘委员、汪委员审查。

三、主席交议，据广州市彭兼市长呈，据财政局呈，拟招商公投本市码头货物起卸夫力费，暨轮船湾泊费，附缴简章转请核示等情，提付公决案。

（决议）交财政厅审查。

四、主席交议，据民政厅王厅长呈，拟将县地方款补助行政经费不得超过原定月支额五成一案，通饬各县同一待遇，请核示等情，提付公决案。

（决议）通过。

五、主席交议，关于湄洲会馆缉敬堂代理人庄××不服本省警务处代租铺屋事件之处分，提起诉愿一案，当经饬据本府秘书处审查完竣，并依法作成决定书，提付公决案。

（决议）交黄委员、陈高等法院长审查。

六、主席交议，据广东省会地方暂管民业整理委员会兼主任委员呈，为职会不能向各机关调派职员，及暂难撑节办公费，谨再将原预算及概算书呈请察核照准等情，提付公决案。

（决议）通过。

七、主席交议，据李警务处长呈，查事变后东莞疯疾疗养院停办，近日本市地方时有疯人出现，应如何设法取缔收容，请核示等情，提付公决案。

（决议）交民政厅、警务处、市政府会同计划再提会议。

八、主席交议，据广州市彭兼市长呈，本府助理秘书鲍文清奉派赴日留学，拟予带支半薪，请察核备案等情，提付公决案。

（决议）照准，该员回国后服务机关仍照本府原定办法，由本府指定。

九、主席交议，据王民政厅长签呈，奉交审查振务分会拟议募集寒衣运动纲要一案，遵经审查完竣，谨将修正振务分会募集寒衣运动纲要呈请察核等情，提付公决案。

（决议）通过。

临时动议

一、主席提，拟按月补助本市方便医院经费国币一万元，由广东省振务分会支拨案。

（决议）通过。该院办理情形应随时具报本府。

广东省政府委员会
第三十五次会议录

日　　期　十一月二十一日

地　　点　本府会议厅

出席委员　陈耀祖　王英儒　汪宗准　林汝珩　李道轩　周应湘
　　　　　周之桢　周秉三　黄子美　彭东原（公出）

列　　席　陈鸿慈　郭卫民

主　　席　陈耀祖

纪　　录　（秘书）王之光　梁朝汇

报告事项

一、宣读第三十四次会议录。

二、奉行政院令，奉发修正省政府组织法第四条第一项条文，令仰知照由。

讨论事项

一、主席交议，据民政厅王厅长呈，关于南海县政府拟征收佛山市旅业及娱乐捐附加联防费一案，拟准予试办六个月，是否可行，请核示等情，提付公决案。

（决议）征收章程通过，准予试办六个月，县联防局及联防队组织交民政厅统筹计划。

二、主席交议，据财政厅汪厅长呈复，审核关于本省出席日本东亚经济恳谈会代表经费预算书，列支各数尚属相符，经如数拨支给领，现复据该代表等列报因改变旅程，请追加预算一千零五十元，各等情，并案提付公决案。

（决议）通过，预算书内所列膳宿费，在国内期间应依照国内出差旅费规则办理。

三、主席交议，关于承办广州市粪溺垃圾兴农公司股东代表唐××不服广州市政府决定，提起再诉愿一案，经当饬据本府秘书处审查完竣，并依法作成决定书，提付公决案。

（决议）交周之桢委员、黄委员、陈高等法院长审查。

四、汪委员兼财政厅长提，拟先设立中山县禁烟分局，经饬据广东省禁烟局拟具各县市禁烟组织规程，及各分局经常费概算表、分等经临各费表，并由厅酌予修正，是否有当，提请公决案。

（决议）通过。

临时动议

一、陈兼建设厅长提，拟请呈荐刘肃敬为农林处秘书，张焯堃为技正兼农业课课长，陆稻香为技正兼养鱼畜牧课课长，王少伯为总务课课长，并拟调升本厅技士孔健飞为该处技正兼代林业课课长，附具履历，提请公决案。

（决议）通过。

二、陈兼建设厅长提，拟呈荐何书洪为本厅技士，附具履历，提请公决案。

（决议）通过。

广东省政府委员会
第三十六次会议录

日　　期　十二〔一〕月二十八日

地　　点　本府会议厅

出席委员　陈耀祖　王英儒　汪宗准　林汝珩　李道轩　周应湘
　　　　　周秉三　周之桢　黄子美　彭东原（公出）

列　　席　陈鸿慈　郭卫民

主　　席　陈耀祖

纪　　录　（秘书）王之光　梁朝汇

报告事项

一、宣读第三十五次会议录。

二、奉行政院令，本院第三十三次会议决议通过，社会运动指导委员会各省市分会主任委员列席各该省市政府会议案，令仰遵照由。

讨论事项

一、主席交议，准广东高等法院函，拟组设本省地方公务员惩戒委员会，抄送组织法暨造具经常临时费预算书各一份，请将临时开办费提前发给，并遴派人员会同办理等由，提付公决案。

（决议）通过。

二、林委员、汪委员、黄委员会提，奉交审查关于民食调节委员会转据谷米管理处呈拟经营仓库章程及省政府向商民筹资贮谷办法一案，遵经审查完竣，谨拟具审查意见，提请公决案。

（决议）照审查意见通过。

三、汪委员兼财政厅长提，为拟增发临时地税奖金，期裕税收，谨拟订定征收各县临时地税改提二成税款，充奖及编造田亩册籍费用，是否可行，提请公决案。

（决议）通过，并饬限各县长于民国三十年六月底以前，将县内地税整理完竣，如逾期仍未妥办，即查明撤惩。

四、汪委员兼财政厅长提，奉交审查关于广州市政府拟请招商公投码头起卸夫力费，暨轮船湾泊费一案，遵经审查完竣，谨拟具审查意见，提请公决案。

（决议）发还市政府，依照审查意见修正再呈核办。

五、汪委员兼财政厅长提，拟请严饬各县政府限期将过境百货税撤销，并酌定限制办法，提请公决案。

（决议）通过。（一）限一个月内将暂准征税之货品名称及税率标准，呈财厅核定公布。（二）六个月内将县财政整理就绪，并将过境税撤销，逾限仍不撤销即予撤惩。

临时动议

一、主席提，拟派周之桢、陈英为本省民食调节委员会委员案。

（决议）通过。

二、主席提，增城县县长王达夫调省，遗缺拟调派民政厅视察员李耀明署理案。

（决议）通过。

三、王委员，汪委员会提，奉交审查广州市政府转据财政局呈拟规复开征本市花捐、特种娱乐捐等办法章程一案，遵经审查完竣，谨拟具审查意见提请公决案。

（决议）开征四项捐税原则通过。办法仍交王、汪两委员改正送府。

广东省政府委员会
第三十七次会议录

日　期　十二月五日

地　点　本府会议厅

出席委员　陈耀祖　王英儒　汪宗准　林汝珩　李道轩　周应湘
　　　　　周之桢　周秉三　黄子美　彭东原（公出）

列　席　陈鸿慈　郑洸薰

主　席　陈耀祖

纪　录　（秘书）王之光　梁朝汇

报告事项

一、宣读第三十六次会议录。

二、据民食调节委员会、民政厅会呈，转据谷米管理处呈称会同番、东、增三县县长商定收买土谷办法，并规定公价及实行日期，请予布告周知等情，转请核示，业经指复准予备案。

讨论事项

一、主席交议，据李警务处长呈，拟具火葬场火葬暂行条例及办事细则图则，请核示等情，提付公决案。

（决议）暂行条例通过，余照准备案。

二、主席交议，据李警务处长呈，拟具捕获妨害省会治安匪犯给赏暂行办法，请核示等情，提付公决案。

（决议）交王委员、周之桢委员、陈高等法院长审查，由王委员召集。

三、主席交议，据财政厅呈，奉交审议警务处增加警士饷额、提高警察待遇一案，谨将审议意见呈请察核等情，提付公决案。

（决议）照审查意见通过。

四、汪委员、周应湘委员会提，奉交审查王民政厅长拟议划一各县政府各科科别及更正各县经常费预算书一案，遵经审查完竣，谨拟具审查意见，提请公决案。

（决议）照审查意见通过。

五、黄委员、周之桢委员、陈高等法院长会提，奉交审查关于兴农公司不服广州市政府决定，提起再诉愿一案，拟请将市政府所为原决定撤销，再由本府另为诉愿决定，提请公决案。

（决议）照审查意见办理。

六、汪委员兼财政厅长提，拟规复蜡类专税，暂交各属省税局直接征收，拟具征收章程，提请公决案。

（决议）通过，文字交财政厅修正。

七、陈兼建设厅长提，拟请呈荐彭安石为本厅技士，附具履历，提请公决案。

（决议）通过。

临时动议

一、陈兼建设厅长提，兹拟具修筑南海县禅炭、广南两段公路工程预算，计共需工程费军票一十四万九千三百五十八元一角，请公决案。

（决议）通过，工程费由建设厅现存建设基金拨付。

二、汪委员、王委员、黄委员会提，奉交审查建设厅农林处所属场会组织章程草案，谨拟具审查意见，提请公决案。

（决议）照审查意见通过。

三、主席提，拟派钟福之为广东省地方行政人员训练所所长案。

（决议）通过。

四、主席提，从化县县长陈××办事不力，拟予撤职，所遗县长缺，拟调派民政厅科长何君实署理案。

（决议）通过。

广东省政府委员会
第三十八次会议录

日　期　十二月十三日
地　点　本府会议厅
出席委员　陈耀祖（汪宗准代）　王英儒　汪宗准　李道轩
　　　　　　周应湘　周之桢　黄子美　林汝珩（公出）
　　　　　　周秉三（公出）　彭东原（公出）
列　席　陈鸿慈　陈致平
主　席　陈耀祖（汪宗准代）
纪　录　（秘书）王之光　梁朝汇

报告事项

一、宣读第三十七次会议录。

二、据李警务处长呈，准财政厅拨发下级职员临时津贴费五万元一案，拟具分配办法呈请察核，业经指复，准予备案。

讨论事项

一、主席交议，关于兴农公司不服广州市政府决定，提起再诉愿一案，当经饬据本府秘书处，依照本府委员会第三十七次会议决议案，作成决定书，提付公决案。

（决议）通过。

二、主席交议，据李警务处长呈，拟规复省会地方及各县市冬防，拟具各办法，请察核等情，提付公决案。

（决议）原则通过，各办法交民政厅审查后送府。

三、主席交议，据民食调节委员会王主任委员呈，本会议决，关于嗣后本市谷米商申请领证开业，须由本会查明议准一案，呈请核示，提付公决案。

（决议）准予备案。

四、主席交议，据广州市彭兼市长呈，据工务局呈，拟修缮中山纪念堂，列具工程工料费概算表，转呈核示提付公决案。

（决议）交周之桢委员会同建设厅审查。

五、主席交议，据林教育厅长呈，据广东大学呈，拟组织学术研究会，该会经费及研究特种工作人员薪俸，拟在教授薪俸盈余项下拨支，转呈核示，提付公决案。

（决议）仍着该厅造具预算呈府核办。

六、主席交议，据汪财政厅长呈，拟具本厅各区省税局所属稽征所组织规程，暨预算表，并拟将中山县各检查所改称稽征所，呈请核示，提付公决案。

（决议）修正通过。

七、主席交议，据本府民政厅、财政厅暨广州市政府先后呈报，奉饬调查沙河区原隶管辖官署，暨番禺县政府征收出入口货税一案情形，应如何办理，提付公决案。

（决议）交王委员、汪委员、李委员会同广州市政府审查。

八、主席交议，据广东省地方行政人员训练所钟所长呈，拟具修正本所组织规程暨开办费经常费预算书，请核示等情，提付公决案。

（决议）交汪委员、林委员、黄委员审查。

九、林委员、汪委员、黄委员会提，奉交审查民政厅呈报惠济义仓管业田产清册暨整理办法一案，遵经会同审查完竣，谨拟具审查意见提请公决案。

（决议）照审查意见通过。

广东省政府委员会
第三十九次会议录

日　　期　十二月十九日

地　　点　本府会议厅

出席委员　陈耀祖（汪宗准代）　王英儒　汪宗准　李道轩
　　　　　周应湘　彭东原　周之桢　黄子美　林汝珩（公出）
　　　　　周秉三（公出）

列　　席　陈鸿慈

主　　席　陈耀祖（汪宗准代）

纪　　录　（秘书）王之光　梁朝汇

报告事项

一、宣读第三十八次会议录。

讨论事项

一、主席交议，据广州市政府转据财政局呈，事变遗失契证补税契纸等案件，拟准折半征收增价税等情，提付公决案。

（决议）照财政厅签议意见通过。

二、主席交议，据暂管民业整理委员会呈，拟由十一月份起增设调查员六员等情，提付公决案。

（决议）通过照准。

三、主席交议，准广东省高等法院函，为各县在未成立法院前，奉部令准参照苏浙两省成案，暂以县长兼理司法事务，拟具概算书暨划定各县等级清单，函请查照办理等由，提付公决案。

（决议）交王委员、汪委员审查。

四、主席交议，据广州市政府转据财政局呈，遵令改善征收土地税方案，拟具划分地价区照价征税办法等情，提付公决案。

（决议）交王委员、汪委员、李委员会同市政府审查。

五、主席交议，准广东高等法院函，拟将中山地方法院正式规复，造具该院暨附设看守所经临两费概算书，请由省库先行拨给等由，提付公决案。

（决议）由省库暂行借拨。

临时动议

一、主席交议，据民食调节委员会呈缴广东省谷米管理处取缔土谷米运输入市及查缉办法，请核示等情，提付公决案。

（决议）交黄委员、周之桢委员审查。

二、主席交议，关于黄×不服广东禁烟局判处罚款三百元，提起诉愿一案，经饬秘书处作成决定书，提付公决案。

（决议）交黄委员、陈高等法院长审查。

三、主席交议，据王氏〔民〕政厅长呈，请荐委卫普祥为本厅视察员，提付公决案。

（决议）通过。

四、主席交议，关于颜××不服警务处租额处分一案，经饬据秘书处作成决定书，提付公决案。

（决议）交周之桢委员、陈高等法院长审查。

五、黄委员、陈高等法院长会提，奉交审查本府秘书处拟具湄洲会馆不服警务处处分代租铺屋事件之决定书一案，谨拟具审查意见，提请公决案。

（决议）照审查意见通过。

广东省政府委员会
第四十次会议录

日　期　十二月二十六日
地　点　本府会议厅

出席委员 陈耀祖　王英儒　汪宗准　彭东原　李道轩　周秉三
　　　　　周应湘　黄子美　周之桢　林汝珩（公出）

列　席 陈鸿慈

主　席 陈耀祖

纪　录 （秘书）王之光　梁朝汇

报告事项

一、宣读第三十九次会议录。

二、据王民政厅长呈，遵照行政院参事厅法制局签注意见，将县组织法分别修正，请核示等情，经先指复照准。

三、奉行政院令，为本院第三十七次会议决议，修正通过外交部特派交涉员办事处组织及职务规程，同时废止前颁之省政府及隶属行政院之市政府设置特派交涉员暂行办法，令仰遵照等因，遵经转令所属知照。

讨论事项

一、主席交议，据广州市政府转据财政局呈，遵将修正招投本市码头货物起卸夫力费，暨轮船湾泊费简章各点呈核，提付公决案。

（决议）仍交彭兼市长计划再呈核办。

二、王委员兼民政厅长提，奉交审查警务处呈拟省会地方暨各县市冬防各办法一案，谨拟具审查意见，提请公决案。

（决议）照审查意见通过。

三、黄委员、周之桢委员会提，奉交审查民食调节委员会转据谷米管理处呈缴土谷运输入市及查缉办法一案，谨拟具审查意见，提请公决案。

（决议）仍交黄、周两委员会同王主任委员，依据行政院训令并案审议再提会议。

四、汪委员兼财政厅长提，拟具广东省财政厅征收沙捐及护沙费暂行章程，提请公决案。

（决议）交黄委员、周之桢委员审查。

五、主席交议，据王民政厅长呈，本厅第五科科长何君实调署从化县县长，所遗科长一职，拟调升本厅视察员朱誉鋆充任案。

（决议）通过。

广东省政府委员会
第四十一次会议录

日　期　民国三十年一月四日

地　点　本府会议厅

出席委员　陈耀祖　王英儒　汪宗准　李道轩　彭东原　周秉三

　　　　　周应湘　林汝珩　黄子美　周之桢

列　席　郑洸薰　陈鸿慈

主　席　陈耀祖

纪　录　（秘书）王之光　梁朝汇

报告事项

一、宣读第四十次会议录。

二、据广东省振务分会呈，拟按月补助贫妇留产院军票二千元，请核夺饬遵等情，经先予指复照准。

讨论事项

一、主席交议，据建设厅呈，据广州市商会请求拨款恢复商品陈列所，转呈核示等情，提付公决案。

（决议）原则通过，经费交财政厅筹划。

二、主席交议，据汪财政厅长呈，拟具公务员交代条例施行规则及册式，请核示等情，提付公决案。

（决议）交黄委员、周之桢委员审查。

三、周之桢委员、陈高等法院长会提，奉交审查本府秘书处拟具颜××不服警务处拟定租额提起诉愿之决定书一案，谨拟具审查意见，提请公决案。

（决议）照审查意见通过。

四、黄委员、陈高等法院长会提，奉交审查本府秘书处拟具黄×不服广东禁烟局判处罚款提起诉愿之决定书一案，拟谨具审查意见，提请公决案。

（决议）照审查意见通过。

五、周之桢委员、王委员、陈高等法院长会提，奉交审查警务处拟具捕获省会治安匪犯给赏暂行办法一案，谨拟具审查意见，提请公决案。

（决议）照审查意见通过。

六、王委员、汪委员会提，奉交审查高等法院，拟以县长兼理司法事务，造具经费概算书一案，谨拟具审查意见，提请公决案。

（决议）照审查意见通过。

七、主席提，本府参议兼第一科科长潘延武拟免兼职，所遗科长一职，拟派堵子华充任案。

（决议）通过。

临时动议

一、黄委员、周之桢委员会提，奉交民食调节委员会转据谷米管理处呈，拟取缔土谷米运输入市及查缉办法，依照行政院训令并案再行审查一案，谨将审查意见提请公决案。

（决议）照审查意见通过。

二、主席提，拟派李庆鑅署理博罗县县长案。

（决议）通过。

三、主席提，拟改派徐英为广东省会地方暂管民业整理委员会主任委员案。

（决议）通过。

四、主席提，拟改派邝挺生为广东省振务分会主任委员，萧汉宗为副主任委员案。

（决议）通过。

五、主席提，拟恢复广东省会警察局，并派郭卫民充任局长案。

（决议）通过。

六、主席提，拟饬省银行贷款二百万元购办洋米，以维本省粮食案。

（决议）通过，并派汪委员、王委员、李总经理负责办理。

广东省政府委员会
第四十二次会议录

日　期　一月九日

地　点　本府会议厅

出席委员　陈耀祖　王英儒　汪宗准　林汝珩　李道轩　彭东原
　　　　　周秉三　周应湘　周之桢　黄子美

列　席　陈鸿慈

主　席　陈耀祖

纪　录　（秘书）王之光　梁朝汇

报告事项

一、宣读第四十一次会议录。

二、据民食调节委员会转据谷米管理处呈报此次米价高涨缘由，理合转呈察核由。

三、据汪财政厅长呈，为契税减征拟请再予展限六个月，请核示等情，经先予指复照准。

四、修正广东省振务分会暂行组织规程，并经令行该会遵照。

五、修正广东省会地方暂管民业整理委员会组织规程，并经令行该会遵照。

六、奉行政院令，据振务委员会呈，请通令各省市将县区长官办理振务行政列入考成，各省市振务分会主席委员于各省市政府会议遇有关于振务事项时，应邀同列席，通令知照，并转饬所属各县区一体遵照办理等因。遵经转饬所属各机关遵照。

讨论事项

一、主席交议，据汪财政厅长呈，拟请将责成中山省税局就县属前山三厂湾仔等处临时设所稽征各类货品专税一案，变更办理，请核示等情，提付公决案。

（决议）通过。

二、林委员、汪委员、黄委员会提，奉交审查广东省地方行政人员训练所组织规程，暨开办费经常费预算书一案，谨拟具审查意见，提请公决案。

（决议）照审查意见通过。

三、汪委员兼财政厅长提，拟恢复征收纸类专税，暂交省税局直接征解，拟具征收章程，提请公决案。

（决议）通过，征收章程交王委员、周秉三委员审查。

四、黄委员、周之桢委员会提，奉交审查财政厅拟具广东省财政厅征收沙捐及护沙费暂行章程一案，谨拟具审查意见，提请公决案。

（决议）除将审查意见第二、第三两项删去外，余照通过。

五、汪委员兼财政厅长提，关于报领失契执照，拟请变通办理，以资救济而示体恤案。

（决议）交民政厅审查。

临时动议

一、林教育厅长提，为拟利用寒假时期，率同省立中上各校人员赴日考察教育所需旅费，请由财政厅拨发，连同预算书提请公决案。

（决议）通过，预算书交财政厅审核。

二、陈兼建设厅长提，拟将本市大沙头地段之一部划为农业试验及稻作育种养鱼畜牧等场之用，交由农林处办理，提请公决案。

（决议）通过。

广东省政府委员会
第四十三次会议录

日　期　一月十六日

地　点　本府会议厅

出席委员　陈耀祖　王英儒　汪宗准　林汝珩　李道轩　周秉三
　　　　　周应湘　黄子美　用之桢　彭东原（假）

列　席　陈鸿慈

主　席　陈耀祖

纪　录　（秘书）王之光　梁朝汇

报告事项

一、宣读第四十二次会议录。

讨论事项

一、主席交议，据建设厅呈，奉饬将友邦高城少将捐款国币一万元救济本省农民一案，当经饬农林处拟具番禺县第三区小农贷款章程，转呈核示等情，提付公决案。

（决议）除借款期限仍交建设厅斟酌妥定外，余照通过。

二、主席交议，据民食调节委员会呈，该会议决拟撤销土谷平准基金一案，请核示等情，提付公决案。

（决议）通过。

三、主席交议，据汪财政厅长呈，拟依据财部上年召开地方财政会议议决案，成立各县征收处，并拟具简章，请核示等情，提付公决案。

（决议）通过，由财政厅径呈财政部。

四、主席交议，据广州市政府呈，转据财政局呈，请予豁免和兴公司按月补助警务处行政费，请核示等情，提付公决案。

（决议）通过，俟该商承办期满准予豁免。

五、黄委员、周之桢委员会提，奉交审查财政厅拟具公务员交代条例施行规则一案，谨拟具审查意见，提请公决案。

（决议）通过。

六、汪委员、王委员、李委员会提，奉交审查关于沙河区原隶管官署，暨番禺县政府征收出入口货税一案，当经会同广州市政府审查完竣，谨拟具审查意见，提请公决案。

（决议）照审查意见通过。

七、林委员兼教育厅长提，为中日文化协会广州分会，每月补助费国币五千元不敷支用，拟请自二十九年十一月份起，改为军票照数发给，当否，请公决案。

（决议）通过。（一）改发军票每月所增经费由省库预备费项下开支。（二）请补发十一、十二月增加经费照准。（三）此后各机关不得引以为例请求追补已往经费。

八、主席提，拟派吴国祥为本府秘书处秘书案。

（决议）通过。

九、主席交议，据建设厅转据农林处呈，拟请呈荐韩觉伟为农林处技正，附具履历，请核示等情，提付公决案。

（决议）通过。

广东省政府委员会
第四十四次会议录

日　　期　　一月二十三日

地　　点　　本府会议厅

出席委员　　陈耀祖　王英儒　汪宗准　林汝珩　周秉三　周应湘

　　　　　　黄子美　汪　屺　周之桢（假）

主　　席　　陈耀祖

纪　　录　　（秘书）王之光　梁朝汇

报告事项

一、宣读第四十三次会议录。

二、据广州市政府呈，据地政局呈复遵令修正整理土地方案情形，转呈核示等情，经先予指复准照备案。

三、据汪委员、王委员、李总经理签呈，奉饬负责办理省银行贷款二百万元购办洋米，以维本省粮食一案，将与有关方面连络及拟办情形，呈请示遵等情。当经指复：（一）准如拟办理。（二）采办米石人员由财政厅长荐用，至借款及其他手续并由该厅长会商广东省银行妥办，并呈报备查。

四、据本府秘书处案呈，准财政厅函复赴日考察教育旅费预算书，查核数目相符，似可照拨等由，转呈核示前来，当经先予令饬财政厅拨支并饬教育厅遵照。

五、据广州市政府呈，据财政局议复，遵令修正招商公投码头货物起卸夫力费，暨轮渡湾泊费简章各点，转呈核示等情，经先予指复照准。

讨论事项

一、主席交议，据财政厅呈，拟议限制各县政府征收过境货税办法，列表请核示等情，提付公决案。

（决议）通过。

二、主席交议，据民政厅呈，准民食调节委员会函复，调查商人陈合成自愿缴费承办联商码头起卸什货情形，暨拟请商洽变通原约办法，请核示等情，提付公决案。

（决议）交民政厅、市政府会同办理。

三、主席交议，关于谢×不服前广州市公安处处分，提起诉愿一案，当经伤据本府秘书处依法作成决定书，提付公决案。

（决议）交黄委员、陈高等法院长审查。

四、主席交议，据广州市自警团总代表呈报自警团法规，请察核等情，当经饬据警务处、广州市政府先后拟具意见呈复前来，应如何办理，提付公决案。

（决议）交王民政厅长、社会运动指导委员会广东分会林主任委员审查，并由市政府派员列席说明。

五、主席交议，据地方行政人员训练所呈，拟增加各县调训自治人员名额，以广造就，请核示等情，提付公决案。

（决议）除合作班暂缓开设外余照通过。

六、周之桢委员提，奉交审查广州市政府转据工务局拟具修缮中山纪念堂工程工料费预算表一案，当经会同建设厅审查完竣，谨拟具审查意见暨计划，提请公决案。

（决议）修缮中山纪念堂通过，工料费定为十万元。

七、王委员提，奉交审查财政厅拟议，关于报领失契执照拟变通办理一案，谨拟具审查意见，提请公决案。

（决议）照审查意见通过。

八、汪委员、王委员、李委员会提，奉交审查广州市政府转据财政局呈，遵令改善征收土地税方案，拟具划分地价区照价征税办法一案，当经会同彭兼市长审查完竣，谨拟具审查意见，提请公决案。

（决议）照审查意见通过。

九、主席交议，据民政厅呈，本厅秘书兼第三科科长曾仲良拟免兼职，所遗科长一职，拟请呈荐张泽安充任案。

（决议）通过。

十、主席交议，据民政厅呈，本厅视察员朱誉鋆经调充本厅第五科科长，所遗视察员一职，拟请呈荐杨熙充任案。

（决议）通过。

广东省政府委员会
第四十五次会议录

日　期　一月三十日

地　点　本府会议厅

出席委员　陈耀祖　王英儒　汪宗准　周应湘　汪　屺　周秉三
　　　　　黄子美　林汝珩（假）　周之桢（假）

列　席　关仲羲　郑洸薰　陈鸿慈

主　席　陈耀祖

纪　录　（秘书）王之光　梁朝汇

报告事项

一、宣读第四十四次会议录。

二、据民食调节委员会呈，据谷米管理处呈复变通禺南余谷运输办法，转请核示等情，经先指复准照办理。

三、据汪警务处长呈报遵于一月二十四日就职视事。

讨论事项

一、主席交议，据财政厅呈，为遵令饬据广东省禁烟局拟具处理烟案暂行办法，并烟案罚金及变价充奖支配暂行办法草案，转呈核示等情，提付公决案。

（决议）交王委员、陈院长审查。

二、主席交议，据广州市政府转据财政局呈，请饬警务处停止征收妓院妓女牌照费，以清税系等情，当经饬据财政厅将核议章见呈复，提付公决案。

（决议）交警务处、市政府会同商定办法呈核。

三、主席交议，关于计划保护本市郊外坟山一案，业经饬据民政厅、警务处会同拟议组设坟山护理处意见书，暨组织章程、经费预算表具缴前来。现复据广州市政府转据社会局呈，请规复坟山管委会，并拟具办法请核示等情，应如何办理，提付公决案。

（决议）交警务处查明前坟山公所情形具复再办。

四、主席交议，据广州市政府转据财政局呈，据宏发公司呈，请承办清理广州市区鱼鳞猪粪，拟具章程，请核示等情，提付公决案。

（决议）鱼鳞猪粪捐缓办，市场卫生洁净事宜由省会警察局、市卫生局认真办理。

五、主席交议，据广州市政府呈，本府助理秘书鲍耀富奉派赴日留学，拟援例准予带支半薪，请察核备案等情，提付公决案。

（决议）姑予照准，回国服务办法援照前案办理。

六、主席提，拟将广州市政府教育局裁撤，归并社会局办理，并饬该市府另拟组织规则，呈候核转案。

（决议）通过。

七、主席提，广州市政府教育局局长兼秘书长何惺常另有任用，拟免本兼各职；财政局局长蔡明、社会局局长潘芸阁、工务局局长梁荣荪均另候任用，拟各免本职案。

（决议）通过。

八、主席提，拟派何庆云为广州市政府秘书长，陈公义为财政局局长，陈家霭为社会局局长，卢德为工务局局长案。

（决议）通过。

九、主席交议，据教育厅呈，拟请委派本厅第一科科长车湛深，兼充省立民众教育馆馆长案。

（决议）通过。

十、陈兼建设厅长提，拟请呈荐汪德靖为本厅技士案。

（决议）通过。

十一、汪委员兼财政厅长提，本厅第一科科长钟衍庆、第二科科长薛逢瑛另有任用，拟请免职，并拟请呈荐张衡五为第一科科长，钟衍庆为第二科科长案。

（决议）通过。

临时动议

一、主席提，兼广东省振务分会委员李道轩、蔡明因免本职，所遗委员缺，拟改派汪屺、陈公义递补案。

（决议）通过。

二、主席提，兼广东省会地方暂管民业整理委员会委员李道轩、蔡明因免本职，所遗委员缺，拟改派汪屺、陈公义递补，并派郭卫民为该会委员案。

（决议）通过。

三、主席提，兼广东省民食调节委员会委员彭东原、李道轩因免本职，所遗委员缺，拟改派关仲羲、汪屺递补案。

（决议）通过。

四、主席提，广东省银行监察人彭东原因免本职，所遗监察人缺，拟改派关仲羲递补案。

（决议）通过。

五、主席提，广东省银行副总经理关维庆已另有任用，拟免副总经理职案。

（决议）通过。

广东省政府委员会
第四十六次会议录

日　期　二月十四日

地　点　本府会议厅

出席委员　陈耀祖　汪宗准　汪　屺　周应湘　周秉三　黄子美
　　　　　　王英儒（公出）　林汝珩（公出）　周之桢（假）

列　席　关仲羲　郑洸薰　陈鸿慈

主　席　陈耀祖

纪　录　（秘书）王之光　梁朝汇

报告事项

一、宣读第四十五次会议录。

二、据建设厅呈，为遵令妥定农林处小农贷款期限，请察核备案等情，经先准照备案。

三、据财政厅呈，为地税征收额过小之县份，其督征事务拟暂委由邻县地税督征处兼管，并拟分别酌增公旅费，请核示等情，经先准照办理。

四、据广州市市长关仲羲呈报，遵于一月二十四就职视事，请察核备案。

讨论事项

一、主席交议，据财政厅呈，关于福民堂拟设立汇兑平准基金制度一案，当经饬据禁烟局拟具办法草案，转呈核示等情，提付公决案。

（决议）通过。

二、主席交议，据民业整委会呈，与法院对于周炳取〔租〕铺案件发生权限异议，拟将该会规程修正以符原旨案。

（决议）（一）周炳租铺案，法院判决在前批约订立在后，仍应照法院判决办理。（二）修正该会规程第十七条，交秘书处审议。

三、主席交议，据财政厅转据禁烟局呈拟广东省禁烟局检查队暂行组织规程及办事细则、广州市戒烟留医所组织规程及办事细则暨编制表，请核示等情，提付公决案。

（决议）通过，组织规程及办事细则交民政厅审查。

四、主席交议，据财政厅呈，拟统筹规复南番中顺晒筤捐，并拟具公投简章及承办章程，请核示等情，提付公决案。

（决议）通过。

五、主席交议，据省会地方暂管民业整委会呈，拟请通令各机关，对于借用民产及公务员借住民产，限一星期内来会申报议租，请核示等情，提付公决案。

（决议）通过，由本府通令各机关及各公务员。

六、主席交议，据财政厅转据禁烟局呈，遵令再拟取缔栽种罂粟暂行办法草案，连同前缴经临各费表，暨番禺县增设一办事处各案，请迅予核定等情，提付公决案。

（决议）预算通过，暂行办法交黄委员、周秘书长审查。

七、汪委员兼财政厅长提，拟将本省省税局编制略予更改，谨列陈办法，附拟各等级省税局经费编制预算表，提请公决案。

（决议）通过。

八、汪委员兼财政厅长提，拟请呈荐张翰坡为本厅视察员案。

（决议）通过。

九、主席交议，据广州市政府呈，拟改派本府参事吴实之为秘书，提付公决案。

（决议）通过。

临时动议

一、主席交议，中日文化协会广州分会呈，请补助中日语言学校开办费军票九千九百三十元，附具概算书，提付公决案。

（决议）通过。补助概算书交财政厅审查。

广东省政府委员会
第四十七次会议录

日　　期　二月二十日

地　　点　本府会议厅

出席委员　陈耀祖　汪宗准　王英儒（吴霆灼代）　汪　屺
　　　　　周应湘　周秉三　黄子美　林汝珩（公出）
　　　　　周之桢（假）

列　　席　陈鸿慈　郑洸薰　关仲羲

主　　席　陈耀祖

纪　　录　（秘书）王之光　梁朝汇

报告事项

一、宣读第四十六次会议录。

讨论事项

一、主席交议，据财政厅呈，中山县政府请将该县大洋与军票比率从新规定，拟饬照本厅按旬公布比率办法办理，请核示等情，提付公决案。

（决议）通过。

二、黄委员、陈高等法院长会提，奉交审查本府秘书处所拟谢×不服前公安处处分提起诉愿之决定书，谨拟具审查意见，提请公决案。

（决议）照审查意见通过。

三、主席交议，据广州市政府呈，请呈荐邓仲斌为该市府参事案。

（决议）通过。

四、主席交议，澄海县县长黄龙云因病辞职，遗缺拟派李仲猷署理案。

（决议）通过。

五、汪委员兼财政厅长提，本厅视察员蔡志卓另有差委，所遗视察员一职，拟请呈荐陶幕唐充任案。

（决议）通过。

丙　临时动义

一、主席交议，据财政厅呈，番禺县政府于番从花省税局成立后，仍批商承办各种税捐，有碍省税，拟请准予分别撤销等情，提付公决案。

（决议）通过。

广东省政府委员会
第四十八次会议录

日　期　二月二十七日

地　点　本府会议厅

出席委员　陈耀祖　王英儒　汪宗准　汪　屺　周秉三　周应湘
　　　　　黄子美　林汝珩（公出）　周之桢（假）

列　席　陈鸿慈　郑洸薰　汪汉三　关仲義

主　席　陈耀祖

纪　录　（秘书）王之光　梁朝汇

报告事项

一、宣读第四十七次会议录。

二、据地方行政人员训练所呈，拟将本所训育处所辖军训、考核两课，改为军管课及政训课，请核示等情，经先指复准照备案。

三、据财政厅呈，为拟定东区禁烟整理方案，设置东区各县取缔烟苗办事处，请派李仲猷为主任委员，张石芝、张炜辰、雷荣熙、陈宗鉴为委员，并饬驻汕保安队听候随时调遣，及分令各县遵办等情，经准如拟办理。

四、据外交部驻广东省特派交涉员周秉三咨呈，遵于三十年二月十九日改组成立视事，请察核备案。

五、令派李尚铭为广东省银行副总经理。

讨论事项

一、主席交议，据民食调节委员会、振务分会会呈，奉饬会同核议东莞麻疯院呈，请按照军价就近拨交土谷十万斤，以资救济一案，谨将协议情形呈复核示等情，提付公决案。

（决议）（一）由民食调节委员会令饬当地承商，照当地市价拨售该院土谷三万斤。（二）土谷市价与公价之差额由省振务分会拨助。

二、王委员兼民政厅长提，奉交审查广东省禁烟局所拟检查队暂行组织规程，及办事细则，广州市戒烟留医所组织规程及办事细则一案，谨拟具审查意见，提请公决案。

（决议）照审查意见通过。

三、汪委员兼财政厅长提，为遵奉部令，将广东省各县税捐征收处简章名称，改为"暂行组织章程"，并将条文分别修正，谨将该修正暂行组织章程提请公决案。

（决议）通过。

四、汪委员兼财政厅长提，拟请照案规定，广东省各县县长经征及整理临时地税暂行考成办法，以资督促，请公决案。

（决议）交王委员、周秉三委员审查。

五、主席交议，据建设厅呈，本厅第一科科长章启瑞、技正兼第三科科长卢汝诚、技士孔健飞另有任用，技士何书洪辞职，拟请准予免职，并拟请呈荐章启瑞为本厅秘书，技正金肇组兼第一、二科科长，技正高士琛兼第三科科长案。

（决议）通过。

六、主席交议，据警务处呈，本处主任秘书萧鹏举、秘书李光业、视察长何畏、第二科科长保仲生、第四科科长陈锡予呈请辞职，拟予照准，并拟请呈荐薛逢瑛为本处主任秘书，霍仲佳、宋友山为秘书，陈永孚为视察长，章启科〔瑞〕为第二科科长，王仲和为第四科科长案。

（决议）通过。

七、汪委员兼财政厅长提，拟请呈荐何悝常为广州省税局局长，堵焕然为汕头省税局局长，郑逊伯为中山省税局局长，罗鼐为南三省税局局长案。

（决议）通过。

广东省政府委员会
第四十九次会议录

日　期　三月六日

地　点　本府会议厅

出席委员　陈耀祖　王英儒　汪宗准　周应湘　周秉三　黄子美
　　　　　汪　屺（公出）　林汝珩（公出　汪汉三代）
　　　　　周之桢（假）

列　席　汪汉三　关仲羲　陈鸿慈

主　席　陈耀祖

纪　录　（秘书）王之光　梁朝汇

报告事项

一、宣读第四十八次会议录。

二、据财政厅呈，拟继续展限三个月，奖励举报各县临时地税册籍暂行办法，请核示等情，经指复照准。

三、据财政厅呈，为各省税局接收各县政府移交省税，间有杂赌一项，拟俟承商期满即行禁革，不再招承，请核示等情，经指复照准办理。

讨论事项

一、主席交议，据广州市政府呈，拟恢复广州市市立医院，附具预算书，请予补助，提付公决案。

（决议）发还市府从新拟具整个市政计划及整个财政计划，再呈核办。

二、主席交议，据建设厅呈，遵令拟具广东省各县预防潦患实施程序，及各县养护围基暂行办法、各县围董会组织大纲，请予核示，提付公决案。

（决议）通过，各县围董会组织大纲交王委员审查。

三、主席交议，据民食调节委员会呈报商民利用条文借法图利各情形，拟在土谷章则未修正前加以限制，请予核示，提付公决案。

（决议）发还民食调节委员会拟具妥善办法再呈核办。

四、主席交议，据教育厅转据省立民众教育馆呈拟组织大纲及组织系统表暨办事细则，请予核示，提付公决案。

（决议）交王委员、周秉三委员审查。

五、王委员兼民政厅长、陈高等法院长会提，奉交审查广东省禁烟局拟具处理烟案暂行办法，并烟案罚金及变价充奖支配暂行办法一案，谨拟具审查意见，提请公决案。

（决议）仍请中央早日颁发有关禁烟禁毒之行政部分法规，在中央此项法规未颁布前，暂照暂行办法办理。

临时动议

一、主席提，拟设置广东省宣传处，附具暂行组织规程暨开办费经常费预算书，提付公决案。

（决议）通过，组织规程、经费预算交汪委员、周秉三委员审查。

二、周委员、黄委员会提，奉交审查广东省禁烟局取缔栽种罂粟暂行办法草案，谨拟具审查意见，提请公决案。

（决议）照审查意见通过。

广东省政府委员会
第五十次会议录

日 期 三月十三日

地 点 本府会议厅

出席委员 陈耀祖 王英儒 汪宗准 周应湘 周秉三 黄子美
　　　　 周之桢 林汝珩（公出 汪汉三代） 汪屺（公出）

列 席 陈鸿慈 关仲羲 汪汉三

主 席 陈耀祖

纪 录 （秘书）王之光 梁朝汇

报告事项

一、宣读第四十九次会议录。

二、准宣传部林部长真电开，省市宣传处组织规程、省市宣传会议组织通则，经提院议通过，日内即可发表。

讨论事项

一、主席提，拟设置广东省政府招待所，附具经临费预算书，提付公决案。

（决议）通过。

二、主席交议，据财政厅转据禁烟局呈，拟收买烟料价格资本筹备及收集办法草案，请予核示等情，经准照办，请追认案。

（决议）通过，并由民政厅拟具严禁种烟办法提会决定。

三、主席交议，据广东省银行呈，拟设置经济研究室，附具经费概算书，请予补助，提付公决案。

（决议）省府补助部分之经费，准由该行经费内作正开销。

四、主席提，本府秘书处秘书汪彦平因病出缺，拟予免职，并拟派潘绍梌为本府秘书处秘书案。

（决议）通过。

临时动议

一、汪委员兼财政厅长提，拟订广东省税款收入适用货币暂行办法，提请公决案。

（决议）通过。

广东省政府委员会
第五十一次会议录

日　期　三月二十日

地　点　本府会议厅

出席委员　陈耀祖　王英儒　汪宗准　汪　屺　周应湘　周秉三
　　　　　黄子美　周之帧（假）　林汝珩（公出　汪汉三代）

列　席　陈鸿慈　何庆云　汪汉三

主　席　陈耀祖

纪　录　（秘书）王之光　梁朝汇

报告事项

一、宣读第五十次会议录。

二、据广州市政府呈，拟暂时撤销征收广告捐，请核示等情，经予照准。

三、据财政厅呈报订购泰米情形，附具数量价目表，请核示等情，经准照办理。

讨论事项

一、主席交议，据民食调节委员会呈缴修正该会暨谷米管理处组织章程及管理洋米运销章程，请予核示，提付公决案。

（决议）交林委员、周秉三委员审查。

二、主席交议，据广州市政府呈缴自警团总团部征收月费办法及自警团总团部每月经费预算表、人事薪工额编制表、自警团各分团及支部每月经费预算书，并请核示，提付公决案。

（决议）交王委员、汪宗准委员审查。

三、主席交议，据民政厅呈，遵令拟具本省各县政府裁局改科暂行组织规程，及施行细则暨经费预算书，请予核示，提付公决案。

（决议）交汪宗准委员审查。

四、主席交议，据广州市政府呈缴该市府组织规则草案、组织系统表暨行政经费支配表，请予核示，提付公决案。

（决议）交王委员、汪宗准委员、周应湘委员审查。

五、主席交议，据汕头市政府呈，拟定汕头市区地域附具略图草案，请予核示，提付公决案。

（决议）交民政厅计议再提会。

六、主席交议，据振务分会呈，拟订本省县市振务支会暂行组织规程，请予核示，提付公决案。

（决议）交王委员审查。

七、王委员、林委员会提，奉交审查财政厅拟议征收沙田税暂行章程一案，谨拟具审查意见，提请公决案。

（决议）照审查意见通过。

八、王委员、周秉三委员会提，奉交审查财政厅拟议各县县长经征及整理临时地税暂行考成办法，暨比额分配表一案，谨拟具审查意见，提请公决案。

（决议）照审查意见通过。

九、主席交议，据民政厅呈，本厅第五科科长朱誉鋆因病辞职，拟予照准，遗职拟调派第三科科长张泽安充任案。

（决议）通过。

十、主席交议，据民政厅呈，从化县县长何君实因病辞职，拟予照准，遗缺拟请呈荐李宝安署理案。

（决议）通过。

十一、主席提，宝安县县长孙××撤职查办，遗缺拟派刘焕署理案。

（决议）通过。

广东省政府委员会
第五十二次会议录

日　期　三月二十七日

地　点　本府会议厅

出席委员　陈耀祖　王英儒　汪宗准　汪　屺　林汝珩　周应湘
　　　　　黄子美　周秉三（公出）　周之桢（假）

列　席　陈鸿慈　关仲羲

主　席　陈耀祖

纪　录　（秘书）王之光　梁朝汇

报告事项

一、宣读第五十一次会议录。

二、据财政厅呈，据广州市商会转据按押业同业公会呈，请展缓复业登记期限，自奉文日起再予展限三个月，请核示等情，经予照准。

三、据财政厅呈，前提奉决定在各县设置临时地税征收处，暨乡镇代征临时地税委员会一案，现为迅速程功起见，拟订该处及委员会暂行章程暨经费预算表，饬县切实办理，请予核示等情。查核所拟章程预算与原决议案相符，经准照办理。

四、据财政厅呈，关于各区省税局编制更改办法及各等级经费预算表，经提奉会议通过照办在案。兹因编制变更，谨将修正暂行组织规程及经费预算表请予核示等情，查核所拟章程预算与原决议案相符，经准照备案。

五、据财政厅呈，在汕头市政府补助费未核定以前，拟由三月份起按月暂行借拨军票八万元，饬由汕头出入口专税处拨支抵解，复请核示等情，经准如拟办理。

讨论事项

一、主席交议，据财政厅呈，据中山省税局转据承商兴昌公司等，请求每日减饷军票六百元，或照原定饷额以加五折合国币缴纳各情，谨酌拟办法两项，请予核示，提付公决案。

（决议）照财政厅所拟第一项办法办理。

二、主席交议，据财政厅呈，遵令拟具广东省各市县政府预算审查委员会组织规程，请予核示，提付公决案。

（决议）组织规程通过，并指定财政厅所派代表为该会主任委员。

三、主席交议，关于源记钱庄不服广州市财政局所为财字第八号布告，提起诉愿一案，当经饬据本府秘书处依法作成决定书，提付公决案。

（决议）交黄委员、陈院长审查。

四、主席交议，据广东全省商会联合会筹备委员会呈，请按月补助该会经常费军票一千五百元，经予照准，并饬由建设厅工商建设费项下拨支，请追认案。

（决议）通过。

五、主席提，拟由省库拨付，广州市政府转发卫生局本年度防疫经费（四月至十一月）军票一十七万三千七百元案。

（决议）通过。

六、王委员、周秉三委员会提，奉交审查教育厅呈拟省立民众教育馆组织大纲及组织系统表，暨办事细则一案，谨拟具审查意见提请公决案。

（决议）审查意见交教育厅办理。

七、主席交议，据广州市政府呈，该市府参事潘子诚、秘书吴实之另有任用，拟请免本职，并拟请呈荐吴实之为该市府参事，潘子诚为秘书案。

（决议）通过。

临时动议

一、主席提，准高等法院函，拟设置特别囚徒教诲室，附具经临费预算书，请由省库拨给，提付公决案。

（决议）原则通过，办法及预算交教育厅、财政厅审查。

二、主席交议，据汪警务处长签呈，拟接收中央警官学校广州分校，继续开办广东省警官学校，拟具组织规程、支付预算书，请予核示，提付公决案。

（决议）通过，组织规程及预算书交王委员、汪宗准委员审查。

三、周委员、汪委员会提，奉交审查广东省宣传处暂行组织规程、经费预算书，经会同审查完竣，谨拟具审查意见，提请公决案。

（决议）照审查意见通过。

四、主席提，拟自本年五月一日起禁绝广州市区内各种赌博案。

（决议）通过。

广东省政府委员会
第五十三次会议录

日　　期　四月十日

地　　点　本府会议厅

出席委员　陈耀祖（委员林汝珩代）　林汝珩

　　　　　　王英儒（吴霆灼代）　汪宗准　汪　屺　周应湘

　　　　　　周之桢　周秉三（公出）　黄子美（公出）

列　　席　陈鸿慈　关仲羲　邝挺生　郑洸薰（黄克明代）

主　　席　陈耀祖（委员林汝珩代）

纪　　录　（秘书）王之光　梁朝汇

报告事项

一、宣读第五十二次会议录。

二、据财政厅呈报订购泰米变更款目数量，暨现由三井洋行拨交特别米碌一千吨各情形，请察核备案等情，经准照备案。

讨论事项

一、主席交议，据广州市政府呈报接收广州救济院情形，附具组织系统表暨经常费开办费预算书，请核示等情，当经饬据振务分会呈拟审查意见前来，提付公决案。

（决议）照审查意见通过。

二、主席交议，据财政厅呈，拟具本厅设置中山征收专税处及汕头征收专税处暂行办法，暨开办费经常费概算表，请予核示，提付公决案。

（决议）交汪屺委员、周之桢委员审查。

三、王委员提，奉交审查建设厅呈拟广东省各县预防潦患实施程序及各县养护基围暂行办法、各县围董会组织大纲一案，谨拟具审查意见，提请公决案。

（决议）照审查意见通过。

四、汪委员提，奉交审查民政厅呈拟广东省县政府暂行组织规程及施行细则，暨经费预算书一案，谨拟具审查意见，提请公决案。

（决议）照审查意见通过。

五、林委员兼教育厅长提，拟请以本厅督学凌汝骥调充省立第三中学校校长案。

（决议）通过。

临时动议

一、王委员、汪委员会提，奉交审查警务处呈拟广东省警官学校组织规程，暨经常费预算书、学生制服概算书一案，谨拟具审查意见，提请公决案，

（决议）照审查意见通过，

二、王委员、汪委员会提，奉交审查广州市政府呈缴广州市自警团总团部征收月费办法，及自警团各项预算书表，谨拟具审查意见，提请公决案。

（决议）（一）征收办法第一条删去，第二条第二款甲项取销"烟赌"二字，余照原办法通过。（二）自警团经费如收不敷支时，由该市府设法拨助。（三）收入预算书表及所属各支部职员人数编制表，仍饬由该市府补造呈核。

三、汪委员兼财政厅长提，本年四月税款收入已遵照省府决议法币军票并收，本月系按照二二零比率办理。省库现在收入悉为法币，本月份支出向以军票支给者，拟改以法币按二二零比率支给，请公决案。

（决议）四月份上半月经费暂以二二零比率支付。

四、汪委员兼财政厅长提，省政府购储洋米拟以一部放出市面以济民食，请公决案。

（决议）通过，交财政厅办理。

广东省政府委员会
第五十四会议录

日　　期　四月十七日

地　　点　本府会议厅

出席委员　陈耀祖　王英儒　汪宗准　林汝珩　汪　屺　周应湘
　　　　　黄子美　周之桢　周秉三（公出）

列　　席　陈鸿慈　关仲羲　顾士谋　郑洸薰

主　　席　陈耀祖

纪　　录　（秘书）王之光　梁朝汇

报告事项

一、宣读第五十三次会议录。

二、据财政厅呈缴三十年度上半年广东省地方收支总概算及经临费概算书，请予核转等情，经准照办并转咨财政部查照办理。

三、据财政厅呈报，召集各行商公开讨论安定市面金融维持法币办法三项，请迅令警务处饬属派警挨户劝谕，并布告周知等情，经准照办理。

四、据警务处、广州市政府会呈，遵令拟具征收本市妓馆妓女牌照办法四项呈核等情，查原拟妓女身份证每名征收登记费三元，除经饬改为每证收费一元外，余准照办理。

讨论事项

一、主席交议，据财政厅呈报广属护沙委员会成立日期，暨拟具该会办事细则、经常费开办费预算书，请予核示提付公决案。

（决议）预算书通过，办事细则交本府秘书处审查。

二、主席交议，据警务处呈缴该处暨所属各机关三十年度上半年岁出经临费及警察局岁入经常费各概算书，暨警务处经临费总概算书、购置家具及服装物品预算细数表，请核示等情，当经饬据财政厅呈拟审核意见前来，提付公决案。

（决议）（一）除警察教练所经费准每月列支一万九千六百一十八元外，余照财政厅审核意见办理。（二）所有警务处及警察局各概算书，仍交财政厅，根据以前核定该处局月份支付预算书，重行审议呈府。

三、主席交议，据广州市政府转据卫生局呈，本年防疫运动临时费经准拨助其霍乱临时收容所开办费一万三千八百八十元，及每月经常费九千二百四十五元，请予照案拨助，提付公决案。

（决议）（一）防疫运动费准由省府预备费项下支拨。（二）防疫团经常费由市府支给。（三）霍乱临时收容所改为省立传染病院，暂委市卫生局办理，开办费暨经常费由省府支拨。

四、主席交议，据财政厅、警务处会呈，奉饬计议改善本省警士待遇一案，谨拟具办法两项，提交本省第二次警务会议议决通过，谨抄同提议书暨审查意见及决议案呈复核示，提付公决案。

（决议）办法第一项通过，第二项照通案办理。

五、主席交议，据财政厅呈，奉饬核议增城县政府，请求按月补助警察队经费四千七百七十元一案，谨将派员查复核议情形呈复核示，提付公决案。

（决议）交民政厅审查。

六、主席交议，据财政厅呈，拟照前核定数额，准继续补助南海县政费三个月，东莞县两个月，并拟准由三月至五月每月补助番禺县军票五千元，又由二月至五月每月补助三水县军票四千元，请予核示，提付公决案。

（决议）交民政厅审查。

七、主席交议，据警务处转据警察教练所呈，拟增授柔术一科，拟具教授场设备预算表，请予核示，提付公决案。

（决议）通过。

八、王委员提，奉交审查省振务分会呈拟本省各县市振务支会暂行组织规程一案，谨拟具审查意见，提请公决案。

（决议）照审查意见通过。

九、汪委员、周委员会提，奉交审查财政厅拟议中山征收专税处及汕头征收专税处暂行办法，暨开办费经常费预算表一案，谨拟具审查意见，提请公决案。

（决议）照审查意见通过。

十、汪委员兼财政厅长提，拟具广东省清理官产暂行章程，及清查各市县地方公产暂行办法，提请公决案。

（决议）交王委员、林委员、周应湘委员审查。

十一、汪委员、王委员、周委员会提，奉交审查广州市政府组织规则及系统图，暨行政经费支配表一案，谨拟具审查意见，提请公决案。

（决议）照审查意见通过。

十二、主席提，拟派邝挺生署理新会县县长案。

（决议）通过。

十三、主席提，振务分会主任委员邝挺生已另有任用，拟免本职所遗主任委员一职，拟派林北斗接充案。

（决议）通过。

临时动议

一、主席交议，据财政厅呈，拟定招投三十年沙田税暂行办法及限制缴款日期表，暨中顺属开投底额表，请核示提付公决案。

（决议）原则通过，暂行办法暨各附表交王委员、黄委员审查。

二、王委员兼民政厅长提，奉令拟具本省严禁种烟办法，谨将意见连同办法，提请公决案。

（决议）原则通过，实施办法交林委员、汪屺委员审查。

三、主席提，中山县具长欧大庆另有任用，拟予免职，所遗该县县长缺，派赵鼎华署理案。

（决议）通过。

广东省政府委员会
第五十五次会议录

日　期　四月二十四日

地　点　本府会议厅

出席委员　陈耀祖　王英儒　汪宗准（完谦代）　林汝珩　汪　屺　周应湘　黄子美　周之桢　周秉三（公出）

列　席　陈鸿慈　关仲羲　顾士谋

主　席　陈耀祖

纪　录　（秘书）王之光　梁朝汇

报告事项

一、宣读第五十四次会议录。

二、订定广州市警防司令部组织规程，令发该司令部遵照办理。

三、五月份军票国币比率已定为二五零并经公布。

讨论事项

一、主席交议，奉行政院令，饬抽调现任县长二分之一名额赴京受训等因，应如何抽调，提付公决案。

（决议）交民政厅办理。

二、主席交议，据民政厅呈，据卸宝安县县长孙绳武呈报因案留讯及案经大白情形，关于该卸县长奉令听候查办一节，拟请准予撤销，提付公决案。

（决议）撤职查办案撤销，仍予免职另候任用。

三、主席交议，据财政厅呈，据顺德县长面请补助政费，拟饬由顺德省税局，自本年一月至六月，援月借拨该县补助费军票五千元，列批抵解，暂以六个月为限，请予核示提付公决案。

（决议）原则通过，交民政厅审查。

四、主席交议，据民食调节委员会呈，据谷米管理处呈，拟将统一买卖土谷米办法有效期间延长至五月十五日止，请予核示提付公决案。

（决议）照准延长至五月十五日止。

五、主席交议，据赌商利发公司、大利公司等迭呈，请将本市区定期禁赌案展缓执行，以恤商艰，提付公决案。

（决议）仍维持原案，所请碍难照准。

六、汪委员兼财政厅长提，拟具财政厅广属护沙队各级队部编制表，提请公决案。

（决议）交黄委员审查。

七、汪委员兼财政厅长提，拟具财政厅广属护沙队第一大队经临两项及开办费预算书，提请公决案。

（决议）交黄委员、周应湘委员审查。

八、林委员、周委员会提，奉交审查民食调节委员会呈拟该会暨谷米管理处组织章程及管理洋米运销章程一案，谨拟具审查意见，提请公决案。

（决议）照审查意见通过。

九、汪委员、林委员会提，奉交审查高等法院拟设置特别囚徒教诲室，附具临时组织简章暨经临费预算书，请由省库拨给一案，谨拟具审查意见，提请公决案。

（决议）照审查意见通过。

十、黄委员、陈院长会提，奉交审查本府秘书处所拟关于源记钱庄不服广州市财政局所为财字第八号布告处分，提起诉愿之决定书一案，谨拟具审查意见，提请公决案。

（决议）照审查意见通过。

十一、汪委员兼财政厅长提，南三省税局局长罗鼐已另有任用，拟予免职，所遗该局局长一职，拟请呈荐李兆梁接充案。

（决议）通过。

临时动议

一、王委员、黄委员会提，奉交审查财政厅呈拟招投三十年沙田税暂行办法及限制缴款日期，暨中顺属开投底额表一案，谨拟具审查意见，提请公决案。

（决议）照审查意见通过。

二、主席提，拟派霍敏公署理惠阳县县长案。

（决议）通过。

广东省政府委员会
第五十六次会议录

日　期　五月一日

地　点　本府会议厅

出席委员　陈耀祖　王英儒　汪宗准（完谦代）　林汝珩　汪　屺
　　　　　周应湘　黄子英　周之桢　周秉三（公出）

列　席　陈鸿慈　关仲羲　顾士谋

主　席　陈耀祖

纪　录　（秘书）王之光　梁朝汇

报告事项

一、宣读第五十五次会议录。

二、据警务处呈，谨将修正广东省警官学校组织规程，暨每月支出概算表、学生服装概算书、每月支付预算书各一份，请予备案并拟遵章由职兼任校长，请予加委等情，经准照办理。

三、据教育厅转据本府选派留日生杜澍梅呈，拟请准将留学期间由本年四月起改为六年，请核示等情，经予照准。

讨论事项

一、主席交议，据广州市政府呈，拟对于市民领取国内旅行身元〔份〕证明书，每张收费一元，航空证明书每张收费二元，请予核示提付公决案。

（决议）证明书免收费用，领证办法仍交市政府妥为研究。

二、主席交议，据财政厅呈，拟具开投广属番、南、东、新、顺各县三十年沙田税亩数底额表，请核示提付公决案。

（决议）通过。

三、主席交议，据财政厅呈，谨照案拟定广属护沙委员会征收护沙队经费暂行办法，请予核示提付公决案。

（决议）通过。

四、主席交议，据民政厅、广州市政府、警务处会呈，遵令审议恢复坟山公所一案，谨拟具组织章程草案暨经常费预算书，复请核示提付公决案。

（决议）通过。

五、主席交议，据警务处呈，据省会警察局呈，拟具催收积欠警捐办法，转请核示，提付公决案。

（决议）交王委员、黄委员审查。

六、主席交议，据财政厅呈，议定广属各县征收沙田附加费办法，请予核示，提付公决案。

（决议）交民政厅审查。

七、主席交议，据财政厅呈，据花县县政府呈，请拨款补助地方费一案，拟自本年三月份起分别旺月补助三千元，淡月补助四千元，以六个月为限，请予核示，提付公决案。

（决议）交民政厅审查。

八、主席交议，据民政厅呈，奉令调训现任县长一案，拟将在任较久之县长五员选送，并拟具现任县长受训期内职务遴员暂署办法，请予核示提付公决案。

（决议）交民政厅依照现任县长训练章程斟酌办理。

九、黄委员提，奉交审查财政厅拟议广属护沙队各级队部编制表一案，谨拟具审查意见，提请公决案。

（决议）照审查意见通过。

临时动议

一、周委员、黄委员会提，奉交审查财政厅拟议广属护沙队第一大队经临两费及开办费预算书一案，谨拟具审查意见，提请公决案。

（决议）照审查意见通过。

二、主席交议，据民政厅呈，拟派南海县县长李道纯等五员赴京受训，请予核示提付公决案。

（决议）通过。

三、主席提，拟整理广州市灾区，以工代赈救济失业市民，并先即由省库拨给开办费军票五万元案。

（决议）通过，交市政府督饬工务局迅速切实办理。

四、主席交议，据宣传处呈，拟请呈荐余崧生为本处秘书，翟鹍为事业科长，黄天荡、李永秾为专员，区文、梁孝直为视察案。

（决议）通过。

广东省政府委员会
第五十七次会议录

日　　期　五月八日

地　　点　本府会议厅

出席委员　陈耀祖　王英儒　汪宗准　林汝珩　汪　屺　周应湘
　　　　　周秉三　黄子美　鲍　文（假）　周之桢（假）

列　　席　陈鸿慈　关仲羲（何庆云代）　顾士谋

主　　席　陈耀祖

纪　　录　（秘书）王之光　梁朝汇

报告事项

一、宣读第五十六次会议录。

二、据教育厅呈，据留日公费生倪家蓉呈，拟请准将留学期间由本年四月起改定为五年，请核示等情，经予照准。

三、关于警务处会同民政厅市政府呈拟坟山公所组织章程及经费预算，业经本府委员会议决通过在案，至原呈所请核定指拨经费一节，已饬由惠济义仓仓款项下拨允。

四、南京陈昌祖来祝本府成立周年纪念鱼电一件。

讨论事项

一、主席交议，据警务处转据省会警察局呈，拟遵照部颁省会警察局组织规程，增设第四科并编造追加预算书，请核示等情，当经饬据财政厅呈复审核意见前来，提付公决案。

（决议）照财政厅呈复意见通过。

二、主席交议，据民食调节委员会转据谷米管理处呈，拟将四份一缴交军谷办法改为六份一，请察核备案等情，提付公决案。

（决议）通过。

三、主席交议，据民政厅呈，据南海县政府呈拟土地登记办法撮要及登记费表，请予察核前来，经由厅酌予修正转呈核示，提付公决案。

（决议）交汪宗准委员、鲍委员会同民政厅审查。

四、王委员兼民政厅长提，奉交审查财政厅先后呈，拟继续补助南海、东莞县政费，暨拟定补助番禺、三水、顺德、增城县政费等案，谨分别拟具审查意见，提请公决案。

（决议）照审查意见通过。（一）顺德县在未遵令将货物过境税撤销以前，暂予停发补助费。（二）增城县俟财政厅复查后酌予增加。（三）南海、东莞、番禺、三水等县均照原核定数额发给。

五、林委员、汪委员会提，奉交审查民政厅拟具广东省厉行禁种烟苗实施办法一案，谨拟具审查意见，提请公决案。

（决议）照审查意见通过。

六、主席交议，据汕头市政府呈，拟请呈荐何丽闻为该市府秘书长，雷一峰为财政局局长，陈立恒为社会局局长，冯肇恩为建设局局长，刘善才为参事案。

（决议）通过。

广东省政府委员会
第五十八次会议录

日　　期　　五月十五日

地　　点　　本府会议厅

出席委员　　陈耀祖（周应湘代）　王英儒（吴霆灼代）　汪宗准
　　　　　　林汝珩　汪屺　周秉三　周应湘　黄子美　鲍文
　　　　　　周之桢（假）

列　　席　　陈鸿慈　关仲羲　顾士谋

主　　席　　陈耀祖（周应湘代）

纪　　录　　（秘书）王之光　梁朝汇

报告事项

一、宣读第五十七次会议录。

二、据财政厅签呈，拟将招投三十年沙田税暂行办法第八条，规定承商按饷仍照原拟办法，改为照年领先缴百分之十，请核示等情，经予照准。

三、据财政厅呈，拟将中顺属无人投承之黄梁都，小榄、十六沙北、安平沙、隆都等五区沙田底价，及押票金，酌减再定期开投，请核示等情，经予照准。

四、据民政厅呈，遵照奉发现任县长训练章程第二条之规定，拟请委派本厅视察周任勋暂署顺德县县长，花县县政府建设局局长赵伸，旻暂署花县县长，东莞县政府秘书兼第一科长沈新吾暂署东莞县县长，请核示等情，经予照准。

五、据财政厅呈，据禁烟局呈，请提高收购烟料价格，似尚可行，转请核示前来，经予照准。

讨论事项

一、主席交议，关于南海县第四区峦卫、峦环两里，拟由原隶蝻岗乡划出，另组新乡，暨该原乡公所呈报异议一案，当经饬据民政厅转据南海县政府呈复，暨该厅派员覆查情形前来，应如何办理，提付公决案。

（决议）照民政厅呈覆意见通过。

二、主席交议，据南粤日报社呈，拟请援例指定，凡本省人民或团体之买卖、让渡、遗受、报失等项声明，以登载本报一星期为有效，请予核示，提付公决案。

（决议）交宣传处审查。

三、主委员兼民政厅长提，奉交审查财政厅呈，议定广属各县征收沙田附加费办法一案，谨拟具审查意见，提请公决案。

（决议）（一）征收沙田附加费照审查意见通过。（二）公有土地及因公征用之土地应否免税，仍交财政厅覆核呈府。

四、王委员兼民政厅长提，奉交审查财政厅呈，拟分别旺淡月拨款补助花县地方费一案，谨拟具审查意见，提请公决案。

（决议）照审查意见通过。

五、汪委员兼财政厅长提，本厅视察员朱仲元另有差委，请予免职，所遗视察员一职，拟请调升本厅地政股长林粹维充任案。

（决议）通过。

六、汪委员兼财政厅长提，本厅视察员张翰坡已另有差委，请予免职，所遗视察员一职，拟请呈荐邹汝炽充任案。

（决议）通过。

临时动议

一、主席交议，据新会县政府呈，准省立第四中学筹备主任函，请修葺新会县立第二中学旧址拨用，拟将前本县政务委员会移交结存余款拨支修建，请予核示，提付公决案。

（决议）（一）前新会县政务委员会移交之款，须依照东区及汕头市成案列册呈报，听候省府处置。（二）第四中学校舍修建费准先在该移交结存款项下拨支，并交由该校筹备主任办理。

二、汪委员兼财政厅长提，广属沙田本年早晚两造税费经过投承尚有多处无人投票，谨另拟办法，提请公决案。

（决议）通过。

广东省政府委员会
第五十九次会议录

日　　期　五月二十九日

地　　点　本府会议厅

出席委员　陈耀祖　王英儒　汪宗准　林汝珩　汪　屺　周应湘
　　　　　　周秉三　黄子美　鲍　文（假）　周之桢（假）

列　　席　陈鸿慈　关仲羲　郑洸薰　顾士谋（余崧生代）

主　　席　陈耀祖

纪　　录　（秘书）王之光　梁朝汇

报告事项

一、宣读第五十八次会议录。

二、据民政厅呈报，关于受训县长离任后，暂署县长职权及俸给办法四项，请核示前来，当经饬据财政厅签复，查核似可照办等情，经准如拟办理。

三、据宣传处呈送修正该处办事细则，请予备案等情，经准照备案。

四、据广州市政府转据卫生局呈，拟修用民房修葺为省立传染病院，缴同平面图，请予核示等情，除准予备案外，并指饬转令财政局依法妥办。

五、据地方行政人员训练所呈，本所学员受训期间拟请准予宽展两个月，请核示等情，经予照准。

六、据财政厅呈，为奖励举报各县临时地税册籍暂行办法施行期满，拟请赓续展期六个月，请核示等情，经予照准。

讨论事项

一、主席交议，据宣传处呈，拟具调整各县市宣传机构办法，请予核示提付公决案。

（决议）交王委员、周应湘委员审查。

二、主席交议，据财政厅呈，本省各机关及潮汕方面，五月份全月经临各费支出比率，应如何伸合国币支付，请予核示，提付公决案。

（决议）五月份各机关经费暂照该月收入比率支付。

三、主席交议，据民食调节委员会转据谷米管理处呈报完缴军谷情形，及今后运市自由贩卖土谷应否继续收费，暨延长土谷米暂行办法时效，请予核示提付公决案。

（决议）交汪委员、黄委员、王委员审查，并计议整个储粮办法。

四、主席交议，据汕头市政府呈拟该市府暂行组织规则草案，请予备案等情，提付公决案。

（决议）交各厅处审查。

五、主席交议，关于市民黎×不服广东省会地方暂管民业整理委员会撤销租约及追缴租金之处分，提起诉愿一案，当经饬据本府秘书处依法作成决定书，提付公决案。

（决议）交黄委员、陈院长审查。

六、主席交议，据宣传处呈，奉交审查南粤日报社呈，请援例指定，凡本省人民或团体之买卖让渡遗受报失等项声明，以登载该报为有效一案，谨拟具审查意见，请予察核，提付公决案。

（决议）照审查意见通过。

七、汪委员兼财政厅长提，拟恢复征收油豆类专税，谨拟具征收章程草案，提请公决案。

（决议）通过，章程税率交王委员、黄委员审查。

八、汪委员兼财政厅长提，各县征收地税及沙田税，每月更定法币比率一次，窒碍难行，拟请改为每年规定比率两次，以资补救，拟具办法，提请公决案。

（决议）原则通过，本次征收比率定为二八零，护沙经费支付比率照通案办理。

九、王委员、黄委员会提，奉交审查警察局呈拟催收积欠警捐办法一案，谨拟具审查意见，提请公决案。

（决议）照审查意见通过。

十、主席交议，据民政厅呈，该厅视察员雷宏张因病辞职，杨熙呈请辞职，业经照准，请予分别免职，并拟请呈荐孙绳武充任该厅视察员案。

（决议）通过。

临时动议

一、主席提，三水县县长张毓英另候任用，拟予免职，遗缺并拟派朱誉鋆署理案。

（决议）通过。

广东省政府委员会
第六十次会议录

日　　期　六月五日

地　　点　本府会议厅

出席委员　陈耀祖　王英儒　汪宗准　林汝珩　汪　屺　周应湘
　　　　　周秉三　黄子美　鲍　文（假）　周之桢（假）

列　　席　陈鸿慈　关仲羲（何庆云代）　顾士谋（余松生代）

主　　席　陈耀祖

纪　　录　（秘书）王之光　梁朝汇

报告事项

一、宣读第五十九次会议录。

二、据财政厅呈，拟先将驻中山征收出入口货品专税处暂行结束，请予核示等情，经予照准，并饬仍将裁留人员经费报查。

三、据保安司令部呈，遵令拟具中区保安司令部二十九年十二月及本年一月份工程队经费支付预算书，请予备案等情，当经饬据财政厅呈复核议意见前来，业经准照备案。

讨论事项

一、汪委员兼财政厅长提，拟请组织广属各县沙田业佃自卫团，辅助护沙队清匪护耕，拟具简章，提请公决案。

（决议）自卫团改为自卫队，简章修正通过。

二、汪委员兼财政厅长提，南三省税局长李兆梁因病辞职，请予免职，遗缺拟请调派中山省税局长郑逊伯接充，递遗中山省税局长缺，拟请派罗鼐充任案。

（决议）通过。

临时动议

一、主席交议，据民政厅呈，据惠阳县政府呈，拟恢复县警察局，并请按月补助经费四千五百一十二元，以六个月为限，转请核示提付公决案。

（决议）原则通过，预算书暨编制表交财政厅警务处审查，呈府核定。

广东省政府委员会
第六十一次会议录

日　期　六月十二日

地　点　本府会议厅

出席委员　陈耀祖　王英儒　汪宗准　林汝珩　汪　屺　周应湘
　　　　　周秉三　黄子美　鲍　文　周之桢（假）

列　席　陈鸿慈　关仲羲　郑洸薫　顾士谋（余崧生代）

主　席　陈耀祖

纪　录　（秘书）王之光　梁朝汇

报告事项

一、宣读第六十次会议录。

二、据财政厅呈，为限制各县政府征收过境百货税已届明令撤销之期，拟请准予展限三个月，在展限期间仍饬切实整理，期满不再展限，请予核示等情，经准如所拟办理。

三、据教育厅呈，拟派省体会举办之和平建国杯球赛冠军人员赴京考察，该项旅费拟在本厅三十年上半年度临时费项下支拨，时〔造〕具预算书请予照准并令财政厅支付等情，经予照准并将预算令发财政厅审核呈复饬遵。

四、遵奉行政院行字第二九二八号指令，将本府各厅处办事细则分别修正。

讨论事项

一、主席交议，据民食调节委员会呈，据谷米管理处呈报，自本年一月一日至三月底止，不敷经费军票一万九千七百二十五元二十七钱，拟请在调节基金项下拨给等情，拟准照拨，请予核示，提付公决案。

（决议）暂由调节基金项下借拨。

二、主席交议，据广州市政府呈，拟定期招商投承广州市马车，附具投票程序及承办章程，请予备案等情，当经饬据财政厅呈复审议意见前来，提付公决案。

（决议）照财政厅审议意见办理。

三、王委员、黄委员会提，奉交审查财政厅拟具征收油豆类专税章程一案，谨拟具审查意见，提请公决案。

（决议）照审查意见通过。

四、黄委员、陈高等法院长会提，奉交审查本府秘书处拟具市民黎×不服省会地方暂管民业整理委员会撤销租约及追缴租金处分，提起诉愿之决定书一案，谨拟具审查意见提请公决案。

（决议）照审查意见通过。

临时动议

一、主席交议，据财政厅呈，据顺德县政府呈，拟征收蚕丝自卫费，抵补裁撤过境税，附具暂行章程暨预算表，转请核示，提付公决案。

（决议）交王委员、周秉三委员审查。

二、黄委员、王委员、汪委员会提，奉交审查谷米管理处呈报完缴军谷情形，及今后运市自由贩卖土谷应否继续收卖〔费〕，暨延长土谷米暂行办法时效，并计议整个储粮办法一案，谨拟具储粮办法，提请公决案。

（决议）除审查意见第三项暂予保留外，余照通过。

三、主席提，本省三十年下半年度总概算书应如何编造案。

（决议）（一）本府所属各机关，应于本月二十日以前，造具三十年下半年度概算书，送财政厅汇编本省总概算书。（二）指定汪委员、王委员、林委员、黄委员、周应湘委员为本省三十年下半年度概算审查委员，负责审查呈府核定。

广东省政府委员会
第六十二次会议录

日　期　六月十九日

地　点　本府会议厅

出席委员　陈耀祖　王英儒　汪宗准　林汝珩　汪　屺　周应湘
　　　　　周秉三　黄子美　鲍　文　周之桢（假）

列　席　陈鸿慈　关仲羲　郑洗薰　顾士谋（余崧生代）

主　席　陈耀祖

纪　录　（秘书）王之光　梁朝汇

报告事项

一、宣读第六十一次会议录。

二、据警务处呈报，铁路警察队各分队已分发各铁路执行检查任务，兹为增进工作效能起见，谨开列增加经费四款，请予核示等情，经饬据财政厅呈复审议意见前来，除各分队准于预算增列医药费二十元，通译员准每月各加薪二十元外，余照财政厅所议办理。

讨论事项

一、主席交议，据广东省银行呈，谨拟具清理前省市两银行产业积欠地税办法，请予核准等情，提付公决案。

（决议）交汪委员审查。

二、主席交议，据警务处、广州市政府会呈，奉交拟议调查户口以杜奸宄办法一案，谨会拟办法请予核示，提付公决案。

（决议）交民政厅、教育厅审查。

三、主席交议，据秘书处呈，谨拟具广东省政府受理人民呈递书状办法，请予核示，提付公决案。

（决议）交陈高等法院长审查。

四、汪委员兼财政厅长提，关于广州市政府按月由省库补助经费，拟自七月一日起停止拨发，番禺、东莞两县补助费自六月一日起停发，提请公决案。

（决议）（一）广州市政府补助费，由汪厅长会同关市长计议核减办法。（二）番禺、东莞两县税收日增，本府补助费自六月份起停发。

五、主席交议，据民法〔政〕厅呈，本厅主任秘书吴霆均因病辞职，业经照准，请予免职，遗缺拟请调派秘书虞息辅充任；本厅第三科长张泽安调充第五科科长，遗缺拟请派李星榆充任案。

（决议）通过。

临时动议

一、汪委员兼财政厅长提，各县征收临时地税，提支二成税款充奖及编造田亩册籍费用，限期届满，拟赓续展限半年，借观后效，提请公决案。

（决议）通过。

广东省政府委员会
第六十三次会议录

日　　期　六月二十六日

地　　点　本府会议厅

出席委员　陈耀祖　王英儒　汪宗准　林汝珩　汪　屺　周应湘
　　　　　　周秉三　黄子美　周之桢　鲍　文

列　　席　陈鸿慈　关仲羲　顾士谋

主　　席　陈耀祖

纪　　录　（秘书）王之光　梁朝汇

报告事项

一、宣读第六十二次会议录。

二、据广州市政府呈，拟将本市码头货物起卸夫力费暨轮渡湾泊费征费简章第九条甲项第六款再予修改，请核示等情，经核饬准照修改并查该承商发出起落货物单均以件数收费，违背定章，饬据令财政局督促该承商照章办理。

三、据财政厅呈，拟具新会、惠阳两县临时地税每月征收比额分配数目表，请核示等情，经准予备案。

四、据财政厅呈报，七月份税收军票折合法币比率仍照二八零计算，潮汕方面亦一体照办，请核示等情，经准照办理。

讨论事项

一、（密）主席交议，据警务处呈，据警察局呈报，本市河南马涌直街等处现有赌商向番禺县投承开赌有违禁令，惟关于广州市区禁赌区域未奉明白规定，应如何办理，转请核示，提付公决案。

（决议）交民政厅、财政厅审议。

二、主席交议，据广州市政府呈，关于申请补发登记证件，拟暂仿照申请补税失契办法，将登报期间减为一星期，请予核示，提付公决案。

（决议）仍照登报一个月之规定办理，但得间续刊登，以一个月内最少刊登十日为准。

三、主席交议，据民食调节委员会呈，拟规定收买土谷公价每担十六元，其以前负责交谷尚未缴足者仍以十四元计算，请予核示，提付公决案。

（决议）通过。

四、主席交议，准铨叙部函送奉颁各省委任职公务员铨叙委托审查办法，请依法办理一案，经饬据秘书处拟具广东省铨叙审查委员会组织章程暨办事细则草案，提付公决案。

（决议）交王委员、黄委员、周之桢委员审查，由王委员召集。

五、周委员提，奉交计议优待华侨筹设银行具体办法一案，谨拟具南华实业银行意见书暨章程，提请公决案。

（决议）交汪委员、王委员，黄委员审查。

六、王委员、周委员会提，奉交审查宣传处呈，拟调整各县市宣传机构办法一案，谨拟具审查意见，提请公决案。

（决议）修正通过。

七、主席交议，据民政厅呈，本厅主任秘书兼第四科长虞息辅面辞兼职，经予照准，所遗科长一职，拟请派甄显沛充任案。

（决议）通过。

八、主席交议，据宣传处呈，本处专员兼代指导科长李永称拟请免予兼代科长职务，所遗科长一职，拟请派高汉充任案。

（决议）通过。

临时动议

一、主席交议，准高等法院陈院长函，发交审查广东省政府受理人民呈递书状办法一案，谨拟具审查意见，请提会讨论等由，提付公决案。

（决议）照审查意见通过。

二、主席提，新会县县长邝挺生调省另候任用，拟予免职，遗缺拟派朱赤子署理案。

（决议）通过。

广东省政府委员会
第六十四次会议录

日　期　七月三日

地　点　本府会议厅

出席委员　陈耀祖　王英儒　汪宗准　林汝珩　张幼云　汪屺
　　　　　　周应湘　周秉三　黄子美　周之桢　鲍　文

列　席　陈鸿慈　关仲羲　郑洸薰（黄克明代）　顾士谋

主　席　陈耀祖

纪　录　（秘书）王之光　梁朝汇

报告事项

一、宣读第六十三次会议录。

二、据财政厅呈，遵照奉发行政院法制局意见，将本省各区省税局组织规程修正，并通饬所属各局遵办，谨将修正规程缮具全文呈核等情，经准照存转备案。

三、据财政厅呈，遵令修正征收纸类专税章程，连同洋纸样本及最近市价表，复请核示等情，经准照备案。

四、据财政厅呈，据广州市商会呈，请延长契税减征期限六个月，转请核示等情，经予照准。

五、准上海特别市政府函，知三十年六月一日改称上海特别市，并启用新印等由，经转饬知照。

讨论事项

一、主席交议，据广州市政府呈，关于收用小港路傍民房及吉〔民〕地为省立传染病院一案，谨拟具收用上项民房上盖价值表及民地价值表，转请核示提付公决案。

（决议）（一）农地定为每井国币六十元，宅地每井国币一百二十元。（二）上盖建筑物交建设厅从新估定价值呈府。

二、主席交议，据警务处呈，遵令饬据省会警察局呈拟取缔铸造徽章商店办法，转请核示，提付公决案。

（决议）交民政厅审查。

三、主席交议，据民食调节委员会呈，番禺县市桥方便医院呈，请在禺南农业补助专款项下拨助该院经费，应如何办理，请予核示提付公决案。

（决议）（一）交振务分会调查该医院办理情形，及该县振务情形。（二）由专款项下酌拨补助。（三）其余专款交建设厅农林处举办禺南农业补助事宜。

四、主席交议，据财政厅呈，拟将本厅金库暂行组织规程第十三条修正，请予核示，提付公决案。

（决议）修正通过。

五、主席提，拟设置本省核计处，附具该处组织规程暨月份预算书，提付公决案。

（决议）通过，预算交汪委员审查。

六、主席交议，关于市民刘×不服广东省会地方暂管民业整理委员会所为不准承租之处分，提起诉愿一案，经饬据秘书处依法作成决定书，提付公决案。

（决议）交陈高等法院长、周之桢委员审查。

七、主席交议，关于商民陈××不服建设厅农林处批饬缴验契据处分，提起诉愿一案，经饬据秘书处依法作成决定书，提付公决案。

（决议）交陈高等法院长、周之桢委员审查。

八、鲍委员、王委员、汪委员会提，奉交审查民政厅呈，拟修正南海县土地登记办法撮要及登记费表一案，谨拟具审查意见，提请公决案。

（决议）照审查意见通过。

九、主席提，中山县县长赵鼎华遇害出缺，遗缺拟派本府委员鲍文兼署案。

（决议）通过。

十、主席提，拟调派建设厅主任秘书章启佑为本府秘书处秘书案。

（决议）通过。

临时动议

一、汪委员、王委员、周委员会提，奉交审查顺德县呈，拟征收蚕丝自卫费，抵补裁撤过境税一案，谨拟具审查意见，提请公决案。

（决议）照审查意见通过。

二、主席提，拟派陈青选为广东省政府核计处处长案。

（决议）通过。

广东省政府委员会
第六十五次会议录

日　　期　七月十日
地　　点　本府会议厅
出席委员　陈耀祖　王英儒　汪宗准　林汝珩　张幼云　周应湘
　　　　　周秉三　黄子美　周之桢　汪　屺（公出）
　　　　　鲍　文（公出）
列　　席　陈鸿慈　关仲羲（何庆云代）　崔耀广
主　　席　陈耀祖
纪　　录　（秘书）王之光　梁朝汇

报告事项

一、宣读第六十四次会议录。

二、据财政厅呈，拟定潮属沙田税率及底额，请准予招商投承等情，经准如拟办理。

三、据财政厅呈，谨将修正广属护沙队总队部政训员办公室编制薪饷表，及开办费经常费支付预算书，呈请核示等情，经准予备案。

四、准德国驻广州总领事照会，本国政府已正式承认汪主席领导之中华民国政府，并派菲沙为驻华代理大使，现大使馆已迁驻南京，深望互相信赖借敦邦交等由，经交由特派交涉员办事处函谢。

讨论事项

一、主席交议，据民政厅呈，奉饬计议汕头市区地域一案，谨将计议意见复请核示，提付公决案。

（决议）照计议意见通过。

二、主席交议，据财政厅呈，据三水县政府呈，请自本年六月份起，由省库继续按月补助政费四千元，以六个月为限等情，似可姑准，请予核示，提付公决案。

（决议）通过。

三、主席交议，据地方行政人员训练所呈，拟具广东省地方行政人员调训服务考查惩奖办法草案，请予核示，提付公决案。

（决议）交王委员、黄委员审查。

四、主席交议，据广州市政府呈，本市府科员胡茂华派赴日本留学，拟请援例在留学期间内带支半薪，请予备案等情，提付公决案。

（决议）通过，具结书查照成案办理。

五、主席交议，据民食调节委员会呈拟谷米管理处管理土谷米规则，请予核示提付公决案。

（决议）交张委员、林委员、黄委员审查。

六、王委员兼民政厅长、汪委员兼财政厅长会提，奉交审议规定广州市区禁赌区域一案，谨拟具审议意见，提请公决案。

（决议）照审查意见通过。

七、主席交议，据建设厅呈，本厅秘书章启瑞呈请辞职，技正兼第一科科长金肇组请辞兼职，拟请各予免职，并拟请派赵若山为本厅第一科科长案。

（决议）通过。

临时动议

一、黄委员、王委员、周委员会提，奉交审查秘书处拟具广东省铨叙审查委员会组织章程，暨办事细则一案，谨拟具审查意见，提请公决案。

（决议）照审查意见通过。

广东省政府委员会
第六十六次会议录

日　期　七月十七日

地　点　本府会议厅

出席委员　陈耀祖　王英儒　汪宗准　林汝珩　张幼云　汪　屺
　　　　　　周应湘　周秉三　黄子美　周之桢　鲍　文（公出）

列　席　陈鸿慈　关仲羲　崔耀广

主　席　陈耀祖

纪　录　（秘书）王之光　梁朝汇

报告事项

一、宣读第六十五次会议录。

二、东亚联盟中国总会广州分会呈，请增加补助军票一万元等情，经准自七月份起，由本府按月增拨补助费军票五千元。

讨论事项

一、主席交议，据广州市政府呈报，定期举办市民登记，拟具办法请察核备案等情，提付公决案。

（决议）交民政厅、警务处审查。

二、主席交议，据广州市政府转据财政局呈，拟申请领回本市区域内业权租金或领回管业须先声请登记办法，请予核示，提付公决案。

（决议）办法通过，但市财局办理此项声请登记，须自业权人声请日起于十日内办毕。

三、主席交议，据财政厅呈，遵令复查增城县政府请求增加补助政费一案，经饬据东增省税局呈复调查情形前来，请予核示，提付公决案。

（决议）照财政厅拟议办理。

四、主席交议，据财政厅呈，拟增征外来生油专税，谨核定征收税率，并将征收油豆类专税章程修正，请予核示，提付公决案。

（决议）通过。

五、主席交议，准东亚新闻记者大会筹备委员会先后函，请补助该会经费共军票八万元，经照拨支，请追认案。

（决议）通过。

六、主席交议，据广州市工务局局长卢德签呈，奉准实施复兴灾区办法一案，关于投资建筑及业主备价领回之规定，应如何采择施行，请予核示，提付公决案。

（决议）交王委员、汪委员、黄委员审查。

七、主席交议，据购储洋米委员会呈，拟将售米纯益分别款项支配，并缴四月至六月售米盈亏对照各表，请予核示，提付公决案。

（决议）通过。

八、主席交议，据民食调节委员会呈，遵令拟具储粮办法，请予核示，提付公决案。

（决议）通过。

九、主席交议，据财政厅呈，据南海县政府呈复，以整理县地方税捐仍未相抵续，请补助等情，谨拟具审议意见，请予核示，提付公决案。

（决议）通过。

十、王委员兼民政厅长提，奉交审查取缔铸造徽章商店办法一案，谨拟具审查意见，提请公决案。

（决议）照审查意见通过。

十一、周委员、陈高等法院院长会提，奉交审查秘书处拟具市民刘×不服广东省会地方暂管民业整理委员会所为不准承租处分之决定书一案，拟具审查意见，提请公决案。

（决议）通过。

十二、汪委员提，奉交审查核计处月份支付预算书一案，谨拟具审查意见，提请公决案。

（决议）处长薪俸叙简任四级，余照审查意见通过。

十三、王委员兼民政厅长、林委员兼教育厅长会提，奉交审查警务处、广州市政府呈拟调查户口办法一案，谨拟具审查意见，提请公决案。

（决议）照审查意见通过。

十四、汪委员兼财政厅长提，本厅视察员陶慕唐另有任用，拟请免职，所遗视察员一职，拟请派李兆梁充任案。

（决议）通过。

临时动议

一、王委员兼民食调节委员会主任委员提，谨将本会谷米管理处呈拟本年早糙缴交军谷合约草案，提请公决案。

（决议）修正通过。

广东省政府委员会
第六十七次会议录

日　期　七月二十四日

地　点　本府会议厅

出席委员　陈耀祖　王英儒　汪宗准　林汝珩　张幼云　汪　屺
　　　　　　周应湘　周秉三　黄子美　周之桢　鲍　文（公出）

列　席　陈鸿慈　关仲羲　顾士谋

主　席　陈耀祖

纪　录　（秘书）王之光　章启佑

报告事项

一、宣读第六十六次会议录。

二、据财政厅呈，请通令各机关，将经费结余于月份终结时缴还金库，其新增之事业机关在未成立前不得预领经费，呈候示遵等情，经准照办。

三、据建设厅呈，奉令从新估计卫生局建筑省立传染病院，收用小港路傍各民房上盖价值表一案，谨拟具上项民房上盖价值表，复请核示等情，经准照办，并分行广州市政府转饬遵照。

四、据财政厅呈，据番从化省税局呈复，调查从化县呈报地方款及补助费不敷支配情形，拟具调整办法前来，拟准由本年七月份起，以三个月为期，按月拨给该县追加补助费军票五百元，请核示等情，经准如所拟办理。

五、本府购储洋米委员会饬即裁撤其经管事项，交由民食调节委员会办理。

讨论事项

一、主席交议，据民食调节委员会转据谷米管理处呈，拟定本年早造收谷公价暨自由贩卖数量，请予核示，提付公决案。

（决议）通过。

二、主席交议，据财政厅呈，奉饬会商核减广州市政府补助费一案，拟由本年七月份起核减为每月补助四万元，以半年为限，请予核示提付公决案。

（决议）通过。

三、主席交议，据宣传处呈，奉饬核议关于南粤日报补助费请求改发军票一案，谨将核议意见复请核示，提付公决案。

（决议）照宣传处核议意见办理，补助费在该处事业费项下拨支。

四、王委员、黄委员会提，奉交审查地方行政人员训练所呈拟广东省地方行政人员调训服务考查惩奖办法草案一案，谨拟具审查意见，提请公决案。

（决议）本案保留，关于行政人员调训一案，交王委员、黄委员、汪委员、林委员、周应湘委员从新审查。

五、汪委员、王委员、黄委员会提，奉交审查关于周委员拟具筹设南华实业银行意见书，暨章程一案，谨拟具审查意见，提请公决案。

（决议）交周委员先与有关各方面联络。

六、黄委员、林委员、张委员会提，奉交审查民食调节委员会呈拟谷米管理处管理土谷米规则一案，谨拟具审查意见，提请公决案。

（决议）照审查意见通过。

七、周委员、陈高等法院长会提，奉交审查秘书处拟具市民陈××不服广东省建设厅农林处所为批饬缴验契据处分，提起诉愿之决定书一案，谨拟具审查意见，提请公决案。

（决议）照审查意见通过。

八、汪委员兼财政厅长提，拟请派裘中为本厅金库会计课课长案。

（决议）通过。

九、林委员兼教育厅长提，本厅督学杜澍祯辞职业予照准，督学凌汝骥已另有任用，请各免本职，并拟请派吴寿周、麦子筠为本厅督学案。

（决议）通过。

十、主席交议，据宣传处呈，本处专员兼代总务科长黄天荡、指导科长高汉、视察兼代秘书职务区文均另有任用，拟请各予免职，并拟请派区文为本处专员仍兼代秘书，黄天荡为总务科长，陈英为指导科长，雷宏张为视察案。

（决议）通过。

临时动议

一、主席交议，关于本省各机关收支经临费预计算书编送程序，经饬由本府秘书处、财政厅核计处会拟办法四项，除一、二、三项准予照办外，其余第四项办法应如何核定，提付公决案。

（决议）第四项办法照核计处意见办理。

广东省政府委员会
第六十八次会议录

日　期　七月三十一日

地　点　本府会议厅

出席委员　陈耀祖　王英儒　汪宗准　林汝珩　张幼云　汪　屺
　　　　　周应湘　周秉三　王〔黄〕子美　周之桢
　　　　　鲍　文（公出）
列　席　陈鸿慈　关仲羲
主　席　陈耀祖
纪　录　（秘书）王之光　章启佑

报告事项

一、宣读第六十七次会议录。

讨论事项

一、主席交议，据财政厅呈，拟具整理官产办法三款，请予核示提付公决案。

（决议）通过。

二、主席交议，据广州市政府呈，据财政局呈报，办理录回登记期限业将届满，拟请准予展限六个月等情，似可准行，请予核示提付公决案。

（决议）通过展期六个月。

三、张委员兼建设厅长、汪委员兼财政厅长、王委员兼民政厅长、林委员兼教育厅长、汪委员兼警务处长提，奉交审查汕头市政府呈拟该市府暂行组织规则一案，谨拟具审查意见，提请公决案。

（决议）交秘书处，依照中央颁定之市组织暂行条例从新签注意见，呈会核定。

四、主席交议，据建设厅呈，拟请派何锷新为本厅秘书，请核示等情，拟予照准，提付公决案。

（决议）通过。

五、主席交议，据广州市政府呈，本市府秘书长何庆云、参事吴实之另有任用，拟请各予免职，并拟请派吴实之为本市府秘书长，何庆云为参事案。

（决议）通过。

六、主席交议，据宣传处呈，本处专员兼代秘书区文拟请免予兼代秘书职务，所遗秘书一职，请派叶天锡充任案。

（决议）通过。

七、主席交议，据汕头市政府呈，拟请派熊筠为本市府参事，升叙荐任一级俸，请予核示等情，提付公决案。

（决议）通过，俸额应叙荐任某级，饬由秘书处查明呈府核定。

广东省政府委员会
第六十九次会议录

日　期　八月七日

地　点　本府会议厅

出席委员　陈耀祖　王英儒　汪宗准　张幼云　汪　屺　周应湘
　　　　　黄子美　周之桢　林汝珩（公出）　周秉三（公出）
　　　　　鲍　文（公出）

列　席　陈鸿慈　关仲羲　崔耀广

主　席　陈耀祖

纪　录　（秘书）王之光　章启佑

报告事项

一、宣读第六十八次会议录。

二、准内政部咨，准送广州市政府组织规则草案暨组织系统表，经呈奉行政院照准备案，咨请查照等由，已转饬广州市政府知照。

讨论事项

一、主席交议，据财政厅呈，关于奉发指定人资产处理办法一案，谨将本厅邀集各有关机关拟定执行办法，请予核示等情，提付公决案。

（决议）通过，并指派财政厅长为指定人资产处理办法执行委员会主任委员。

二、主席交议，据财政厅呈，顺德县政府现开征贩茧缫丝工位地方自卫费，足以抵补撤销过境税，拟请自本年四月份起停发补助费，请予核示，提付公决案。

（决议）通过。

三、主席交议，据地方行政人员训练所呈，拟具考取学员实习章程，请予核示，提付公决案。

（决议）交王委员、黄委员、汪委员、林委员、周应湘委员并案审查。

四、汪委员提，奉交审查广东省银行呈，拟清理前省市两银行产业积欠地税办法一案，谨拟具审查意见，提请公决案。

（决议）照审查意见通过。

五、王委员兼民政厅长、汪委员兼警务处长会提，奉交审查广州市政府呈拟市民登记办法一案，谨拟具审查意见，提请公决案。

（决议）照审查意见通过，附陈社会局长意见应毋庸议。

六、汪委员、王委员、黄委员会提，奉交审查广州市工务局长卢德签呈，实施复兴灾区办法第四项甲乙两款一案，谨拟具审查意见，提请公决案。

（决议）照审查意见修正通过。

七、主席交议，据建设厅呈，拟请提升本厅技士汪德靖为本厅技正，请核示等情，拟予照准，提付公决案。

（决议）通过。

八、主席交议，据民食调节委员会呈，本会委员金肇组业经辞职，遗缺拟请选派人员充任等情，拟派建设厅长张幼云兼任案。

（决议）通过。

广东省政府委员会
第七十次会议录

日　期　八月十四日

地　点　本府会议厅

出席委员　陈耀祖（周应湘代）　王英儒　汪宗准　林汝珩

　　　　　　张幼云　汪屺　周应湘　周秉三　黄子美　周之桢

　　　　　　鲍文（公出）

列　席　陈鸿慈　关仲羲　翟耀广　顾士谋

主　席　陈耀祖（周应湘代）

纪　录　（秘书）王之光　梁朝汇

报告事项

一、宣读第六十九次会议录。

讨论事项

一、主席交议，据财政厅呈，据中山县政府呈，拟将本县沙田附加费改为每亩年征三元，请核转备案等情，拟予照准，转请核示，提付公决案。

（决议）暂准照办。

二、主席交议，据民食调节委员会呈缴修正谷米管理处私运土谷米查缉办法草案，请予核示，提付公决案。

（决议）修正通过。

三、主席交议，关于市民赖××不服广东省会地方暂管民业整理委员会所为撤销租约之处分，提起诉愿一案，当经饬据秘书处依法作成决定书，提付公决案。

（决议）交陈高等法院长、黄委员审查。

四、主席交议，据秘书处签呈，奉交从新审查汕头市政府暂行组织规则一案，谨依照市组织暂行条例分别签注意见，请予核示，提付公决案。

（决议）修正通过。

五、主席交议，据核计处呈，拟请派潘世燊为本处秘书，罗宗旅为第一科长，刘善授为第二科长，冯重明为第三科长，陈应凤为第四科长，江伟斌为视察员案。

（决议）通过。

广东省政府委员会
第七十一次会议录

日　期　八月二十一日

地　点　本府会议厅

出席委员 陈耀祖　王英儒　汪宗准　林汝珩　张幼云　汪　屺
　　　　　周应湘　周秉三　黄子美　周之桢　鲍　文（公出）

列　席 陈鸿慈　关仲羲（卢德代）崔耀广

主　席 陈耀祖

纪　录 （秘书）王之光　梁朝汇

报告事项

一、宣读第七十次会议录。

二、奉行政院令，略以省政府组织法第十九条第一项规定，各厅处秘书并无"主任秘书"之名称，仰遵照更正等因，除呈复外并经分令各厅遵照。

讨论事项

一、主席交议，据省会地方暂管民业整委会、广州市财政局、省会警察局会呈，拟请准将第二次返还代管租金，照第一次分别提扣，以充地税警费，请予核示提付公决案。

（决议）准予照办。

二、主席交议，据宣传处呈，据珠江日报社呈，拟请援照成案，认许本报登载人民或团体各项声明广告一星期即发生效力等情，转请核示提付公决案。

（决议）照准。

三、主席交议，据振务分会呈，拟请将奉发修正本省县市振务支会暂行组织规程，略为删改，请予核示提付公决案。

（决议）交汪委员、王委员、周应湘委员审查。

四、主席交议，关于市民陈××不服广东省会地方暂管民业整理委员会所为不准租赁之处分，提起诉愿一案，经饬据秘书处依法作成决定书，提付公决案。

（决议）交陈院长、黄委员审查。

五、主席交议，关于市民张××不服广东省会地方暂管民业整理委员会所为饬令期满迁铺之处分，提起诉愿一案，经饬据秘书处依法作成决定书，提付公决案。

（决议）交陈院长、黄委员审查。

六、主席交议，据建设厅呈，本厅技正兼第二科长金肇组呈辞兼职，拟请照准，并请派金肇组为本厅主任秘书仍兼技正，林荀为第二科科长案。

（决议）通过。

七、主席交议，据建设厅转据农林处呈，本处林业课代课长麦达明病故，所遗林业课长职，拟调派技正兼养鱼畜牧课长陆稻香接充，递遗技正兼养鱼畜牧课长职，拟请派崔景澄充任案。

（决议）通过。

临时动议

一、主席交议，准高等法院函，关于广州、汕头、中山看守所第二次增加囚粮，拟请自本年八月十一日起，每名每日增加国币一角六分，附送预算书请转饬财政厅按月拨付等由，经饬据核计处呈拟审核意见前来，提付公决案。

（决议）准照增加。

广东省政府委员会
第七十二次会议录

日　　期　　八月二十八日

地　　点　　本府会议厅

出席委员　　陈耀祖　　王英儒　　汪宗准　　林汝珩　　张幼云　　汪　屺
　　　　　　周应湘　　周秉三　　黄子美　　周之桢（假）
　　　　　　鲍　文（公出）

列　　席　　陈鸿慈　　顾士谋　　崔耀广　　关仲羲（卢德代）

主　　席　　陈耀祖

纪　　录　　（秘书）王之光　　梁朝汇

报告事项

一、宣读第七十一次会议录。

二、据财政厅呈，奉饬核议警务处、广州市政府呈拟广州市调查户口经费预算一案，谨将核议意见复请核示等情，经核饬：（一）调查日期缩短为一星期。（二）经费照该厅所拟数目，由省库及市政府平均负担，并分令警务处、广州市政府知照。

三、据振务分会呈，遵将调查番禺市桥方便医院办理情形复请核示等情，经准在禺南农业专款项下，一次过拨助该院经费军票五千元。

四、据民政厅呈，番禺县长李智菴、从化县长李宝安、博罗县长李庆镖调京受训，在受训期内，番禺县长职务拟请派本厅视察员周任勋暂代，从化县县长职务拟饬由该县秘书兼第一科长萧君灼代拆代行，博罗县县长职务拟饬由该县秘书兼第一科长潘骞代拆代行，请核示等情，经予照准。

五、据广东省银行副总经理李尚铭呈，请辞去本职，经予照准。

讨论事项

一、主席交议，据广州市政府呈，据财政局呈，拟修正广州市猪牛捐兼屠宰费征收章程及公投章程，请予核示，提付公决案。

（决议）再交财政厅审查。

二、主席交议，关于南海县第四区蟮岗乡长陈××等不服广东省民政厅奉准将该乡峦卫、峦环两坊另设新乡，提起诉愿一案，经饬据秘书处依法作成决定书，提付公决案。

（决议）交陈院长、黄委员审查。

三、主席交议，据地方行政人员训练所呈，拟具本所优异学员奖励办法，请予核示，提付公决案。

（决议）交王委员、汪委员、林委员、黄委员、周应湘委员审查。

四、林委员兼教育厅长提，省立第一女子师范学校校长朱嬿呈请辞职，拟予照准，所遗校长一职，拟请派丘灼晖充任案。

（决议）通过。

临时动议

一、周委员兼秘书长、汪委员兼财政厅长、王委员兼民政厅长、林委员兼教育厅长、黄委员会提，奉交审查关于地方行政人员训练所呈拟第二期学员调训办法暨招考章程、考取学员实习章程一案，谨拟具审查意见，提请公决案。

（决议）（一）照审查意见通过，地方行政人员训练所俟第一期学员毕业后暂行停办。（二）交民政、财政、教育三厅，会同另拟公务人员调训计划呈府核办。

二、王委员兼民政厅长提，谨拟具厉行冬耕督种杂粮办法，提请公决案。

（决议）通过，交民政、建设两厅办理。

广东省政府委员会
第七十三次会议录

日　期　九月四日

地　点　本府会议厅

出席委员　陈耀祖　王英儒　汪宗准　林汝珩　张幼云　汪　屺
　　　　　周应湘　周秉三　黄子美　周之桢（假）
　　　　　鲍　文（公出）

列　席　陈鸿慈　关仲羲　顾士谋　崔耀广

主　席　陈耀祖

纪　录　（秘书）王之光　梁朝汇

报告事项

一、宣读第七十二次会议录。

二、据财政厅呈报，核准澄海县政府拟征收县属沙田附加费，每亩军票一元，并饬将该县过境税克日撤销情形，请核示，经准予备案。

讨论事项

一、主席交议，据广州市政府转据财政局呈复，拟议关于广东大学收用盘福横街空地估定补偿地价数目，请予核示，提付公决案。

（决议）准照收用，补偿地价核定为每井国币一百二十元。

二、主席交议，据保安司令部呈缴本年七月份经常费支付预算书，经饬据核计处呈拟审查意见前来，提付公决案。

（决议）交财政厅审核后呈府核定。

三、主席交议，据财政厅呈，据广属护沙委员会呈，拟具本会三十年临时费，暨所辖各队部等各项费用支付预算书，似可照办，请予核示，提付公决案。

（决议）交财政厅从新计议。

四、主席交议，据财政厅呈，关于各县地税照原定额加倍征收一案，经本厅财政会议议决审查意见通过，谨录案呈请核定施行等情，提付公决案。

（决议）通过。

五、主席交议，据财政厅呈，本省各押店第二年营业税拟准予仍缴军票三百元，限上期一次过缴足，请予核示，提付公决案。

（决议）通过。

六、主席交议，据广州市政府转据工务局，拟具第二期实施复兴灾区计划书，请予核示，提付公决案。

（决议）交张委员、王委员、周应湘委员审查。

七、林委员兼教育厅长提，本厅督学麦子筠另有任用，请免去本并职，并请委麦子筠为省立第四中学校校长案。

（决议）通过。

临时动议

一、主席交议，据民食调节委员会呈，本会现经择定建筑谷仓地址，拟在调节基金项下提拨三万元，作为该项工程费，谨将图则招投章程呈请核示等情，提付公决案。

（决议）原则通过，投承章程交建设厅审查，呈府核办。

二、汪委员、王委员、林委员会提，拟改善施粥办法，将经费酌减，移作筹设工艺所或工厂基金，实行以工代振，提请公决案。

（决议）通过。交振务分会办理。

三、林委员兼教育厅长提，订定广东省立中等学校教员保障条例，是否有当，提请公决案。

（决议）交王委员、周应湘委员审查。

四、主席提，友邦军部由本年十月份起，将经办各地日语学校交回本府接办，拟交由教育厅负责联络核收暨计划办理案。

（决议）通过。

广东省政府委员会
第七十四次会议录

日　期　九月十一日

地　点　本府会议厅

出席委员　陈耀祖（王英儒代）　王英儒　汪宗准　林汝珩

　　　　　张幼云　汪　屺　周应湘　周秉三　黄子美（公出）

　　　　　鲍　文（公出）　周之桢（假）

列　席　陈鸿慈　关仲羲　顾士谋　崔耀广

主　席　陈耀祖（王英儒代）

纪　录　（秘书）王之光　梁朝汇

报告事项

一、宣读第七十三次会议录。

二、奉行政院令复，本省在未设审计处前，准暂设核计处，所呈核计处组织规程准予备案。

三、准高等法院函，关于广州、汕头、中山等地方法院看守所第二次增加囚粮，拟改定由本年九月一日起实行，请转饬财政厅知照等由，经予照办。

讨论事项

一、主席交议，据财政厅呈，据从化县政府呈，请将补助政费期间由本年十月份起延长六个月，似可照准，请予核示提付公决案。

（决议）通过。

二、主席交议，据省会地方暂管民业整理委员会呈，遵令拟具第一期建筑汉民北路及十七、十八甫灾区房屋管理法，复请核示等情，附同本府秘书处签议办法，提付公决案。

（决议）照秘书处签拟办法通过。

三、主席交议，据民政厅呈，拟于番禺、东莞、中山、新会四县各联防总局增设副局长一员，并由本厅分委各该县警察局长兼任，请察核备案等情，提付公决案。

（决议）通过。

四、主席交议，据民政厅转据惠济义仓呈拟该仓佃户逾期缴租处分办法，请予核示，提付公决案。

（决议）通过。

五、黄委员、陈院长会提，奉交审查秘书处拟具，市民赖××不服民业管委会所为撤销租约，提起诉愿之决定书一案，谨拟具审查意见，提请公决案。

（决议）原案不受理。

广东省政府委员会
第七十五次会议录

日　　期　　九月二十日

地　　点　　本府会议厅

出席委员　　陈耀祖　王英儒　汪宗准　林汝珩　张幼云　汪　屺
　　　　　　周应湘　周秉三　黄子美　周之桢（假）
　　　　　　鲍　文（公出）

列　　席　　陈鸿慈　关仲羲　顾士谋　崔耀广

主　　席　　陈耀祖

纪　　录　　（秘书）王之光　梁朝汇

报告事项

一、宣读第七十四次会议录。

讨论事项

一、主席交议，据概算审查委员会呈，谨将审查本省各机关三十年下半年度经临各费收支概算情形，附具意见，请予核示等情，提付公决案。

（决议）除警务费仍准照上半年度概算列支外，余照审查意见通过。

二、主席交议，据民政厅呈，关于商人陈××擅卖花县县政府寄存振米一案，遵将侦查讯办情形并拟议处分办法，请予核示，提付公决案。

（决议）通过照办。

三、主席交议，据财政厅呈，奉饬核议保安司令部呈缴本年七月份经常费支付预算书一案，谨将审查意见复请核示，提付公决案。

（决议）照财政厅所拟意见办理，并饬该司令部迅速办理各月份报销。

四、主席交议，据核计处呈，拟请将现行财政厅修正广东省各机关建筑修葺及招商投承暂行章程，从新订正，以符法制，请予核示，提付公决案。

（决议）通过。

五、主席交议，据财政厅呈，拟会同广东财政特派员公署合设驻汕头办事处，拟具该处暂行章程及开办费经常费预算表，请予核示，提付公决案。

（决议）通过。

六、汪委员、王委员、周委员会提，奉交审查振务分会呈，拟将修正本省县市振务支会暂行组织规程略为删改一案，谨拟具审查意见，提请公决案。

（决议）照审查意见通过。

七、周委员、汪委员、王委员、林委员、黄委员会提，奉交审查地方行政人员训练所呈拟优异学员奖励办法一案，谨拟具审查意见，提请公决案。

（决议）照审查意见通过。

八、主席交议，据广州市政府呈，本市府秘书潘子诚久不到差，拟请将该员免去本职，提付公决案。

（决议）通过。

广东省政府委员会
第七十六次会议录

日　期　九月二十六日

地　点　本府会议厅

出席委员　陈耀祖　王英儒　汪宗准　汪　屺　周应湘　周秉三
　　　　　　黄子美　林汝珩（公出）　张幼云（公出）
　　　　　　鲍　文（公出）　周之桢（假）

列　席　陈鸿慈　关仲羲　顾士谋　崔耀广

主　席　陈耀祖

纪　录　（秘书）王之光　梁朝汇

报告事项

一、宣读第七十五次会议录。

二、主席报告，据财政厅呈，为定期本年十月一日将各县临时地税照原定税额实行加倍收征，请察核备案等情，经准予备案。

三、主席报告，据财政厅呈，本年下半年度各县地税及沙田税，拟以三零零比率征收，至护沙经费支付比率仍照通案办理，请核示等情，经准予照办。

讨论事项

一、主席交议，据民政厅呈，据新会县政府呈，拟仍设第三科暨增设粮食管理局，似可照准，经费拟饬由县地方收入项下列支，转请核示等情，提付公决案。

（决议）除粮食管理局，仍饬依照中央近颁中央及地方粮食行政系统原则办理外，余照通过。

二、主席交议，准中国国民党广东省执行委员会函，拟请拨借本市城隍庙旧址为本会所属广州市筹备委员会办公处等由，当经饬据财政厅呈拟审议意见前来，提付公决案。

（决议）通过。准予拨借。

三、主席交议，据警务处呈，本处李故副处长式曾因公殉难，拟请拨给治丧费以慰先烈等，请提付公决案。

（决议）由省库拨给军票八千元，追悼会经费另案拨支。

四、张委员、王委员、周委员会提，奉交审查工务局呈拟第二期复兴灾区计划一案，谨拟具审查意见，提请公决案。

（决议）照审查意见通过。

五、王委员、周委员会提，奉交审查教育厅拟订广东省立中学校教员保障条例一案，谨拟具审查意见，提请公决案。

（决议）照审查意见修正通过。

六、黄委员、陈院长会提，奉交审查秘书处拟具张××不服省会地方暂管民业整委会饬令期满迁铺，提起诉愿之决定书一案，谨拟具审查意见，提请公决案。

（决议）照审查意见通过。

七、主席交议，据广州市政府呈拟请呈荐刘灏章、张允言、郑渭中、汪公猷、霍颖西、李宝鎏为本市府秘书，吴晚成、唐文樾，梁瑞泰为科长，康达为技正案。

（决议）通过。

临时动议

一、张委员兼建设厅长提，奉饬会同民、教两厅及警务处，审议广东省爱路村组织暂行办法一案，谨将审议意见附同修正上项暂行办法，提请公决案。

（决议）原则通过，文字交秘书处整理。

二、主席提，增城县长李耀明、惠阳县长霍敏公均请辞职，拟予照准，并拟派黄恩澧署理增城县县长，孙绳武署理惠阳县县长案。

（决议）通过。

三、主席提，拟设置广东省会物资配给委员会，并派张幼云为主任委员，周应湘、关仲羲、郑洸薰、植子卿为委员，另指派人民代表一人参加为委员案。

（决议）通过。

广东省政府委员会
第七十七次会议录

日　期　十月二日

地　点　本府会议厅

出席委员　陈耀祖　王英儒　汪宗准　林汝珩　张幼云　汪　屺
　　　　　周应湘　黄子英　周秉三（公出）　鲍　文（公出）
　　　　　周之桢（假）

列　席　陈鸿慈　关仲羲　崔耀广　顾士谋

主　席　陈耀祖

纪　录　（秘书）王之光　梁朝汇

报告事项

一、宣读第七十六次会议录。

二、主席报告，据财政厅呈，据禁烟局转据福民堂呈，拟请由第十帮药料起停收平准基金，似可暂准免收，转请核示等情，经准照办。

三、主席报告，据宣传处呈缴修正本处办事细则草案，请察核备案等情，经准予备案。

四、主席报告，据财政厅呈，据中山县政府呈报，撤销过境税，请酌予补助一案，拟准将该县收入省税酌拨成数补助，并饬加紧整理地税以谋自给，转呈核示等情，经准照办。

讨论事项

一、主席交议，据处理指定人资产办法广东省执行委员会呈，拟具该会组织章程，请予核示提付公决案。

（决议）修正通过。

二、主席交议，据核计处呈，拟具本处办事细则草案，请予核示提付公决案。

（决议）交周委员、汪委员审查。

三、主席交议，据教育厅呈，拟具推广免费学额限制办法，请核示等情，提付公决案。

（决议）照秘书处签注意见修正通过。

四、主席交议，关于市民郭××等不服广东省会警察局所为没收木料之处分，提起诉愿一案，经饬据秘书处依法作成决定书，提付公决案。

（决议）交黄委员、陈院长审查。

五、黄委员、陈院长会提，奉交审查秘书处拟具蟛岗乡长陈××等不服民政厅核准南海县属峦卫、峦环两坊另组新乡，提起诉愿之决定书一案，谨拟具审查意见，提请公决案。

（决议）照审查意见通过。

临时动议

一、主席交议，据广州市政府呈，该市府参事何庆云自奉调派以来迄未到府任事，现呈辞职，请予核示等情，拟予免职案。

（决议）通过。

二、主席提，拟定广东省各市县酒楼茶室餐室售卖食品限制办法提付公决案。

（决议）通过。

广东省政府委员会
第七十八次会议录

日　　期　　十月九日

地　　点　　本府会议厅

出席委员　　陈耀祖　汪宗准　林汝珩　张幼云　周应湘　周秉三
　　　　　　黄子美　王英儒（公出）　汪　屺（公出）
　　　　　　鲍　文（公出）　周之桢（假）

列　　席　　陈鸿慈　关仲羲　顾士谋　崔耀广

主　　席　　陈耀祖

纪　　录　　（秘书）王之光　梁朝汇

报告事项

一、宣读第七十七次会议录。

二、主席报告，奉行政院令，据呈缴广东省县政府裁局改科组织规程及施行细则暨经费预算书一案，除规程及细则应准施行外，其经费预算书，饬照抄发签注预算书及检发支出概算书格式更正造报，分咨内、财两部呈院备案等因，经转饬民政厅遵办具报。

三、主席报告，据财政厅呈，据东莞县政府呈报，收不敷支，请酌予补助一案，拟准照议决案办理，由九月份起，将该县省税收入之娱乐捐、义会提拨五成，营业税、冥镪捐、屠宰税提拨三成，仍饬加紧整理地税以谋自给，请核示等情，经准照办。

四、主席报告，准社会运动指导委员会咨送各省市社会运动指导委员会暂行组织条例，请查照等由，经通饬知照。

讨论事项

一、主席交议，据建设厅呈，南方糖业开发组合现已解除委托经营省营糖厂之契约，拟先自办省营顺德糖厂，附具计划书、组织章程、概算暨合约，并拟先派何品良为筹备主任，请核示，提付公决案。

（决议）交汪委员、黄委员审查。

二、主席交议，据广州市政府呈，据工务局呈复，遵令修正本市街灯征费办法草案，转请核示提付公决案。

（决议）交警务处审查。

三、主席交议，据警务处呈，据省会警察局呈，拟恢复征收消防年捐，附缴征收办法暨收入预算表，转请核示等情，提付公决案。

（决议）通过，消防年捐分两期征收，并准由三十年下半期起开征。

四、主席交议，据振务分会呈，拟于本年冬季施振棉衣，附具各机关捐助棉衣办法，请予核示，提付公决案。

（决议）交林委员、周委员审查。

五、主席交议，关于市民周××不服广州市政府抽收蚬捐处分，提起诉愿一案，经饬据秘书处依法作成决定书，提付公决案。

（决议）交陈院长、黄委员审查。

六、黄委员、陈院长会提，奉交审查秘书处拟具陈××不服省会地方暂管民业整理委员会所为不准租赁处分，提起诉愿之决定书一案，谨拟具审查意见，提请公决案。

（决议）照审查意见通过。

广东省政府委员会
第七十九次会议录

日　期　十月十六日
地　点　本府会议厅
出席委员　陈耀祖　汪宗准　林汝珩　张幼云　汪　屺　周应湘
　　　　　周秉三　黄子美　王英儒（公出）　鲍　文（公出）
　　　　　周之桢（假）
列　席　关仲羲　崔耀广
主　席　陈耀祖
纪　录　（秘书）王之光　梁朝汇

报告事项

一、宣读第七十八次会议录。

二、主席报告，据财政厅呈报，中山三厂防疫费拟核定在发出运照每张附征军票一元，或国币三元。另客商由澳门入中山，每人征收验便费港币一元；由中山往澳门，每人征收军票一元七十钱或国币五元。请察核备案等情，经准予备案。

三、主席报告，据财政厅呈，奉饬核议花县县政府呈报，地方款补助期满，拟请继续增加补助一案，拟仍照原案划分旺淡月，由本年九月份起续准展限六个月。并以旺月酌增八百元，每月共补助三千八百元；淡月增加一千元，每月共补助五千元；至七、八两月份，并拟一次过每月增给补助一千元。仍饬该县认真整理税收等情，经准如拟办理。

四、主席报告，准内政部咨，准咨送修正汕头市政府暂行组织规则，除备案并转呈行政院鉴核外，咨复查照等由，经饬汕头市政府知照。

五、主席报告，准内政部咨，奉行政院令，关于划定广东汕头市区地域情形一案，经呈奉府令准予照办，咨请查照饬遵等由，经转饬汕头市政府遵照。

讨论事项

一、主席交议，据振务分会呈，拟具贫民工艺所计划书、组织简章暨各项经费预算书，并拟在振款节余项下拨支军票十万元，为该所资本金额，请予核示，提付公决案。

（决议）交张委员、王委员审查。

二、主席交议，据地方行政人员训练所呈，谨将本所考取学员及调训而无实职之学员，分别造具毕业成绩清册，请核派各机关录用等情，经饬据秘书处拟具分配各机关录用办法及分配名单，提付公决案。

（决议）通过。

三、主席交议，据省会物资配给委员会呈，拟具本会组织章程、开办费经常费预算书、实施汽油配给办法暨油类配给规则，请予核示，提付公决案。

（决议）除组织章程内人事部分暨预算书，交汪委员、张委员审查外，余照通过。

四、主席交议，据民政厅呈，本厅视察员孙绳武已另有任用，拟请免职，所遗视察员一职，并请派冯渭川充任案。

（决议）通过。

临时动议

一、汪委员、黄委员会提，奉交审查建设厅呈拟自办省营顺德糖厂计划书、组织章程、概算暨合约一案，谨拟具审查意见，提请公决案。

（决议）（一）审查计划第一项供给蔗量改为十万斤。（二）组织章程交建设厅根据审查意见重新计议。（三）余照审查意见通过。

广东省政府委员会
第八十次会议录

日　期　十月二十三日

地　点　本府会议厅

出席委员　陈耀祖　汪宗准　林汝珩　张幼云　周应湘　周秉三
　　　　　黄子美　王英儒（公出）　汪　屺（公出）
　　　　　鲍　文（公出）　周之桢（假）

列　席　陈鸿慈　顾士谋　崔耀广

主　席　陈耀祖

纪　录　（秘书）王之光　梁朝汇

报告事项

一、宣读第七十九次会议录。

二、主席报告，据教育厅呈，遵令拟具接收各地日语学校办法，复请核示等情，经准如拟办理。

讨论事项

一、主席交议，据财政厅呈，奉饬计议广属护沙委员会三十年下半年度临时费，及所辖部队各项费用预算书一案，谨将计议意见连同修正预算书复请核示，提付公决案。

（决议）通过。

二、主席交议，据核计处呈，遵令拟具修正广东省各机关招商投承购置变卖物料及营缮工程暂行章程，请予核示提付公决案。

（决议）修正通过。

三、主席交议，据省会地方暂管民业整委会呈，拟具承租本会暂管各业投资修建暂行办法，请予核示提付公决案。

（决议）交王委员、张委员审查。

四、汪委员、周委员会提，奉交审查核计处呈拟该处办事细则一案，谨拟具修正意见，提请公决案。

（决议）照修正意见通过。

五、林委员、周委员会提，奉交审查振务分会呈拟各机关捐助棉衣办法一案，谨拟具审查意见，提请公决案。

（决议）照审查意见通过。

六、黄委员、陈院长会提，奉交审查秘书处拟具市民郭××等不服省会警察局所为没收木料处分，提起诉愿之决定书一案，谨拟具审查意见，提请公决案。

（决议）照审查意见通过。

七、主席交议，据汕头市政府呈，拟请派凌福文、罗梓江、范燮、冯传宗四员为该市府秘书，褚寿耆为第三科科长，并以秘书范燮、罗梓江兼任科长案。

（决议）通过。

临时动议

一、主席交议，据广东省爱路村总本部呈拟该部办事细则暨经临费预算书，提付公决案。

（决议）除各课职员以由各机关调用为原则外，余照通过。

广东省政府委员会
第八十一次会议录

日　　期　十月三十日

地　　点　本府会议厅

出席委员　陈耀祖　王英儒　汪宗准　林汝珩　张幼云　汪　屺
　　　　　周应湘　周秉三　黄子美　鲍　文（公出）
　　　　　周之桢（假）

列　　席　陈鸿慈　关仲羲　顾士谋　崔耀广

主　　席　陈耀祖

纪　　录　（秘书）王之光　梁朝汇

报告事项

一、宣读第八十次会议录。

二、主席报告，据财政厅呈，拟改定契税产价折合军票课税比率，由十一月一日起，暂定契内产价如属国币以三零零折合军票课税，如系毫券仍照一四四比率折合国币，再按照现定比率折合军票课税，其有补税遗失契据，产价系属银毫者，仍准照毫券计算，请核示等情，经准予备案。

三、主席报告，据财政厅呈，本年十一月份，税收军票伸合法币比率拟改为三三零计算，潮汕方面亦一体照办，请核示等情，经准予备查。

讨论事项

一、主席交议，据财政厅呈，据中山县政府呈报，印发借款抵纳券，附呈办法、样本，请备案前来，拟请饬令停止发行，以杜流弊等情，复据民政厅转呈略同前情，提付公决案。

（决议）该县事先未据呈准遽尔公布发行抵纳券，手续不合，应饬克日停止发行。

二、主席交议，据宣传处呈，拟具广东省各县市宣传科组织规程，及宣传会议组织通则草案，请予核示，提付公决案。

（决议）交周委员、王委员审查。

三、主席交议，据警务处呈，据省会警察局呈，拟增设保安警察特务中队，附呈编制表、预算书及各表册，转请核示，提付公决案。

（决议）原则通过，编制暨预算交王委员、汪委员审查。

四、主席交议，据核计处呈，拟具广东省政府所属各机关造送收支计算书类期限规程草案，请予核示，提付公决案。

（决议）交汪委员、王委员、张委员，周委员审查。

五、主席交议，据建设厅呈，拟具修正本省民营土榨糖寮登记暂行规则，暨许可证条文，请予核示，提付公决案。

（决议）通过。暂行规则第一条，加入"本规则适用于顺德、南海、番禺、中山、东莞、增城六县，其他各县不在此限"字样。

六、主席交议，据警务处呈，奉交审查广州市政府呈拟广州市街灯征费办法草案一案，谨将审查意见呈请察核等情，提付公决案。

（决议）照审查意见通过。

七、主席交议，据警务处呈，拟请派薛逢瑛、宋友山、阮方为该处秘书，章启科、王仲和为科长案。

（决议）通过。

八、主席交议，据广州市政府呈，拟请派莫培远、招启明为该市府社会局秘书，张炜明、区声白、罗又村、冯芝荪、沈建侯为课长，孙玉阶为督学主任；潘祀为工务局秘书，梁昌、李倬云、杨熙、黄文韶为课长，周博文为技正；何若泉为卫生局秘书，叶珥光、伍自培、陈琰英为课长；黄耀西、胡旭升为财政局秘书，李仁山、杜建勋、朱镇襄、陈熊璋、陆仲履为课长案。

（决议）通过。

临时动议

一、主席交议，据社运会广东省分会呈，拟具广东省社会运动指导委员会组织表、员额表暨经常费预算书，呈请核示，当经饬据秘书处妥为修正，兹将修正本案书表，提付公决案。

（决议）通过。

二、主席交议，本省宣传处经常及事业各费月支过巨，拟予核减，当经饬据秘书处从新拟具该处各费支付预算书，提付公决案。

（决议）通过。

三、主席交议，据建设厅呈，据农林处呈，拟具举办禺南农业补助计划草案，转请核示，提付公决案。

（决议）（一）冬耕补助及农业贷款办法通过。（二）农业教育补助办法交教育厅审查。（三）专款分配办法内办公费一项剔除。

四、主席交议，据教育厅呈，据省立广东大学呈，拟具收用盘福横街北部空地扩充校址计划说明书及图则，转请核示，提付公决案。

（决议）通过。

五、主席交议，据省会物资配给委员会呈，拟将本会改组扩大职权，谨拟具广东省物资管理暂行章程草案，并请另派军警人员兼任主任委员，请予核示，提付公决案。

（决议）（一）准将广东省会物资配给委员会，改组为广东省物资配给委员会。（二）加派警务处长为该会委员。（三）暂行章程通过。

广东省政府委员会
第八十二次会议录

日　期　十一月六日

地　点　本府会议厅

出席委员　陈耀祖　王英儒　汪宗准　林汝珩（陈致平代）

　　　　　张幼云　汪　屺　周应湘　黄子美　周化人

　　　　　周秉三（公出）　鲍　文（公出）

列　席　陈鸿慈　崔耀广

主　席　陈耀祖

纪　录　（秘书）王之光　梁朝汇

报告事项

一、宣读第八十一次会议录。

二、主席报告，据财政厅呈，奉饬核议博罗县呈，请补助警察队经费一案，拟准由本年七月份起，以六个月为期，每月拨支补助费八千元，仍饬极力整顿税捐，借免补助，请核示等情，经准如所拟办理。

三、主席报告，据财政厅呈，关于顺德县政府呈请解释地税加倍征收后，其旧欠地税暨滞纳罚金征收办法事项一案，当经核饬：（一）凡二十八、二十九两年旧欠地税，准免加倍缴纳，仍照原征额依现行法币对军票比率征收。（二）准由三十年十一月一日起，至同年十二月底止，凡完纳二十八、二十九两年地税，能同时将三十年第一期税款一并缴纳者，免科滞纳罚金；若不将三十年第一期税款清完者，仍照处罚；并定二十八年税款带征罚金百分之十，二十九年百分之五，三十年第一期免罚。限满后，每逾期在六个月内，加收百分之五，以加至百分之二十五为止。请察核备案等情，经准予备案。

四、派建设厅农林处处长何品良兼任广东省营顺德制糖厂厂长。

讨论事项

一、主席交议，财政厅呈，据增城县政府呈，拟成立保安警察中队，请准予暂收县属产销品保安警察临时费，附呈税目表，请核示前来，似尚可行，转请核示提付公决案。

（决议）通过。

二、主席交议，财政厅呈，据新会县政府呈，拟征收葵类特捐，谨将核议意见抄同原暂行办法转请核示，提付公决案。

（决议）通过，照财政厅核议意见办理。

三、主席交议，财政厅呈，据广属护沙队各队长呈，请仍照预算原额十足发给经费等情，拟恳照准，转请核示，提付公决案。

（决议）通过。

四、主席交议，广州市政府呈，关于业权登记确定延不领证暨声请登记屡传不到之案件，谨分别拟具清理办法，请予核示，提付公决案。

（决议）交民政厅审查。

五、主席交议，据财政厅呈，据番禺县政府呈复关于该县设处征收沙田亩捐警费情形前来，拟援照中山县核准办法，准该县由本年晚造起，每亩沙田附加三元，并饬将警费亩捐一律撤销，请予核示提付公决案。

（决议）通过。

六、主席交议，据前社运会广东省分会呈，拟将本分会派驻各县市专员办事处改组，拟具改组办法附同人员薪额清单，请予核示提付公决案。

（决议）交秘书处审查。

七、主席交议，关于本市晏公街坊众代表李××不服广东省警务处呈奉本府核准，将本市晏公街原日警察派出所地址交还广东省会警察局管用之处分，提起诉愿一案，经饬据秘书处依法作成决定书，提付公决案。

（决议）交陈院长、黄委员审查。

八、主席交议，据宣传处呈，本处秘书叶天锡、专员李永秋、区文、视察雷宏张、梁孝直，均呈请辞职，拟请准予免职，提付公决案。

（决议）通过。

临时动议

一、主席交议，财政厅呈，关于民政厅咨，据三水县政府呈，以地方款收入短绌，请予增拨补助一案，拟准由本年八月份起，以三个月为期，每月加拨补助费二千元，仍饬随时整理地税以期减免，呈请核示，提付公决案。

（决议）通过。

二、汪委员兼财政厅长提，为救济军警及下级职员生活，拟准每人在本月份，向购储洋米办事处照来价购备洋米一月，以资救济，是否有当，提请公决案。

（决议）通过。

三、王委员兼民食调节会主任委员提，据谷米管理处呈，准友军军经理部通知，本年晚造军谷仍委托代办所订契约，内容除数量及交收日期更改外，余照早造办法办理，请核示等情，是否可行，提请公决案。

（决议）通过。

广东省政府委员会
第八十三次会议录

日　　期　十一月十三日

地　　点　本府会议厅

出席委员　陈耀祖　王英儒　汪宗准　林汝珩（陈致平代）

　　　　　　张幼云　汪　屺　周应湘　周秉三　周化人　黄子美

　　　　　　鲍　文（公出）

列　　席　陈鸿慈

主　　席　陈耀祖

纪　　录　（秘书）王之光　梁朝汇

报告事项

一、宣读第八十二次会议录。

二、主席报告，据民政厅呈，关于本省各县封锁线外一千米内，原有地亩准予耕植一案，业经函准广东陆军特务机关函复，除于原办法第四条，"报由县政府制备臂章"句下，加"经警备队之认可"一句外，经分函各部队知照等由，呈请备案等情，经指复准予备案。

三、主席报告，准驻广州绥靖主任公署函，请征用广州市陈家祠右侧菜地以为模范营操场等由，经已照办。

讨论事项

一、主席交议，据省会地方暂管民业整理委员会呈，拟议核减汉民北路及十七甫、十八甫路灾区新建铺屋租值办法，请予核示，提付公决案。

（决议）通过，所有已租出或未祖出之铺屋一律照办。

二、汪委员兼财政厅长提，拟恢复征收颜料与橡胶类及橡胶制成品物专税，备具征收章程草案，提请公决案。

（决议）通过。

三、王委员、汪委员会提，奉交审查省会警察局呈拟保安警察特务中队编制表暨预算书一案，谨拟具审查意见，提请公决案。

（决议）照审查意见通过。

四、王委员、张委员会提，奉交审查暂管民业整委会呈拟承租本会暂管各业投资修建暂行办法一案，谨拟具审查意见，提请公决案。

（决议）照审查意见发还该会修订再呈核夺。

五、主席交议，据民政厅呈，本厅第四科长甄显沛另候任用，请予免职，所遗科长一职，拟派吴乾煦允任案。

（决议）通过。

六、主席交议，广州市政府呈，本市府秘书长吴实之、参事邓仲斌、秘书霍颖西均另有任用，第一科长吴晚成呈请辞职，拟请各予免职，并请派俞梧生为本府秘书长，周匡、吴实之为参事，邓仲斌为秘书暂兼第一科科长案。

（决议）通过。

临时动议

一、周委员兼秘书长提，奉交审查前社运会广东省分会呈拟改组派驻各县市专员办事处办法一案，谨拟具审查意见，提请公决案。

（决议）照审查意见通过。

广东省政府委员会
第八十四次会议录

日　期　十一月二十日

地　点　本府会议厅

出席委员　陈耀祖　王英儒　汪宗准　林汝珩（陈致平代）

　　　　　张幼云　汪　屺　周应湘　周化人　周秉三　黄子美

　　　　　鲍　文（公出）

列　席　陈鸿慈

主　席　陈耀祖

纪　录　（秘书）王之光　梁朝汇

报告事项

一、宣读第八十三次会议录。

二、主席报告，广东省银行监察人关仲羲调京另有任用，已予免职，遗职派黄子美接充。

讨论事项

一、主席交议，据广东省物资配给委员会呈，本会奉准改组完竣，谨从新拟具组织章程草案，暨经常费预算书，请予核示，提付公决案。

（决议）原则通过，章程第五条，调查课事务由监察课兼办，指导课事务由组织课兼办。

二、主席交议，民政厅呈，据报各县物资配给委员会，对于人民申请发给物资搬运出入许可证情形，拟请将征费标准及收据严予核定，以杜流弊；复据省物资配给会呈报略同前情，经饬据秘书处拟具甲乙两项办法，提付公决案。

（决议）交王委员、汪委员审查。

三、主席交议，据财政厅呈，奉饬核议广州市调查户口委员会，拟请追加临时费预算书一案，谨将核议意见复请核示，提付公决案。

（决议）通过。

四、主席交议，广州市政府呈，据财政局呈，拟具整理地号牌编钉办法，连同式样，转请核示，提付公决案。

（决议）通过。

五、林委员兼教育厅长提，奉交审查农林处拟具举办禺南农业补助计划第二项农业教育补助办法一案，谨拟具审查意见，提请公决案。

（决议）除农民识字学校间数仍以十五间为原则外，余照审查意见通过。

六、黄委员、陈院长会提，奉交审查秘书处拟具市民周××不服广州市政府抽收蚬捐处分，提起诉愿之决定书一案，谨拟具审查意见，提请公决案。

（决议）照审查意见通过。

七、主席交议，据建设厅呈，本厅秘书何锷新另有职务，拟予停薪留职，第一科科长赵若山另有任用，请免本职，并请派赵若山为本厅秘书，调派第二科科长林荀为第一科科长，递遗第二科科长一职，拟派技正金肇组兼任案。

（决议）通过。

八、主席交议，宣传处呈，本处总务科科长黄天荡呈请辞职，拟请准予免职案。

（决议）通过。

临时动议

一、王委员、周委员会提，奉交审查宣传处拟具广东省各县市宣传科组织规程，及宣传会议组织通则草案一案，谨拟具审查意见，提请公决案。

（决议）照审查意见通过。

广东省政府委员会
第八十五次会议录

日　期　十一月二十八日

地　点　本府会议厅

出席委员　陈耀祖　王英儒　汪宗准　林汝珩　张幼云　汪　屺
　　　　　　周应湘　周秉三　周化人　黄子美　鲍　文（公出）

列　席　陈鸿慈

主　席　陈耀祖

纪　录　（秘书）王之光　梁朝汇

报告事项

一、宣读第八十四次会议录。

二、主席报告，据广东省物资配给委员会呈，拟将广东省物资管理暂行章程第十三条修正为"附表第一所列第二号各项物资之运搬出入，及其流动，仅限于昭和通商会社、三井物产会社、三菱商事会社、石原产业会社、台湾拓殖会社，各会社之人员而持有友军总动员班（宗道部队）之证明书者，得无须领取本会许可证准其通过，但废铁无须证明书即可准其通过"，请核示等情，经准予备案。

讨论事项

一、主席交议，据王、汪两委员，拟具关于人民申请发给物资搬出入许可证征费办法意见，当经核定，"广东省各市县商人，申请发给物资搬出入许可证，征收印刷费及手续费暂行办法"，通饬自本年十二月一日起依照规定收费，请追认案。

（决议）修正通过。

二、主席交议，广州市政府呈，遵令饬据财政局呈，拟划分广州市猪捐、屠牛捐及屠场屠宰费各征收招投章程，转请核示等情，当经饬据财政厅呈拟审议意见前来，提付公决案。

（决议）照审议意见通过。

三、主席交议，据花县县政府呈，为奉核定补助费仍属不敷，请准由九月份起每月增加补助费等情，当经饬据财政厅呈拟审议意见前来，提付公决案。

（决议）照审议意见通过。

四、主席交议，据民食调节委员会呈，拟具广东省民食调节委员会三十年晚造储粮办法，请予核示，提付公决案。

（决议）修正通过。

五、汪委员兼财政厅长提，拟恢复征收筵席捐，拟议征收办法，附同广东全省征收筵席捐章程，暨广州市筵席捐公投简章及承办章程，提请公决案。

（决议）通过。章程交王委员、周应湘委员审查。

六、王委员兼民政厅长提，奉交审查广州市政府呈拟关于业权登记确定延不领证暨声请登记屡传不到案件之清理办法一案，谨拟具审查意见，提请公决案。

（决议）照审查意见通过。

七、黄委员、陈院长会提，奉交审查秘书处拟具李××不服警务处呈准将本市晏公街原日警察派出所地址交还广东省会警察局管用处分，提起诉愿之决定书一案，谨拟具审查意见，提请公决案。

（决议）照审查意见通过。

临时动议

一、林委员兼教育厅长提，本厅督学梅庆芬辞职，省立第一中学校校长邝家鼎另有任用，拟请各予免职，并请派邝家鼎为本厅督学，萧志泰为省立第一中学校校长案。

（决议）通过。

广东省政府委员会
第八十六次会议录

日　期　十二月四日

地　点　本府会议厅

出席委员　陈耀祖　王英儒　汪宗准　林汝珩　张幼云　汪　屺
　　　　　周应湘　周化人　周秉三　黄子美　鲍　文（公出）

列　席　陈鸿慈

主　席　陈耀祖

纪　录　（秘书）王之光　梁朝汇

报告事项

一、宣读第八十五次会议录。

讨论事项

一、主席交议，民政厅、财政厅会呈，据省禁烟局呈拟广东省查铲烟苗委员会组织规程，暨查铲烟苗办法各草案前来，附具审查意见转请核示等情，提付公决案。

（决议）修正通过。

二、主席交议，据省物资配给委员会呈，遵令改编本会经常费预算书，请核示等情，提付公决案。

（决议）交财政厅审查。

三、主席交议，据民政厅呈，遵令拟具广东省惩治擅征田亩附加费暂行规条草案，请核示等情，提付公决案。

（决议）通过。

四、主席交议，建设厅呈，据农林处呈报，该处秘书刘肃敬呈请辞职，总务课课长王少伯另有任用，拟请各予免职，并请派王少伯为该处秘书，林伯卿为总务课课长案。

（决议）通过。

广东省政府委员会
第八十七次会议录

日　期　十二月十一日

地　点　本府会议厅

出席委员　陈耀祖　王英儒　汪宗准　林汝珩　张幼云　汪　屺
　　　　　　周应湘　周化人　周秉三　黄子美　鲍　文（公出）

列　席　陈鸿慈

主　席　陈耀祖

纪　录　（秘书）王之光　梁朝汇

报告事项

一、宣读第八十六次会议录。

二、主席报告，据广州市政府呈，为会同民政厅，遵令改拟卫生运动大会大纲及临时费预算书，复请核示等情，当经核饬：关于大会大纲：（一）开会日期应照部定办法，以一天为原则，并补列提倡健康诊断一节。（二）清洁部分，应由该府厅与省会警察局妥商进行。关于经费预算：（一）所列数目应核减为军票额一千五百元，另行编配。（二）所需经费拟请由省市政府平均负担。应予照准。

讨论事项

一、主席交议，据省物资配给委员会呈，拟具各县市物资配给委员会组织章程，暨经常费预算书，请核示等情，提付公决案。

（决议）（一）组织章程修正通过。（二）预算书照秘书处签注意见修正。

二、主席交议，广州市政府呈，据财政局呈，拟征收电力附加一成复兴建设费，并定期三十一年一月一日开征，转请核示等情，提付公决案。

（决议）通过，指定为复兴建设之用，仍由广州市政府将复兴建设计划从速妥拟呈核。

三、主席交议，广州市政府呈，据工务局呈，拟具市民申请投资建筑灾区铺屋及业主领回管业办法，暨保结证明书、登记册各式样，转请核示等情，提付公决案。

（决议）交汪委员、王委员、黄委员审查。

四、主府交议，据建设厅呈，拟具广东省建设厅办理公司工厂及工商业登记整理办法，暨整理民营公用事业暂行办法，及商业等登记表式样，请核示等情，提付公决案。

（决议）交王委员、周化人委员审查。

五、主席交议，据宣传处呈，本处事业科科长翟鹍呈请辞职，拟请准予免职，并请派梅庆芬为本处事业科科长，曾天籁为总务科科长案。

（决议）通过。

六、主席交议，据广州市政府呈，本市府第四科科长梁瑞泰呈请辞职，秘书汪公猷、郑渭中均另有任用，拟请各予免职，并请派汪公猷为本市府第四科科长案。

（决议）通过。

临时动议

一、主席交议，据民政厅呈，遵令拟具关于编办保甲各项章程办法暨表式，请核示等情，提付公决策。

（决议）交汪屺委员、林委员会同民政厅、广州市政府审查。

二、张委员、汪委员、王委员、周委员会提，奉交审查核计处呈拟广东省政府所属各机关造送收支计算书类期限规程草案一案，谨拟具审查意见，提请公决案。

（决议）照审查意见通过。

广东省政府委员会
第八十八次会议录

日　期　十二月十八日
地　点　本府会议厅

出席委员 陈耀祖　王英儒（虞息翰代）　汪宗准

　　　　　林汝珩（陈致平代）　张幼云　汪　屺　周应湘

　　　　　周秉三　周化人　黄子美　鲍　文（公出）

列　席 陈鸿慈

主　席 陈耀祖

纪　录 （秘书）王之光　梁朝汇

报告事项

一、宣读第八十七次会议录。

二、主席报告，据财政厅呈，关于新会县政府呈报，奉令撤销货物转运捐，请展缓至本年十一月底结束，并请在省税五项收入提成补助政费一案，拟准由本年十二月份起，将新会省税局收入该县之娱乐捐、义会捐提拨五成，营业税、冥镪捐、屠宰税提拨三成，以资补助，仍饬加紧整理地税以谋自给，请核示等情，经准照该厅所拟办理。

讨论事项

一、主席交议，据省物资配给委员会呈，拟具违反广东省物资管理暂行章程罚则，暨没收物品处理章程草案，请核示等情，提付公决案。

（决议）修正通过。

二、主席交议，据省社会运动指导委员会呈，拟订本会办事细则草案，请核示等情，提付公决案。

（决议）通过，交秘书处整理文字后，发还该会施行。

三、王委员、周委员会提，奉交审查汪委员拟议广东全省征收筵席捐章程，暨广州市筵席捐公投简章及承办章程一案，谨拟具审查意见，提请公决案。

（决议）照审查意见通过。

四、汪委员兼财政厅长提，奉交审查省物资配给委员会经常费预算书一案，谨拟具审查意见，提请公决案。

（决议）照审查意见通过。

五、周委员、张委员会提，奉交审查王、汪两委员拟议广东省主要物资特许营运保护条例草案一案，谨拟具审查意见，提请公决案。

（决议）修正通过。

六、汪委员兼财政厅长提，为征收临时地税提支二成税款，充奖及编造田亩册籍费用，服期届满，拟赓续展限六个月以观后效，提请公决案。

（决议）通过。

临时动议

一、主席提，拟于本府秘书处设置第五科，办理侨务事宜，并由周秘书长暂兼该科科长案。

（决议）（一）通过。（二）第五科职掌交周秉三委员、周化人委员审查。

广东省政府委员会
第八十九次会议录

日　期　十二月二十五日

地　点　本府会议厅

出席委员　陈耀祖　王英儒（虞息辅代）　汪宗准

　　　　　　林汝珩（陈致平代）　张幼云　汪　屺　周应湘

　　　　　　周化人　周秉三　黄子美　鲍　文（公出）

列　席　陈鸿慈

主　席　陈耀祖

纪　录　（秘书）王之光　梁朝汇

报告事项

一、宣读第八十八次会议录。

二、主席报告，财政厅呈，据惠阳县政府呈，前奉准由本年六月十五日起，以六个月为限，每月补助本县警察经费三千七百六十元一案，现届期满，请准照案继续补助六个月前来，似可照准转请核示等情，经准照该厅所拟办理。

三、主席报告，据财政厅呈，关于澄海县政府呈缴本年下半年度地方收支概算书表，请核准备案并乞补助一案，除原缴概算书格式不符，拟发还改编外，至不敷之款，拟准由本年八月份起，依照汕头市及东区各县税制，并税务机构调整纲要第七条办理，按月由省库拨补军票三千元，请核示等情，经准如该厅所拟办理。

四、主席报告，民食调节委员会呈，据谷米管理处呈，拟三十年晚造管理土谷米规则草案，转请核示等情，经准予备案。

讨论事项

一、主席交议，广州市政府呈，据财政局呈，拟广州市各马路骑楼地遗失执照申请补领办法，转请核示等情，提付公决案。

（决议）交汪宗准委员、汪屺委员审查。

二、主席提，拟派张浪石、许梯云为广东省社会运动指导委员会委员案。

（决议）通过。

三、主席交议，据建设厅呈，本厅技正兼第二科科长金肇组呈辞兼职，拟请准予免去兼职，所遗第二科科长一职，并请派技士关西满暂行代理案。

（决议）通过。

临时动议

一、主席交议，据省爱路村总本部呈，拟具广东省爱路村奖惩细则，请核示等情，提付公决案。

（决议）交黄委员、王委员审查。

二、主席交议，广州市政府呈，据财政局呈，为移转登记之案缴销旧证换发新证办法，拟酌予变通，于验明旧证后，加盖戳记，连同新证发还保管，转请核示等情，提付公决案。

（决议）通过。

三、主席提，拟组设复兴广州市灾区委员会，派周化人、汪宗准、张幼云、周应湘、卢德为委员，并指定周化人为主任委员案。

（决议）通过。

广东省政府委员会
第九十次会议录

日　期　民国三十一年一月二日

地　点　本府会议厅

出席委员　陈耀祖　王英儒（虞息辅代）　汪宗准

　　　　　　林汝珩（陈致平代）　张幼云　汪　屺　周应湘

　　　　　　周化人　周秉三　黄子美　鲍　文（公出）

列　席　陈鸿慈

主　席　陈耀祖

纪　录　（秘书）王之光　梁朝汇

报告事项

一、宣读第八十九次会议录。

二、主席报告，民政厅呈，准财政厅函，拟于广东省惩治擅征田亩附加费暂行规条内增列一条，定为第四条，文曰："各县联防局队及其他地方机关团体，未经省政府令准，擅收田亩附加费，得准用本暂行规条所定惩治办法办理。"请查照办理等由。查所拟条文似属可行，转请核示等情，经予照准。

三、主席报告，据财政厅呈，拟将征收纸类专税章程第五条但书文字修正为"但零碎贩运及往来行客携带纸类，每种在一十斤以下备作自用者，准免报验征税，倘在洋行定购大帮纸类，故意分次零星出货，希图避免课税者，一经查获讯实，其重量虽在一十斤以下，亦作走私论，应照本章程第十三条加五倍处罚"，请核示等情，经准照备案。

讨论事项

一、主席交议，据财政厅、建设厅、警务处会呈，遵令拟具安定物价暂行办法草案，及调查表式，复请核示等情，提付公决案。

（决议）修正通过。

二、主席交议，广州市政府呈，据卫生局呈，准省立传染病院函送追加三十年十二月份经常费概算书，转请核示等情，经饬据财政厅呈拟核议意见前来，提付公决案。

（决议）交秘书处查明呈府核办。

三、周委员化人、周委员秉三会提，奉交审查广东省政府秘书处第五科职掌一案，谨拟具审查意见，提请公决案。

（决议）照审查意见修正通过。

临时动议

一、林委员、汪委员会提，奉交审查民政厅拟订编办保甲各项章程、办法及表式一案，谨拟具审查意见，提请公决案。

（决议）照审查意见通过。

广东省政府委员会
第九十一次会议录

日　期　一月八日

地　点　本府会议厅

出席委员　陈耀祖　王英儒（虞息辅代）　汪宗准

　　　　　林汝珩（陈致平代）　张幼云　汪　屺　周应湘

　　　　　周化人　黄子美　周秉三（假）　鲍　文（公出）

列　席　陈鸿慈

主　席　陈耀祖

纪　录　（秘书）王之光　梁朝汇

报告事项

一、宣读第九十次会议录。

二、主席报告，据财政厅呈，拟自三十一年一月份起，将前定法价一五算入账办法取销，所有库款收支，概按各该月份公布军票与国币比率，伸合国币入账，以昭划一，请核示等情，经准予照办。

三、主席报告，据财政厅呈，拟将广东省契税暂行章程第五条第二项条文修正为"典契，照典价每百元征税三元，契纸费每张五毫，测绘费每百元五毫，中资捐每百元四毫，附捐每百元四毫"，请核示等情，经准予照办。

讨论事项

一、主席交议，据建设厅签呈，拟于省会适中地点设立手工艺厂，附呈计划书、组织章程草案，暨各项经费预概算书，请核示等情，经饬据汪财政厅长、黄委员会呈审查意见前来，提付公决案。

（决议）原则通过，仍交建设厅，根据审查意见，修正原拟计划章程暨预概算书，再呈核办。

二、主席交议，据财政厅呈，为按月补助广州市政府政费一案，已届期满，拟由三十一年一月份起，以六个月为限，照案继续每月补助军票四万元，请予核示等情，提付公决案。

（决议）通过。

三、主席交议，据财政厅呈，拟具征收糖类捐补充办法，请核示等情，提付公决案。

（决议）修正通过。

四、主席交议，据广州市政府呈，奉饬转令财政局，缓向本市铺户征收街灯电力费一案，兹据再申前请，转请核示等情，提付公决案。

（决议）交警务处、财政厅再审查。

五、主席交议，准社会运动指导委员会咨，为各县市社运指导员仍请加委各县市长兼任，俾得行使职权，请查照办理等由，提付公决案。

（决议）除广州市外，其余各市县长均加委为社运指导员。

六、汪委员、王委员、黄委员会提，奉交审查工务局拟具市民申请投资建筑灾区铺屋及业主领回管业办法，暨保结证明书、登记册各式样一案，谨拟具审查意见，提请公决案。

（决议）照审查意见通过。

七、王委员、黄委员会提，奉交审查省爱路村总本部呈拟广东省爱路村奖惩细则一案，谨拟具审查意见，提请公决案。

（决议）照审查意见通过。

八、王委员、周委员会提，奉交审查建设厅呈拟办理公司工厂及工商业登记整理办法，暨整理民营公用事业暂行办法一案，谨拟具审查意见，提请公决案。

（决议）交建设厅根据审查意见再拟呈府。

广东省政府委员会
第九十二次会议录

日　期　一月十五日

地　点　本府会议厅

出席委员　陈耀祖　王英儒（虞息辅代）　汪宗准

　　　　　林汝珩（陈致平代）　张幼云　汪　屺　周应湘

　　　　　周化人　周秉三　黄子美　鲍　文（公出）

列　席　陈鸿慈

主　席　陈耀祖

纪　录　（秘书）王之光　梁朝汇

报告事项

一、宣读第九十一次会议录。

二、主席报告，据财政厅呈，关于宝安县呈报战事时期税收短少，请求补助一案，当经陈奉准月拨军票七千元，以两个月为限，十二月份业经照发，呈请核示等情，经准予备案。

三、主席报告，据民食调节委员会呈，奉令救济军警及下级公务员生活一案，计共售出洋米一十七万六千零四十六斤，谨将售米数量列表呈核等情，经准照备案。

讨论事项

一、主席交议，建设厅呈，据农林处呈，拟增加粮食计划及实施办法各草案前来，除关于"修理水利实施办法"一项，拟请免予置议外，转请核示等情，提付公决案。

（决议）交王委员、汪委员、黄委员审查。

二、主席交议，建设厅呈，据农林处呈，遵令拟具各县县立林场苗圃开办补助费预算书、开办费概算书，暨办理苗圃林场实施指导办法，转请核示等情，提付公决案。

（决议）（一）县立林场苗圃开办经常各费，由各县自筹。（二）

由建设厅择适当地点举办省立林场苗圃。

三、主席交议，据省社会运动指导委员会呈，拟请派谢仁为本会秘书，马子长为秘书兼总务科科长，陈炳霖为第一科科长，郑焦琴为第二科科长，李泰为专员，莫述文为视察，张浪石兼农工福利委员会主任，许梯云兼农工福利委员会副主任案。

（决议）通过。

广东省政府委员会
第九十三次会议录

日　期　一月二十二日

地　点　本府会议厅

出席委员　陈耀祖（周应湘代）　王英儒（虞息辅代）　汪宗准
　　　　　林汝珩（陈致平代）　张幼云　汪　屺　周应湘
　　　　　周化人　周秉三　黄子美　鲍　文（公出）

列　席　陈鸿慈

主　席　陈耀祖（周应湘代）

纪　录　（秘书）王之光　梁朝汇

报告事项

一、宣读第九十二次会议录。

二、主席报告，据民食调节委员会呈报召集各谷米商议定购贮土谷办法，请核示等情，经准予照办。

三、主席报告，财政厅呈，关于南海县政府请求省库继续补助一案，拟由三十年十一月份起，暂以八个月为期，按月补助军票三万七千七百元，请核示等情，经准如该厅所拟办理。

四、主席报告，建设厅、财政厅会签，关于筹设手工艺厂经费一案，拟先就本省振务分会存款项下，提拨国币三十三万元，并拟在工厂溢利项下，增提军票一十万元，以资运用，如须扩展，再呈府商请省银行透支或借用，请核示等情，经准予照办。

五、主席报告，财政厅呈，据新会县政府呈报征收葵类特捐日期，连同修正暂行办法，转请核示等情，经准予备案。

六、主席报告，奉行政院密指令，据本府呈报拟订广东省物资管理暂行章程，并组设广东省物资配给委员会经过情形，准予备查。

讨论事项

一、主席交议，财政厅呈，关于三水县政府请求继续补助一案，拟准由三十年十一月份起延长八个月，每月酌定补助费军票六千五百元，俾资治理，请核示等情，提付公决案。

（决议）通过。

二、主席交议，建设厅呈，据农林处呈，遵令修正广东省乡镇林业造产规程草案，转请核示等情，提付公决案。

（决议）交民政厅、财政厅审查。

三、主席交议，据省物资配给委员会呈，拟具没收物品变价及罚款充赏暂行办法草案，请核示等情，提付公决案。

（决议）照秘书处修正通过。

四、主席交议，据省物资配给委员会呈，拟具广州物价评议会组织章程草案，请核示等情，提付公决案。

（决议）修正通过。

五、主席交议，省物资配给委员会呈，拟具广东省物资管理暂行章程施行细则草案，请核示等情，提付公决案。

（决议）交王委员、汪委员、黄委员审查。

六、主席交议，据省会地方暂管民业整理委员会呈，本市复建灾区铺屋，现被市财政局征及二十九年份临时地税，应如何办理，请核示等情，提付公决案。

（决议）交广州市政府重新计议呈府。

七、汪宗准委员、汪屺委员会提，奉交审查广州市财政局拟具广州市各马路骑楼地遗失执照申请补领办法一案，谨拟具审查意见，提请公决案。

（决议）照审查意见通过。

八、林委员兼教育厅长提，拟请派陈良烈为本厅督学案。

（决议）通过。

广东省政府委员会
第九十四次会议录

日　期　一月二十九日

地　点　本府会议厅

出席委员　陈耀祖　王英儒　汪宗准　林汝珩　张幼云　汪　屺
　　　　　周应湘　周化人　周秉三　黄子美　鲍　文（公出）

列　席　陈鸿慈

主　席　陈耀祖

纪　录　（秘书）王之光　梁朝汇

报告事项

一、宣读第九十三次会议录。

二、主席报告，财政厅呈，据博罗县政府呈，该县警察局队经费奉准每月补助军票八千元一案，业届期满，拟请由本年一月份起，照案继续补助六个月前来，似可照准，转请核示等情，经准如该厅所拟办理。

三、主席报告，广州市政府呈，据财政局呈，关于奉准展限办理土地录回登记一案，期限将满，拟请准由本年二月二十日起再予展限一年，以资普及，转请核示等情，经准照办理。

四、主席报告，关于收用天河机场及冼村、猎德、杨箕等乡附近地区，及补偿价款各案，饬据建设厅呈拟办法，复饬据财政厅将核议意见呈复前来，经核定：（一）琶洲附近赤岗沙水田，每亩国币一千元。（二）冼村、猎德附近田亩，每亩国币九百元。（三）天河机场附近田亩，每亩国币八百元。（四）竹园地每亩国币四百五十元。（五）青苗补给费每亩军票十二元。并饬市政府派员前赴各地段测绘呈核，再行饬库拨款依法收用。

五、主席报告，据财政厅呈，遵令编造本省三十年度下半年收支总分概算书，复请察核存转等情，经准照咨财政部查照办理。

六、主席报告，奉汪主席俭电，以本府协助友军疏散港九侨胞回

150

粤，热心办理，至为嘉慰，特拨国币二十万元以资救济。

讨论事项

一、主席交议，广州市政府呈，据财政局呈，关于本市原有区域临时宅地税税率，拟暂于三十一年度内，按照现征原额加倍征收，以济市政建设需要，转请核示等情，提付公决案。

（决议）交王委员、汪委员审查。

二、主席交议，据省会地方暂管民业整理委员会呈，拟凡属港九回市侨胞，租用本市十七、十八甫两路建复灾区铺屋，准由订租日起，于六个月内照原定租额减收五折，逾期仍照原额征收，请核示等情，提付公决案。

（决议）照秘书处签修正通过。

三、主席交议，关于黄××不服广州市政府工务局所为批驳申请建复自置铺业之处分，提起诉愿一案，经饬据秘书处依法作成决定书，提付公决案。

（决议）交陈院长、黄委员审查。

临时动议

一、主席提，广东省振务分会主任委员林北斗另候任用，拟予免职，所遗职务，派该会副主任委员萧汉宗暂行代理案。

（决议）通过。

二、王委员兼民政厅长提，拟请将惠济义仓征存租项，拨充振济港九侨胞费用，提请公决案。

（决议）通过。

广东省政府委员会
第九十五次会议录

日　　期　二月七日

地　　点　本府会议厅

出席委员　陈耀祖　王英儒　汪宗准　林汝珩　张幼云　汪　屺

周应湘　周化人　周秉三　黄子美　鲍　文（公出）

列　席　陈鸿慈

主　席　陈耀祖

纪　录　（秘书）王之光　梁朝汇

报告事项

一、宣读第九十四次会议录。

二、主席报告，财政厅呈，关于呈奉饬据从化县政府，另编扩充警察中队支付预算书一案，经查核列支各数已照更正，拟准备案，其每月不敷经费军票二千一百零五元，并拟准自本年一月份起以三个月为限，由省库增拨补给，请核示等情，经准照办。

三、主席报告，奉行政院行字第六二二〇号指令，据本府呈报，关于本省县政府裁局改科经费预算书，遵令饬据民政厅分别修正，并拟定施行日期及未便核减各情形，复请核示一案，经饬据内、财两部会拟审议意见前来，应准如所拟暂行照办等因，经转饬民政厅遵照办理。

四、主席报告，奉行政院一月三十日电，奉国府令，自二月一日上午零时起，全国实行日光节约，将钟点提早一小时，仰即饬属遵照等因，经转饬所属一体遵照。

讨论事项

一、主席交议，建设厅呈，遵令根据审查意见，修正本厅手工艺厂计划暨组织章程、开办各费预概算书，复请核示等情，提付公决案。

（决议）通过。

二、林委员兼教育厅长提，本厅第二科科长林伯榆、第四科科长史元济均另有任用，拟请各予免职，并请派温仲良为本厅第二科科长，督学陈良烈兼代第四科科长职务，史元济、凌锡濂为督学案。

（决议）通过。

临时动议

一、汪委员、王委员、黄委员会提，奉交审查省物资配给委员会呈拟广东省物资管理暂行章程施行细则草案一案，谨拟具审查意见，附同补充办法草案，提请公决案。

（决议）照审查意见修正通过。

二、主席交议，据建设厅呈，拟请派邝森机、桂铭新为本厅技正案。

（决议）通过。

三、主席交议，据民政厅呈，本厅视察员卫普祥另候任用，拟请免职，并请派梁匡平为本厅视察员案。

（决议）通过。

四、主席交议，据警务处呈，拟请派林万春为本处第三科科长案。

（决议）通过。

广东省政府委员会
第九十六次会议录

日　期　二月十二日

地　点　本府会议厅

出席委员　陈耀祖　王英儒（虞息辅代）　汪宗准　林汝珩
　　　　　张幼云　汪屺　周应湘　周化人　周秉三　黄子美
　　　　　鲍　文（公出）

列　席　陈鸿慈

主　席　陈耀祖

纪　录　（秘书）王之光　梁朝汇

报告事项

一、宣读第九十五次会议录。

二、主席报告，广东省银行董事李尚铭已另有任务，业已免职，遗缺派何秀峰充任。

三、主席报告，派何秀峰为广东省银行副总经理。

讨论事项

一、主席交议，据建设厅呈报三十一年上半年度岁出经常费概算增加情形，连同概算书，请核转财政厅照数汇编等情，经饬据财政厅呈拟核议意见前来，提付公决案。

（决议）除特别费准照增加租赋准列两个月外，余照财政厅核议意见通过。

二、主席交议，据建设厅呈，遵令根据审查意见，再拟整理公司工厂及工商业登记补充办法，暨民营公用事业暂行办法，复请核示等情，提付公决案。

（决议）通过。

三、王委员兼民政厅长、汪委员兼财政厅长会提，奉交审查建设厅农林处呈拟修正广东省乡镇林业造产规程草案一案，谨拟具审查意见，附同修改草案，提请公决案。

（决议）照审查意见通过。

四、汪委员、王委员、黄委员会提，奉交审查建设厅农林处呈拟增加粮食计划及实施办法各草案一案，谨拟具审查意见，附同修正广东省桑基平田暂行规程，提请公决案。

（决议）审查意见交建设厅，请专家研究切实办理。

五、主席交议，汕头市政府呈，本市府财政局局长雷一峰呈请辞职，参事熊筦另有任用，拟请各予免职，并请派雷一峰为本市府参事，许士达为财政局局长，熊筦为秘书处秘书案。

（决议）通过。

六、主席提，派李扬安为本府技正案。

（决议）通过。

临时动议

一、主席交议，据宣传处呈，拟具广东省各机关新闻统一发布办法暨新闻报道系统表，请予核示等情，提付公决案。

（决议）交林委员、王委员、周委员审查。

广东省政府委员会
第九十七次会议录

日　期　二月十九日

地　点　本府会议厅

出席委员　陈耀祖　王英儒　林汝珩　张幼云　汪　屺　周应湘
　　　　　周化人　黄子美　汪宗准（公出）　周秉三（公出）
　　　　　鲍　文（公出）

列　席　陈鸿慈

主　席　陈耀祖

纪　录　（秘书）王之光　梁朝汇

报告事项

一、宣读第九十六次会议录。

讨论事项

一、主席交议，据财政厅呈，拟委派专员等驻省营顺德糖厂稽征省税，经饬由二月一日起实行，谨编造该专员等经常费及开办费支出概算书，请核示等情，提付公决案。

（决议）通过。

二、主席交议，据核计处呈，自本年一月份起，审核省地方各机关动用节余经费，如在五千元以上，应遵照现颁院令办理，抑照前颁编送收支计算书类办法，由省政府自行办理，请核示等情，提付公决案。

（决议）交财政厅研究后再呈核。

三、主席交议，为广东省振务分会主任委员林北斗，未经呈奉核准，先行借拨南海、中山、新会、番禺等县振务支会开办费及经常费，经饬据秘书处拟议处理办法，提付公决案。

（决议）（一）该主任办事紊乱，应予申斥。（二）仍饬将各支会开销数目据实列报核销。

四、王委员、汪委员会提，奉交审查广州市政府呈，拟暂于三十一年度内，将本市原有区域临时宅地税税率，按照现征原额加倍征收一案，谨拟具审查意见，提请公决案。

（决议）市政府财政不敷，另行筹划，增征宅地税缓办。

广东省政府委员会
第九十八次会议录

日　期　二月二十六日
地　点　本府会议厅
出席委员　陈耀祖　王英儒　汪宗准　林汝珩　张幼云　汪　屺
　　　　　周应湘　周化人　周秉三　黄子美　鲍　文（公出）
列　席　陈鸿慈
主　席　陈耀祖
纪　录　（秘书）王之光　梁朝汇

报告事项

一、宣读第九十七次会议录。

二、主席报告，财政厅呈，据省查铲烟苗委员会呈缴该会开办费及经常费支付预算书前来，已核明列支各数符合，转请核示等情，经准予备案。

三、主席报告，据教育厅签呈，拟请每月拨发所需五项经费，共军票一万一千四百八十八元等情，经饬据财政厅呈拟意见：（一）第一项增加广东大学经费每月二千元，拟准予照办。（二）第二项恢复植物研究所拟暂缓设立。（三）第三、四两项，设立补习学校一所，及女师、省一中各附小校酌增三班，拟准予照办。（四）第五项港澳文化联络费拟照前令办理，准发至二月份止。经饬如拟办理。

四、主席报告，据财政厅呈，前奉准借拨中山日报购纸款军票一万三千八百六十元，久未偿还，应否饬照清还解库，抑作补助款出支，请核示等情，经准作为补助费列支。

讨论事项

一、主席交议，财政厅呈，关于南海县转据该县看守所呈报，物价奇昂囚粮不足，请准予酌增一案，谨拟议本省各县行政及司法囚粮，自本年三月份起，一律提高三十分之五，附具预算表请核示等情，提付公决案。

（决议）通过。

二、主席交议，广州市政府呈，遵令饬据财政局呈复，关于鲜鱼鳞介入市捐予人民生活无碍，及市库入不敷支情形，转请准予续办一年以维政费等情，提付公决案。

（决议）通过。准续办一年。

三、主席交议，关于广东福利公司陈××不服广东省建设厅农林处所为批饬缴验契据之处分，提起诉愿一案，经饬据秘书处依法作成决定书，提付公决案。

（决议）交王委员、陈院长审查。

四、黄委员、陈院长会提，奉交审查秘书处所拟黄××不服广州市工务局批驳申请建复自置铺业处分之决定书一案，谨拟具审查意见，提请公决案。

（决议）照审查意见通过。

五、主席交议，据建设厅呈，本厅技正汪德靖呈请辞职，拟请准予免职案。

（决议）通过。

临时动议

一、主席交议，据广州市政府呈，本市府秘书兼第一科科长邓仲斌拟请免去兼职，并请派袁岳为本市府秘书处第一科科长案。

（决议）通过。

广东省政府委员会
第九十九次会议录

日　期　三月五日

地　点　本府会议厅

出席委员　陈耀祖　王英儒　汪宗准　林汝珩　张幼云　汪　屺
　　　　　周应湘　周化人　周秉三　黄子美　鲍　文（公出）

列　席　陈鸿慈

主　席　陈耀祖

纪　录　（秘书）王之光　梁朝汇

报告事项

一、宣读第九十八次会议录。

二、主席报告，财政厅呈，据南海县呈缴恩洲分署新编预算书前来，拟准照列；至关于该分署娱乐捐款，并拟准由南三省税局自接收之日起至本年六月底止，按月拨助该分署警政各费三千四百元，请核示等情，经准如拟办理。

讨论事项

一、主席交议，广州市政府呈，准财政厅函知，本市府三十年下半年度概算书奉准改编一案，谨将追溯困难各情形呈，请免予改编准照备案等情，提付公决案。

（决议）通过。准予备案。

二、主席交议，警务处呈，据警察局呈，拟将滞纳三十年一月份至六月份之警捐划作积欠范围，由本月十日起限期清收，逾限即照催收二十九年份积欠警捐办法办理，转请核示等情，提付公决案。

（决议）通过。

三、主席交议，据警务处签呈，拟请自警教所第十一期毕业学警起，每期选拨一百二十六名组成保安警察一中队，分配各县警察局增强力量，并拟由本年三月一日起饷，附具编制表暨经临费预算表，请核示等情，提付公决案。

（决议）通过，计划交警务处长联络，经费预算交财政厅审查。

四、主席提，拟遵院令，将广东省民食调节委员会暨该会谷米管理处裁撤，改组为广东省粮食管理局，并附具该局经常费每月份支付预算书，提付公决案。

（决议）通过，经费预算交财政厅审查。

五、主席交议，据民政厅呈，拟请派王孝若为本厅秘书案。

（决议）通过。

临时动议

一、林委员兼教育厅长提，拟加派留日公费生四名，由本年三月份起每名月支学费军票一百元，另一次过给旅费及治装费军票二百元，附具经临费预算书，提请公决案。

（决议）通过。

二、主席提，拟派民政厅长王英儒兼任广东省粮食管理局局长案。

（决议）通过。

三、主席提，新会县县长朱赤子另有任用，拟予免职，遗缺派虞息辅署理案。

（决议）通过。

广东省政府委员会
第一百次会议录

日　　期　三月十三日

地　　点　本府会议厅

出席委员　陈耀祖　王英儒　汪宗准　林汝珩　张幼云　周应湘
　　　　　　周化人　黄子美　汪　屺（薛逢英代）　周秉三（公出）
　　　　　　鲍　文（公出）

列　　席　陈鸿慈

主　　席　陈耀祖

纪　录　（秘书）王之光　梁朝汇

报告事项

一、宣读第九十九次会议录。

二、主席报告，据省物资配给委员会呈，拟加派广东省银行代表为广州物价评议会评议员，会同办理，请核示等情，经准予照办，并将该会组织章程修正。

讨论事项

一、主席交议，据广州市政府呈，关于收用天河机场及冼村、猎德、杨箕等乡附近地区补偿地价一案，遵令饬据财政局将会同财政厅派员勘明情形，并拟照该管乡公所册报亩数为将来给价根据，呈复前来，转请核示等情，提付公决案。

（决议）通过，补偿地价由省库筹拨。

二、主席交议，据省会地方暂管民业整理委员会呈，关于市工务局核准市民投资建筑灾区各户，应否缴纳地租，请核示等情，提付公决案。

（决议）交黄委员、陈院长审查。

三、主席交议，关于何××、张××因不服番禺县政府判令负担赔偿失谷之处分，各自提起再诉愿一案，经饬据秘书处依法作成决定书，提付公决案。

（决议）交黄委员、陈院长审查。

四、主席交议，据广州市政府呈，本市府社会局第五课课长沈建侯、财政局第四课课长陈熊璋、第五课课长陆仲履、秘书胡旭升均另有任用，拟请各予免职，并请派胡旭升为本市府财政局第四课课长案。

（决议）通过。

五、林委员兼教育厅长提，拟请派黄石为省立第五中学校校长，苏熊瑞为省立临时中学校校长案。

（决议）通过。

临时动议

一、主席提，澄海县县长李××办事不力应予撤职，遗缺派陈辅国署理案。

（决议）通过。

广东省政府委员会
第一百零一次会议录

日　期　三月十九日

地　点　本府会议厅

出席委员　陈耀祖　王英儒　汪宗准　林汝珩　张幼云　汪　屺
　　　　　周应湘　周化人　黄子美　周秉三（公出）
　　　　　鲍　文（公出）

列　席　陈鸿慈

主　席　陈耀祖

纪　录　（秘书）王之光　梁朝汇

报告事项

一、宣读第一百次会议录。

二、主席报告，财政厅呈，据从化县呈，前奉准每月拨助政警各费共军票三千六百零五元，业届期满，请继续补助前来，拟准由本年四月份起延长补助三个月，请核示等情，经准如所拟办理。

三、主席报告，据省立传染病院呈，拟自本年二月份起至九月份止，增加收容港九归侨患传染病者名额一百名，附具临时费预算书请核示等情，经饬据财政厅呈拟核议意见前来，经准如拟办理。

四、主席报告，关于在本省设立和运殉难同志纪念学校，现奉汪主席电谕命名为鸣崧学校，因死于和运者以曾仲鸣、沈崧两同志为最先，纪念两同志即所以纪念一般死于和运之同志也，该校并推定陈委员璧君全权主持办理等因，现校址已觅定，在计划修理中。

讨论事项

一、主席交议，警务处呈，据省会警察局呈，拟定核发商店开业凭证实施办法，转请核示等情，提付公决案。

（决议）交汪委员、王委员审查。

二、主席交议，广州市政府呈，据社会局转据自警总团部呈，拟增加二元及二毫两种征收费额，转请核示等情，提付公决案。

（决议）发还该市府妥议新增征费标准再呈核办。

三、主席交议，据警务处呈，拟筹办汕头警察教练所，该所经临各费由汕头市政府筹拨，请核示等情，提付公决案。

（决议）通过。

四、王委员、陈院长会提，奉交审查秘书处所拟福利公司陈××不服农林处批饬缴验契据处分之决定书一案，谨拟具审查意见，提请公决案。

（决议）照审查意见通过。

五、主席交议，据民政厅呈，本厅视察员冯渭川另有任用，请予免职，所遗视察员一职，并请派许宗诚充任案。

（决议）通过。

六、主席提，番禺县县长李××禁烟不力，已予撤职查办，遗缺派陈公义署理，递遗广州市财政局长缺，派何惺常充任，请追认案。

（决议）通过，追认。

七、汪委员兼财政厅长提，本厅秘书徐国材、广州省税局局长何惺常均另有任用，拟请各予免职，并请派麦召伯为本厅秘书，徐国材为广州省税局局长案。

（决议）通过。

临时动议

一、主席交议，据财政厅、警务处会呈，奉饬会同审查广州市财政局拟向本市铺户征收街灯电力费一案，谨将审查意见复请核示等情，提付公决案。

（决议）照审查意见通过。

二、主席交议，据财政厅呈，奉交审查广东省粮食管理局每月支付预算书一案，谨拟具审查意见，呈请核示等情，提付公决案。

（决议）照审查意见通过。

三、汪委员兼财政厅长提，拟请保留番禺、中山、新会三县财政局免予改科，并由厅直接委任局长，以资整理，是否可行，提请公决案。

（决议）通过。

四、主席交议，据粮食管理局王局长签呈，为充实本省粮食，拟集资营运洋米回粤救济民食，附具洋米营运办法暨海外帆船输运队组织纲要，请核示等情，提付公决案。

（决议）原则通过，交王局长办理。

五、王委员兼民政厅长、汪委员兼财政厅长会提，烟苗已届成熟，为减轻农民损失，拟饬酌量铲留其未铲田亩，酌定罚款，所获烟浆由禁烟局给价收买，其已铲者准在罚款内酌量给偿，余作推广农业储粮备荒等项需用，是否有当，提请公【决】案。

（决议）通过。

广东省政府委员会
第一百零二次会议录

日　期　三月二十六日

地　点　本府会议厅

出席委员　陈耀祖　王英儒　王宗准　林汝珩　张幼云　汪　屺
　　　　　　周应湘　周化人　周秉三　黄子美　鲍　文（公出）

列　席　陈鸿慈

主　席　陈耀祖

纪　录　（秘书）王之光　梁朝汇

报告事项

一、宣读第一百零一次会议录。

二、主席报告，财政厅呈，准省立传染病院函送改编追加三十年十二月份经常费概算书一案，查与前核议各节相符，似可准予备案，转请核示等情，经准予备案。

三、主席报告，据省立传染病院呈，遵令改编本院三十一年上半年度岁出经常费概算书，复请核示等情，经准予备案。

四、主席报告，财政厅、警务处会呈，准民政厅咨送惠阳县编缴第六区警察补助费支付预算书，经会同核明该警察费，三十年十二月份军票四千一百四十六元，及本年一月份军票三千六百二十六元，似可由省库补助，转请核示等情，经准如所拟办理。

五、主席报告，关于友邦移交沙面租租界行政权，中央特派行政院陈秘书长莅粤负责接收，经于本月二十五日举行接收典礼，现组设沙面特别区署办理该区行政事宜，并派郭卫民兼任该特别区区长。

讨论事项

一、主席交议，据财政厅呈，拟将奖励举报各县临时地税册籍暂行办法废止，另拟定期举行招人告发收藏地税册籍办法，请核示等情，提付公决案。

（决议）通过，收藏税册罚金额交财政厅再拟列表呈核。

二、主席交议，据财政厅呈，拟具各县田亩调查补报暂行章程、编造临时地税册籍暨土地移转过户及承佃申报各暂行办法，并拟择定番禺一县先行试办，请核示等情，提付公决案。

（决议）交王委员、张委员审查。

三、主席交议，据财政厅呈，拟订沙田业佃纳税办法，请核示等情，提付公决案。

（决议）通过。

四、主席交议，关于奉行政院令，据浙江省呈，请解释各省政府动用节余经费办法，令仰参酌办理，暨本府核计处请示，本年一月份起审核省地方各机关动用节余经费办法两案，经先后饬据财政厅呈复并会同核计处呈拟补充办法两项前来，提付公决案。

（决议）通过。

五、主席交议，据民政厅呈，拟请调派本厅第三科科长李星榆为秘书，仍兼第三科科长案。

（决议）通过。

六、主席交议，据省粮食管理局呈，拟请派龙公颖为本局秘书，冯礼健为第一科科长，王启贤为第二科科长，郑刚为第三科科长案。

（决议）通过。

七、汪委员兼财政厅长提，本厅视察员邹汝炽另有差委，请予免职，所遗视察员一职，拟请派李汉彝充任案。

（决议）通过。

广东省政府委员会
第一百零三次会议录

日　期　四月二日

地　点　本府会议厅

出席委员　陈耀祖　王英儒（李星榆代）　汪宗准　林汝珩

　　　　张幼云　汪　屺（薛逢瑛代）　周应湘　周化人

　　　　周秉三　黄子美　鲍　文（公出）

列　席　陈鸿慈

主　席　陈耀祖

纪　录　（秘书）王之光　梁朝汇

报告事项

一、宣读第一百零二次会议录。

二、主席报告，据财政厅呈，为三十一年上忙期内征收地税，及早造期内征收沙田税费，拟以国币八零零比率征收，请核示等情，经准于照办。

三、主席报告，据侨务委员会驻广州办事处咨呈，谨将本处遵令组织成立日期暨暂刊关防启用情形，呈请鉴核并饬属查照等情，经准照办，并将本府秘书处第五科即日裁撤，以重权责。

四、主席报告，据财政厅呈，奉交审查警务处呈拟保安警察中队经临费预算书一案，谨查原呈预算，除关于开办费内购置、修缮两目所列枪枝子弹，应向绥靖公署购领，余均应照章招商公投外，其他各节尚无不合，拟准照办，请核示等情，经准如所拟办理。

讨论事项

一、主席交议，据省粮食管理局呈，拟设立广东省粮食研究委员会，该会经费并拟在本局节余费项下拨支，附具组织章程，请核示等情，提付公决案。

（决议）交张委员、周应湘委员审查。

165

二、主席交议，据建设厅呈，关于农林处呈拟增加本省粮食计划及实施办法，奉饬请专家研究切实办法一案，谨将遵办情形连同各意见书，复请核示等情，提付公决案。

（决议）照审查意见修正通过，交建设厅分别施行。

三、主席交议，据民政厅、财政厅会呈，奉饬会同审查省会警察局拟定核发商店开业凭证实施办法一案，谨拟具审查意见，复请核示等情，提付公决案。

（决议）照审查意见修正准予备案。

临时动议

一、主席交议，据广州市政府呈，本市府秘书长俞梧生、秘书邓仲斌呈请辞职，拟请各予免职，并请派高崇信为本府秘书长，叶文为秘书案。

（决议）通过。

广东省政府委员会
第一百零四次会议录

日　期　四月九日

地　点　本府会议厅

出席委员　陈耀祖　王英儒（李星榆代）　汪宗准　林汝珩

　　　　　张幼云（金肇组代）　汪　屺　周应湘　周化人

　　　　　周秉三　黄子美　鲍　文（公出）

列　席　陈鸿慈

主　席　陈耀祖

纪　录　（秘书）王之光　梁朝汇

报告事项

一、宣读第一百零三次会议录。

二、主席报告，省物资配给委员会呈，兹根据财政厅函送广州市安定金融暂行办法丙项第一条之规定，谨拟具法币入市暂行办法草案及运照式样，请核示等情，查所缴暂行办法，除第三、第九、第十各条文应予修改外，其余尚无不合，经准予修正备案。

三、主席报告，准驻广州绥靖主任公署函，为广州警防司令部经改隶本署管辖，兹将修正该司令部组织规程送请查照，并饬属知照等由，经转饬省警务处暨广州市政府知照。

四、主席报告，派周应湘、王英儒、汪宗准、林汝珩、张幼云、黄子美、鲍文、周化人、陈鸿慈、汪屺、周秉三、陈青选为广东省铨叙审查委员会委员。

讨论事项

一、主席交议，财政厅呈，据汕头征收专税处呈，拟将本处征收无许可证之出入口物品邮包税税率，改为照价征收百分之二十，转请核示等情，提付公决案。

（决议）通过。

二、黄委员、陈院长会提，奉交审查省会地方暂管民业整理委员会请示，关于市工务局核准市民投资建筑灾区各户，应否缴纳地租一案，谨拟具审查意见，提请公决案。

（决议）应纳地租照审查意见通过，地租标准交汪委员、周化人委员审议，并邀同民业整委会主任委员列席。

三、黄委员、陈院长会提，奉交审查秘书处原拟何××、张××因不服番禺县政府判令负担赔偿失谷处分，各自提起再诉愿之决定书一案，谨拟具审查意见，提请公决案。

（决议）照审查意见通过。

四、主席交议，据省粮食管理局呈，本局第二科科长王启贤呈请辞职，第三科科长郑刚另有任用，拟请备予免职，并请派郑刚为本局第二科科长，余肇初为第三科科长案。

（决议）通过。

临时动议

一、主席交议，据财政厅呈，遵令编具本省三十一年上半年度省地方收支概算书，连同审查意见，复请核示等情，提付公决案。

（决议）（一）省中上学校军训经费，准在经常费概算内编列，并在临时费概算内将该数减除。（二）西南电力厂增拨资金准在建设厅工商建设费项下拨支，余照通过。

二、林委员兼教育厅长提，据省立广东大学呈，拟收用盘福路及附近民房扩充校址，附具收用上项民房上盖连地价值表，并附图说，提请公决案。

（决议）通过，收用地价交广州市政府核议呈府。

广东省政府委员会
第一百零五次会议录

日　期　四月十七日

地　点　本府会议厅

出席委员　陈耀祖　王英儒（李星榆代）　林汝珩　汪　屺
　　　　　周应湘　周化人　周秉三　黄子美　汪宗准（公出）
　　　　　张幼云（公出）　鲍　文（公出）

列　席　陈鸿慈

主　席　陈耀祖

纪　录　（秘书）王之光　梁朝汇

报告事项

一、宣读第一百零四次会议录。

二、主席报告，教育厅呈，据省立广东大学呈，请将前培正学校校舍暂拨作本校农场之用，拟准照办，转请核示等情，经准予照办。

三、主席报告，本省铨叙审查委员会经于四月十日组织成立，并函铨叙部备案。

讨论事项

一、主席交议，广州市政府呈，据社会局呈，请准将该局节余经费围〔国〕币五万元，拨作修理市立小学校校舍工程费，附具概算书，转请核示等情，提付公决案。

（决议）（一）动用节余款修理市立小学校校舍照准。（二）关于原呈拟设立模范小学一节应专案呈核。

二、主席交议，据省物资配给委员会呈，遵令拟议改善运搬谷米领证手续办法，复请核示等情，经饬据省粮食管理局签拟意见前来，提付公决案。

（决议）交周秘书长审查。

三、主席交议，据财政厅呈，遵令拟具私藏原日地税册籍罚金数额表，复请核示等情，提付公决案。

（决议）通过。

四、主席交议，据省铨审会秘书签呈，以本省甄审事宜期限急迫，拟在夜间办公，以期如限蒇事，附具请给车膳费表请核示等情，提付公决案。

（决议）通过，应实报实销。

临时动议

二①、主席提，本省社会运动指导委员会主任委员崔耀广呈请辞职，拟予照准，并派梁朝汇为社会运动指导委员会主任委员案。

（决议）通过。

三、主席提，本省振务分会代理主任委员萧汉宗拟着毋庸代理，并派梁匡平为振务分会主任委员案。

（决议）通过。

四、主席提，本省振务分会副主任委员一职拟予裁撤案。

（决议）通过。

广东省政府委员会
第一百零六次会议录

日　期　四月二十三日

地　点　本府会议厅

出席委员　陈耀祖　王英儒（李星榆代）　汪宗准　林汝珩

---

① 原文缺第一项。

张幼云　周应湘　周化人　黄子美　江屺（公山）　周秉三（公出）　鲍　文（公出）

列　席　陈鸿慈

主　席　陈耀祖

纪　录　（秘书）王之光　章启佑

报告事项

一、宣读第一百零五次会议录。

二、主席报告，警务处呈，据省会警察局呈，拟限制外属携带法币入市检查暂行办法，转请核示等情，经准予备案。

三、主席报告，财政厅呈，准财特署函知，奉部令协助粤海关监督筹复拱北分关，请将中山专税处克日结束等由，经定期本年四月二十日将该处裁撤，至职员薪俸拟准支至四月底止，请予备案等情，经准予备案。

讨论事项

一、主席交议，教育厅签呈，关于广东大学收用盘福路及附近民房扩充校址一案，拟续将该校附近蛋花、自新两巷民房并案收用，附具图说暨上盖连地价值表，签请核示等情，提付公决案。

（决议）通过。（一）收用地价交广州市政府核议呈府。（二）关于抚慰该地方居民事宜交教育厅办理。

二、主席提，本府秘书处秘书梁朝汇已另有任用，拟予免职，所遗秘书一职，派邬伯健充任案。

（决议）通过。

临时动议

一、张委员、周委员会提，奉交审查省粮食管理局呈拟广东省粮食研究委员会组织章程一案，谨拟具审查意见，提请公决案。

（决议）（一）该委员会毋庸设置。（二）关于粮食问题该局得延请名誉专家研究。

广东省政府委员会
第一百零七次会议录

日　期　四月三十日

地　点　本府会议厅

出席委员　陈耀祖　王英儒（李星榆代）　汪宗准　林汝珩

　　　　　　张幼云　汪　屺　周应湘　周化人　黄子美

　　　　　　周秉三（公出）　鲍　文（公出）

列　席　陈鸿慈

主　席　陈耀祖

纪　录　（秘书）王之光　章启佑

报告事项

一、宣读第一百零六次会议录。

讨论事项

一、王委员、张委员会提，奉交审查财政厅呈拟各县田亩调查补报暂行章程，编造临时地税册籍，暨土地转移过户及承佃申报各暂行办法，并拟择定番禺一县先行试办一案，谨拟具审查意见，提请公决案。

（决议）照审查意见通过，并准以番禺县先行试办。

二、周委员兼秘书长提，奉交审查省物资配给委员会拟议改善运搬谷米领证手续办法，暨省粮食管理局签拟意见一案，谨拟具审查意见，提请公决案。

（决议）照审查意见办理。

临时动议

一、汪委员兼财政厅长提，拟举办各县市宅地临时地税，以裕库收，谨拟具征收章程、评价规则，暨宅地评价会组织经费表及申报书式，提请公决案。

（决议）原则通过，章程规则等件交王委员审查。

二、汪委员兼财政厅长提，本厅第二科科长钟衍庆因病出缺，遗职拟请调派本厅秘书麦召伯充任，递遗秘书一职并请派陈普伯充任案。

（决议）通过。

广东省政府委员会
第一百零八次会议录

日　期　五月七日

地　点　本府会议厅

出席委员　陈耀祖　王英儒　汪宗准（完谦代）　林汝珩
　　　　　张幼云（金肇组代）　汪　屺　周应湘　周化人
　　　　　周秉三　黄子美　鲍　文（公出）

列　席　陈鸿慈

主　席　陈耀祖

纪　录　（秘书）王之光　章启佑

报告事项

一、宣读第一百零七次会议录。

二、主席报告，据财政厅呈，拟具处理没收检获违章携带逾量法币及罚金充奖支配暂行办法，请核示等情，经准予照办。

三、主席报告，据财政厅呈，拟将广东省银行函送三十年份纯益分配案内，应拨库盈利国币一百万元，增拨为该行资本，请核示等情，经准如该厅所拟办理，并咨财政部查照。

讨论事项

一、主席交议，据财政厅呈，拟请规复本省沙田升科登记办法，以裕库收，附具修正沙田清佃及登记各章程，请核示等情，提付公决案。

（决议）原则通过，章程交王委员、黄委员审查，审查时并由汪厅长出席说明。

二、主席交议，据财政厅呈，拟动用护沙队节余旷饷规复护沙第三大队，经饬据广属护沙总队呈，拟招募新兵暂行办法及募新兵运送等费预算书，转请核示等情，提付公决案。

（决议）通过，预算交周秘书长审查。

三、主席交议，据财政厅呈，奉饬核议广州市市立救济院经费调整一案，除拟议意见外，并请将该院改隶省振务分会，暨将原有组织分别裁并切实整理以资节省，请核示等情，提付公决案。

（决议）（一）市立救济院改隶省振务分会准予照办。（二）其余意见交该分会办理。

四、主席交议，关于许高翰祖等代理人许××不服广东省建设厅农林处批租田亩处分，提起诉愿一案，经饬据秘书处依法作成决定书，提付公决案。

（决议）交黄委员、陈院长审查。

五、主席交议，据民政厅呈，本厅视察员梁匡平、第五科科长张泽安均另有任用，拟请各予免职，并请派张泽安为本厅视察员，吴大章为第五科科长案。

（决议）通过。

临时动议

一、主席交议，据广州城西方便医院呈，拟请拨给本市小北外土名大片田官有荒地，为本院义葬坟场，请核示等情，经饬据财政厅呈复核议意见，暨函准绥靖主任公署查复该地情形前来，提付公决案。

（决议）通过。

二、主席提，拟收用本市莲塘路应元路附近空屋旷地一大段，拨给鸣崧学校建筑校舍，附具图说提请公决案。

（决议）通过。

广东省政府委员会
第一百零九次会议录

日　期　五月十四日
地　点　本府会议厅

出席委员　陈耀祖　王英儒　汪宗准（完谦代）　林汝珩　张幼云
　　　　　　汪　屺　周应湘　周化仁〔人〕　黄子美
　　　　　　周秉三（公出）　鲍　文（公出）

主　席　陈耀祖

纪　录　（秘书）王之光　章启佑

报告事项

一、宣读第一百零八次会议录。

二、主席报告，准铨叙部函知，关于本省委任职公务员之任用考绩暨登记事项，委托本府组织铨叙审查委员会办理等由，经饬据秘书处拟具办理程序暨组织规程、办事细则前来，经准予照办。

三、主席报告，据财政厅呈，据中山县征收出入口货品专税处呈，为奉令裁撤，请援案赐给恩饷一个月，以示体恤等情，查属可行，转请核示前来，经准如该厅所拟办理。

四、主席报告，据民政厅呈，拟由惠济义仓田租项下，每月拨助鸣崧学校经费军票一千元，请核示等情，经准照办。

五、主席报告，据沙面特别区署遵令先后呈缴修正该区署临时开办费、每月经常费暨临时费各支付预算书，请核示前来，除所拟临时开办费列支三千元，经饬据财政厅呈复核案相符外，其经常费列支七千八百九十元、临时费列支三千九百五十元均属相符，经分别准予备案。

讨论事项

一、主席交议，广州市政府呈，关于收用本市东郊石牌程界等乡案，谨将饬据财政局查勘情形转请核示等情，经饬据建设厅复勘并拟议收用地价前来，提付公决案。

（决议）通过。

二、主席交议，据省振务分会签呈，拟设置东莞及太平两收容所收容本市贫民，附具开办费经常费支付预算书，并拟议关于经费意见，请核示等情，提付公决案。

（决议）（一）移送贫民从速办理。（二）预算书暨经费筹措办法交财政厅审查。

三、周委员兼秘书长提，奉交审查财政厅广属护沙总队呈拟规复护沙第三大队募兵及运送费预算书一案，谨拟具审查意见，提请公决案。

（决议）照审查意见通过。

四、主席交议，据省社运会呈，本会秘书谢仁、专员李泰呈请辞职，秘书兼总务科科长马子长请辞兼职，第一科科长陈炳霖、第二科科长郑焦琴均另有任用，拟请分别免职，并请派梁润桐为本会第一科科长，陈炳霖为第二科科长，郑焦琴为第三科科长，杨秉鉴为专员案。

（决议）通过。

临时动议

一、主席交议，据财政厅呈，遵令筹设宝安县临时征税机关，附具宝安县征收出入口货品专税处暂行办法，请核示等情，提付公决案。

（决议）通过。

二、主席交议，据省粮食管理局呈，为调剂市面谷米供求数量起见，拟定期开办本市贮存谷米登记，谨拟具暂行规则暨登记表证明书，请核等情，提付公决案。

（决议）除修正暂行规则第七条外，余照通过。

广东省政府委员会
第一百一十次会议录

日　期　五月二十一日

地　点　本府会议厅

出席委员　陈耀祖　王英儒　汪宗准　林汝珩　张幼云　汪　屺
　　　　　　周应湘　周化人　周秉三　黄子美　鲍　文

列　席　陈鸿慈

主　席　陈耀祖

纪　录　（秘书）王之光　章启佑

报告事项

一、宣读第一百零九次会议录。

二、主席报告，警务处呈，据省会警察局呈拟广东省会警察局水巡队组织办法，转请核示等情，经准予备案。

三、主席报告，据省振务分会签呈，遵将广州市立救济院由本月十五日起改隶管辖，并拟将该院名称政〔改〕为"广东省振务分会救济院"，暨在未奉刊发钤记前仍借用市救济院钤记，请核示等情，经准予照办。

四、主席报告，关于东莞明伦堂沙田整委会委员长卢德，被控勒索佃农巨款一案，经依照本府委员会会议决议办法，函准广东高等法院，饬据广州地方法院检察处呈复本案侦查终结，认定被告无勒收佃农全体交际费，及向张勋个人勒索之行为，应行不起诉处分，并饬据财政厅长等会报，查核该会收支数目单据，尚属相符，各等情前来，经准予免再置议。

五、主席报告，东莞明伦堂沙田整理委员会委员长卢德面请辞职，经予照准，遗职并派莫章民接充。

讨论事项

一、主席交议，关于财政厅呈复，核议广州市卫生局呈缴三十一年度防疫运动临时费预算书意见一案，经饬据秘书处拟议办法前来，提付公决案。

（决议）拟议办法除第一项原则通过，交财政厅核定应减数目呈报外，余第二、第三项照通过。

二、主席交议，广州市政府呈，据财政局呈，遵将布告收用莲塘、应元等路附近空屋旷地为鸣崧学校校址情形，连同估定各收用民房吉地价值表，转请核示等情，提付公决案。

（决议）空地地价核定为每井国币三百元，余照通过。

临时动议

一、主席交议，关于广州市政府呈复，核议广东大学拟收用盘福路及附近民房地价意见一案，经饬据秘书处拟议意见前来，提付公决案。

（决议）照秘书处拟议意见通过。

二、主席交议，据省粮食管理局呈拟零售店领用购买土洋米证暂行规则草案暨购米证式样，请核示等情，提付公决案。

（决议）暂行规则修正通过。

广东省政府委员会
第一百一十一次会议录

日　期　五月二十八日

地　点　本府会议厅

出席委员　陈耀祖　王英儒　汪宗准　林汝珩　张幼云　汪　屺
　　　　　　周应湘　周化人　周秉三　黄子美　鲍　文（公出）

列　席　陈鸿慈

主　席　陈耀祖

纪　录　（秘书）王之光　章启佑

报告事项

一、宣读第一百一十次会议录。

二、主席报告，据财政厅呈，拟设置驻东莞县属太平征收出入口货品专税办事处，并委东增省税局长兼任该处主任，附具暂行办法，请核示等情，经准予照办。

三、主席报告，据省粮食管理局签呈，为第四区土谷收买指定商民生公司欠缴军谷，迭催未缴，现期限已迫，拟将该商运抵本市白米换回仓储白谷缴部，请核示等情，经准予照办。

四、主席报告，据财政厅呈，奉饬核议广州市财政局布告，调验收用天河机场与冼村、猎德、杨箕各乡附近地区管业契据给价办法一案，拟定缴有红契管业经验明确实者，即准照估定地价额十足给领，仅凭白契管业者，则照估定地价额八折给领，复请核示等情，经准如拟办理。

五、主席报告，警务处呈，据省会警察局呈报，遵令改编调查户口临时费支付预算书情形，连同修正预算书，转请核示等情，经准照列。

六、主席报告，东莞明伦堂沙田整理委员会委员李家英、陈瑶宝、阮谷贻、莫培远、卢子枢、叶勤经予免职，并派王之光、张孝欢、陈干、刘萼藩为该会委员。

讨论事项

一、主席交议，据省粮食管理局呈，拟在购储洋米办事处售米纯益项下，拨出国币二十万元，为鸣崧学校建筑校舍各费用，请核示等情，提付公决案。

（决议）通过。

二、王委员兼民政厅长提，奉交审查财政厅拟议各县市宅地临时地税征收章程、评价规则，暨宅地评价会组织经费表及申报书式一案，谨拟具审查意见，提请公决案。

（决议）照审查意见通过。

三、主席交议，据广州市政府呈，本市府参事周匡呈请辞职，拟请准予免职，并请派卢玉琨为本市府参事案。

（决议）通过。

临时动议

一、主席提，拟规复南澳县县政府，将海山岛发归该县暂管，并派许伟齐署理南澳县县长案。

（决议）通过。

二、主席提，潮阳县县长陈宗铠拟予免职，遗缺并派陈简署理案。

（决议）通过。

三、主席提，从化县县长李宝安调署宝安县县长，遗缺并调宝安县县长刘焕署理案。

（决议）通过。

广东省政府委员会
第一百一十二次会议录

日　期　六月四日

地　点　本府会议厅

出席委员　陈耀祖　王英儒　汪宗准　林汝珩　张幼云　汪屺
　　　　　　周应湘　周秉三　黄子美　周化人（公出）

　　　　　鲍　文（公出）

列　席　陈鸿慈

主　席　陈耀祖

纪　录　（秘书）王之光　章启佑

报告事项

一、宣读第一百一十一次会议录。

二、主席报告，财政厅呈，据禁烟局呈，拟设立东区烟苗善后委员会，监督办理收购烟料事宜，附具办法转请核示等情，经准予照办，并将该办法修正备案。

三、主席报告，据粤江日报社呈，拟请准予援案认定，人民或团体在本报刊登各项声明一星期，即于法律上发生效力等情，经准援案办理。

四、主席报告，奉行政院冬电，该省府委员兼广州市市长周化人呈辞本兼各职，经院会议决准免兼职，所遗广州市市长一缺以该主席暂行兼任等因，经转饬知照。

讨论事项

一、主席交议，据财政厅呈拟各县财政局暂行组织规程，编制及经费预算表，请核示等情，提付公决案。

（决议）通过。

二、主席交议，据广州市政府呈，遵令饬据财政局呈拟广州市被灾铺户蠲缓临时地税办法，复请核示等情，提付公决案。

（决议）交汪委员审查。

三、主席交议，据广州市政府呈，奉饬核议关于广东大学续将该校附近蛋花、自新两巷民房收用，并表列地价一案，饬据财政局呈复核议意见转请核示等情，提付公决案。

（决议）通过。

四、黄委员、陈院长会提，奉交审查秘书处所拟许高翰祖代理人许××不服广东省建设厅农林处批租田亩处分，提起诉愿之决定书一案，谨拟具审查意见，提请公决案。

（决议）照审查意见通过。

临时动议

一、汪委员兼财政厅长提，拟由三十一年六月份起，各机关经临费补助费，照预算军票额之七成或八成，伸合中储券支付，提请公决案。

（决议）通过。照八成以中储券支付，试办三个月。

广东省政府委员会
第一百一十三次会议录

日　　期　六月十一日

地　　点　本府会议厅

出席委员　陈耀祖　王英儒　汪宗准　林汝珩　张幼云　汪　屺
　　　　　周应湘　周秉三　黄子美　周化人（公出）
　　　　　鲍　文（公出）

列　　席　陈鸿慈

主　　席　陈耀祖

纪　　录　（秘书）王之光　章启佑

报告事项

一、宣读第一百一十二次会议录。

二、主席报告，据财政厅呈，奉交审查省振务分会呈拟东莞及太平贫民收容所开办费经常费预算书，暨经费筹措办法一案，谨拟具审议意见呈请核示等情，经准照办。

三、主席报告，据核计处呈，拟请通令各机关，凡有节余依法返纳，倘有流用及有支付军票之必要者，须先专案呈准，仍以规定公价为报销标准，请核示等情，经准如拟办理。

四、主席报告，据财政厅呈，奉饬核议秘书处拟议，关于广州市卫生局呈缴三十一年度防疫运动临时费预算书第一项办法一案，谨将核议意见复请核示等情，经准如拟办理。

五、主席报告，据财政厅签呈，本年六月份上半月各机关经费未能如期以中储券发给，拟在中储分行未成立前，所有驻本市各机关经费，仍照原议决案八成支付，暂以军票核发，附具六月份支出暂行办法，请核示等情，经准予照办。

讨论事项

一、主席交议，据建设厅呈，遵令拟具广东省建设厅矿务处组织规程草案，开采潭村邝家庄西岭煤矿计划书，暨各项预算矿区草图，复请核示等情，提付公决案。

（决议）（一）由建设厅直接办理，矿务处毋庸设置。（二）关于开采煤矿计划及各项预算，交汪宗准委员、黄委员审查。

二、主席提，拟设置广东省卫生处，附具该处暂行组织规程暨系统表，提付公决案。

（决议）通过，呈行政院备案。

三、王委员、黄委员会提，奉交审查财政厅呈拟修正广东全省沙田清佃章程及登记章程一案，谨拟具审查意见，提请公决案。

（决议）照审查意见通过。

四、主席提，广州市政府重新改组，各处局实行合署办公，设置秘书处、财政局、社会局、工务局，并裁撤卫生局，经令饬遵办请追认案。

（决议）通过。

五、主席提，广州市政府秘书长高崇信、财政局局长何惺常、社会局局长陈嘉蔼、工务局局长卢德、卫生局局长王会杰经各予免职，并派本府秘书长周应湘兼任广州市政府秘书长，何惺常为财政局局长，陈嘉蔼为社会局局长，金肇组为工务局局长，请追认案。

（决议）通过。

六、主席提，广州市自警团改隶广东省警务处，并派省警务处长汪屺兼任总团长，省会警察局长郭卫民兼任副总团长，经分饬遵办请追认案。

（决议）通过。

七、主席提，派梁金龄代理广东省卫生处处长，王会杰为副处长，请追认案。

决议，通过。

临时动议

一、主席交议，据广州市政府呈，遵令拟具本市府合署办公方案，请核示等情，提付公决案。

（决议）通过。

二、主席提，鸣崧学校经常费拟全部由省库拨付案。

（决议）通过，交汪财政厅长与该校筹备处商洽办理。

三、主席提，庆祝广东省政府二周年纪念文物展览会，义卖所得价款全部，除拨军票五千元补助婴儿保育院外，余款拟全数拨交难童收容所案。

（决议）通过。

广东省政府委员会
第一百一十四次会议录

日　期　六月十八日

地　点　本府会议厅

出席委员　陈耀祖　王英儒　汪宗准　林汝珩　张幼云　汪　屺
　　　　　周应湘　周秉三　黄子美　鲍　文　周化人（假）

列　席　陈鸿慈

主　席　陈耀祖

纪　录　（秘书）王之光　章启佑

报告事项

一、宣读第一百一十三次会议录。

二、主席报告，广州市政府呈，据财政局呈，拟将办理土地登记及补税失契案件进行过程，分别办结及暂行中止两种，按月列表刊载市政公报，并将原拟延不领证之通知限期，"满足一年"改为"满足一月"，各情，转请核示等情，经准予照办。

三、主席报告，建设厅呈，本厅技正兼秘书金肇组已另有任用，呈辞本兼各职，拟予照准请核示等情，经准予备案。

讨论事项

一、主席交议，财政厅呈，据广属护沙委员会呈，拟在本年上半年度经临费总结余项下，拨支护沙队新增巡轮经常费，附具追加预算书，转请核示等情，提付公决案。

（决议）通过。

二、主席交议，财政厅呈，据顺德县政府呈，前奉准征收贩茧缫丝工位自卫费，业已期满，请准续征至本年六月底止，以维警饷前来，应否照准转请核示等情，提付公决案。

（决议）该项自卫费准延期续征至本年六月底止，由七月一日起实行撤销。

三、主席交议，据广州市政府呈拟广州市繁盛地区土地重划办法草案，请核示等情，提付公决案。

（决议）交王委员、张委员审查。

四、主席交议，关于永生公司赵××不服中山县政府所为撤销承办中山县第一区屠场屠宰费原案之处分，提起诉愿一案，经饬据秘书处依法作成决定书，提付公决案。

（决议）交黄委员、陈院长审查。

五、主席提，从化县县长刘焕久不到差，经予免职，并派冯澂署理从化县县长，请追认案。

（决议）通过。

临时动议

一、主席交议，财政厅呈，据澄海县政府呈，为据情转请准援案以法币加五折合军票，补征该县二十八、九两年度旧欠地税前来，应否酌定限期，并由该县府布告于四个月内清缴，以示体恤，转请核示等情，提付公决案。

（决议）准予照办。

二、主席交议，广州市政府呈，据财政、工务两局会拟整理新果菜栏土地业权办法，转请核示等情，提付公决案。

（决议）交张委员、黄委员审查。

三、主席交议，据汪委员、张委员签呈，奉交审查省粮食管理局会同省会警察局呈拟计口授粮计划大纲一案，谨拟具审查意见签请核示等情，提付公决案。

（决议）照审查意见通过。

广东省政府委员会
第一百一十五次会议录

日　期　六月二十五日

地　点　本府会议厅

出席委员　陈耀祖　王英儒　汪宗准　林汝珩　张幼云　汪　屺
　　　　　周应湘　周秉三　黄子美　周化人　鲍　文（公出）

列　席　陈鸿慈

主　席　陈耀祖

纪　录　（秘书）王之光　章启佑

报告事项

一、宣读第一百一十四次会议录。

二、据警务处呈，拟将省警察教练所裁并省警官学校办理，拟具修正该校编制表预算书等件，请核示等情，经准照办。

讨论事项

一、主席交议，据宣传处签呈，拟增设新闻杂志戏剧检查室，附具办事细则及检查等暂行办法，暨开办费经常费支付预算书，请核示等情，提付公决案。

（决议）原则通过，细则暨办法交林委员、汪屺委员审查，预算交汪宗准委员审查。

二、主席交议，据核计处呈，奉发修正国内出差旅费规则第二条，表列膳宿杂费究应以国币抑以军票支给，请另定办法饬遵等情，经饬据秘书处拟议办法前来，提付公决案。

（决议）暂仍照向章办理。

三、主席交议，据东莞明伦堂沙田整理委员会呈，遵令拟具本会组织规程、办事细则，暨经常费支付预算书，请核示等情，兹据黄委员将该会预算书核复前来，提付公决案。

（决议）照审查意见饬令修正。

四、汪委员兼财政厅长提，奉交审查广州市财政局所拟广州市被灾铺户蠲缓临时地税办法一案，谨拟具审查意见，提请公决案。

（决议）照审查意见通过。

五、主席交议，广州市政府呈，本市府财政局第一课课长李仁山、第二课课长杜建勋、第三课课长朱镇寰、第四课课长胡旭升均另有任用，拟请各予免职，并请派邹汝炽为本市府财政局秘书，陈耀东为第一课课长，冯君业为第二课课长案。

（决议）通过。

临时动议

一、主席交议，据省物资配给委员会呈，拟具广东省物资配给委员会各具火柴配给暂行办法草案，请核示等情，提付公决案

（决议）交王委员、汪委员审查。

二、汪委员兼财政厅长提，为征收临时地税，提支二成税款充奖及编造田亩册籍费用，限期届满，拟赓续展限六个月，以利税收，提请公决案。

（决议）通过。

三、主席提，为实行新国民运动起见，拟分别函令各机关转饬所属，将无谓应酬一概免除，倘因公宴会，每席菜品应以两热荤五大菜另附甜菜饭面为限，以示节约案。

（决议）通过。

广东省政府委员会
第一百一十六次会议录

日　期　七月二日

地　点　本府会议厅

出席委员　陈耀祖　王英儒（李星榆代）　汪宗准　林汝珩
　　　　　　张幼云（何致虔代）　汪屺　周应湘　黄子美
　　　　　　周秉三（公出）　周化人（假）　鲍文（公出）

列　席　陈鸿慈

主　席　陈耀祖

纪　录　（秘书）王之光　章启佑

报告事项

一、宣读第一百一十五次会议录。

二、主席报告，据财政厅呈，奉饬核议省移民归乡委员会呈拟第一步移民办法及程序及遣送费支付预算书，暨振务分会所拟，增设中山、番禺、增城三县贫民收容所开办等费支付预算书一案，谨将核议意见复请核示等情，除移民归乡办法及程序应准备查外，余准如拟办理。

三、主席报告，据省物资配给委员会呈，拟具修正广东省物资管理暂行章程及施行细则，请核示等情，除施行细则第二十九条第二项"谷米管理处"应修正为"粮食管理局"，及第三十六条内载"公布"二字应修正为"核准"外，余已准照备案。

四、主席报告，据省粮食管理局呈，拟暂将仓储白谷二十八万九千七百二十三斤、赤谷一十六万二千四百五十二斤，八折转换白谷一十三万五千三百七十七斤缴交军部，在八月底以前各县米谷优先归垫，请核示等情，经准予备案。

讨论事项

一、主席交议，据财政厅、民政厅、建设厅会呈，奉交计议南海县政府于第四次市县长会议提请增加各县物资配给委员会经常费额一案，谨将计议意见，并拟具各县物资搬出入征收手续费暂行办法草案，复请核示等情，经饬据秘书处签拟意见前来，提付公决案。

（决议）除秘书处签注第四点仍交原计议委员修正外，余照计议意见通过。

二、主席交议，据财政厅呈，拟由本年七月份起，将各市县经临补助各费，按军票额八成伸合中储券支付，请核示等情，提付公决案。

（决议）通过。

三、主席交议，据教育厅呈，谨将省体育委员会呈拟参加东亚运动赴京预选计划书等，转缴察核，并请准予拨给费用军票一万八千四百一十元等情，经饬据财政厅呈复核议意见前来，提付公决案。

（决议）除训练时期费用三千元仍准照列支，并应核实开销外，余照财政厅核议意见通过。

四、主席交议，省粮食管理局呈，奉饬计划关于拟由县市政府就公家筹款强制籴谷，储粮备荒一案，谨将各县市登记贮存谷米暂行规则及证明书，复请核示等情，提付公决案。

（决议）交汪委员、黄委员审查。

五、主席交议，关于民政厅转据宝安县呈报遵令举办保甲情形，及抽款办法，暨本省第四次市县长会议，顺德县提请确定各县保甲经费各一案，经先后饬据民政、财政两厅会拟核议意见，连同广东省各县编办保甲经费支给标准草案呈复前来，提付公决案。

（决议）通过。

六、主席交议，警务处呈，据警察教练所呈，拟在本所节余经费项下，拨款购置背枪皮带及子弹盒刺刀鞘套等物，附具临时支付预算书，转请核示等情，经饬据财政厅呈拟核议意见前来，提付公决案。

（决议）照核议意见通过。

七、汪委员、黄委员会提，奉交审查建设厅呈拟开采潭村邝家庄西岭煤矿计划及预算书一案，谨拟具审查意见，提请公决案。

（决议）照审查意见通过。

广东省政府委员会
第一百一十七次会议录

日　期　七月九日
地　点　本府会议厅
出席委员　陈耀祖　王英儒　汪宗准　林汝珩（陈致平代）
　　　　　张幼云　汪屺　周应湘　黄子美　周化人
　　　　　周秉三（公出）　鲍文（公出）
列　席　陈鸿慈
主　席　陈耀祖
纪　录　（秘书）王之光　章启佑

报告事项

一、宣读第一百一十六次会议录。

二、主席报告，据财政厅呈，拟将广东全省沙田清佃章程第四条下半段，"由财政厅换发新照"一句，改为"另发新照"；第三十一条末句"再行填印新字执照粘图附发"，改为"再行填印补字执照粘图附发"；又第三十三条"每张征收军票一元"句下，拟加"缴验旧照另发新照每张收纸料价五角"，请核示等情。经准予备案。

讨论事项

一、主席交议，据建设厅呈，遵令拟具广东全省促进粮食生产委员会规程草案，请核示等情，提付公决案。

（决议）修正通过。

二、主席交议，据省粮食管理局呈，拟具本局办事细则草案，请核示等情，提付公决案。

（决议）交黄委员、周委员、汪委员审查。

三、汪委员、周委员会提，奉交核议关于市民投资建筑灾区各户应纳地租之标准一案，谨拟具审议意见，提请公决案。

（决议）照审查意见通过。

四、王委员、张委员会提，奉交审查广州市政府呈拟广州市繁盛地区土地重划办法一案，谨拟具审查意见，提请公决案。

（决议）照审查意见通过。

广东省政府委员会
第一百一十八次会议录

日　期　七月十六日

地　点　本府会议厅

出席委员　陈耀祖　王英儒　汪宗准　林汝珩（陈致平代）

　　　　　张幼云　汪　屺　周应湘　周秉三　黄子美

　　　　　鲍　文（公出）

列　　席　陈鸿慈

主　　席　陈耀祖

纪　　录　（秘书）王之光　章启佑

报告事项

一、宣读第一百一十七次会议录。

二、主席报告，据省粮食管理局呈，本年早造各指定商收买土谷公价，拟定为每百斤军票二十元，请核示等情，经予照准。

三、主席报告，据省会移民归乡委员会呈，遵将修正第二步移民归乡实施办法复请备案等情，经准予备查。

四、主席报告，据省粮食管理局呈，拟具本年早造管理土谷米规则草案，请核示等情，经准予备案。

讨论事项

一、主席交议，据广州市政府呈，遵将本市府组织规则修正，复请核示等情，提付公决案。

（决议）交王委员、张委员、黄委员审查。

二、主席交议，警务处转据省会警察局呈，本局经济警察队每月经费军票四千五百元，拟请准在三十一年下半年度概算并案编列，或另案拨支等情，经饬据财政厅呈复核议意见前来，提付公决案。

（决议）照核议意见通过。

三、主席交议，据民声日报社呈，拟请由本年七月份起，按月补助本报经费军票三千元，以资维持，请核示等情，提付公决案。

（决议）通过。

四、黄委员、陈院长会提，奉交审查秘书处所拟永生公司不服中山县政府所为撤销承办中山县第一区屠场屠宰费原案，提起诉愿之决定书一案，谨拟具审查意见，提请公决案。

（决议）照审查意见通过。

五、主席交议，据省粮食管理局呈，拟请派汪孝博为本局秘书案。

（决议）通过。

六、主席交议，据建设厅呈，本厅委任技士关伟雄、罗志鹏，潘翀、沈祥虎办事妥善，拟提升为荐任技士，以资鼓励，请核示等情，提付公决案。

（决议）除潘翀暂缓办理外，余照通过。

临时动议

一、主席交议，据建设厅签呈，拟具广东香港间、广东澳门间输出入贸易暂行规程草案，请核示等情，提付公决案。

（决议）原则通过。

广东省政府委员会
第一百一十九次会议录

日　期　七月二十三日

地　点　本府会议厅

出席委员　陈耀祖　汪宗准　林汝珩　张幼云　汪　屺　周应湘
　　　　　周秉三　黄子美　王英儒（假）　鲍　文（公出）

列　席　陈鸿慈

主　席　陈耀祖

纪　录　（秘书）王之光　章启佑

报告事项

一、宣读第一百一十八次会议录。

二、主席报告，据建设厅、广州市政府会呈，遵令会拟督垦广州市废地空地办法草案，复请核示等情，经准予修正备案。

三、主席报告，据财政厅呈报，会同财特署设立广东土烟叶采购处办理情形，拟具该处组织章程办事细则等件，请备案等情，经准予备案。

讨论事项

一、主席交议，据省粮食管理局呈，拟请准由本年七月份起，追加每月经常费军票三千七百元，并由本局按月在收入土谷米入市手续费项下列支，附具追加经费预算书，请核示等情，提付公决案。

（决议）通过。

二、主席交议，据建设厅呈，拟设立广东省营各工厂整理委员会，附具该会组织章程草案，请核示等情，提付公决案。

（决议）交黄委员、汪委员审查。

三、汪委员、林委员、汪委员会提，奉交审查宣传处呈拟增设新闻杂志戏剧检查室办事细则及检查等暂行办法暨预算书一案，谨分拟审查意见，提请公决案。

（决议）除预算内专员薪额准列支三百元外，余照审查意见通过并咨宣传部。

四、王委员、汪委员会提，奉交审查省物资配给委员会呈拟各县火柴配给暂行办法草案一案，谨拟具审查意见，附同拟议修正各县火柴配给暂行办法，提请公决案。

（决议）照审查意见通过。

五、汪委员、黄委员会提，奉交审查省粮食管理局呈拟各县市登记贮存谷米暂行规则及证明书一案，谨拟具审查意见，提请公决案。

（决议）照审查意见通过。

六、主席交议，据广州市政府呈，本市府参事卢玉崐，秘书处秘书刘颙章、李宝鎏、叶文，第一科科长袁岳，社会局秘书招启明，财政局秘书黄耀西，工务局第一课课长梁昌，第三课课长杨熙呈请辞职，秘书处第四科科长汪公猷，社会局第三课课长罗又村，第四课课长冯芝荪，督学室主任孙玉阶均另有任用，又本市府工程室及卫生局既已裁撤，所有本市府技正康达，卫生局秘书何若泉，第一课课长叶珥光，第二课课长伍自培，第三课课长陈琰英均应停职，拟请各予免职，并拟请调派钧府秘书章启佑兼本市府秘书及第一科科长，暨请派雷宝书为本市府会计室主任，朱祖绳为社会局督学室主任，工务局技正周博文兼该局第一课课长，该局第四课课长黄文韶调充第二课课长案。

（决议）通过。

临时动议

一、林委员兼教育厅长提，省立第一中学校校长萧忠泰、省立临时中学校校长苏熊瑞均另有任用，拟请各予免职，并请派苏熊瑞为省立第一中学校校长案。

（决议）通过。

广东省政府委员会
第一百二十次会议录

日　期　七月三十一日

地　点　本府会议厅

出席委员　陈耀祖　许少荣　汪宗准　林汝珩（陈致平代）

　　　　　张幼云　汪　屺　周应湘　黄子美　周秉三

　　　　　鲍　文（公出）

列　席　陈鸿慈

主　席　陈耀祖

纪　录　（秘书）王之光　章启佑

报告事项

一、宣读第一百一十九次会议录。

二、主席报告，据财政厅呈，拟请通令各机关编造经临等费支出计算书，由三十一年八月份起，以中储券为本位；又拟由同年八月一日起，将前定按照各该月份公布比率伸合国币记账办法取销，此后收支各款改以中储券记账，请核示等情，经准照办。

三、主席报告，据省粮食管理局呈，拟先举办本市在职公务员粮食配给，连同暂行办法，请核示等情，经准予照办

讨论事项

一、主席交议，据建设厅呈，拟具招商承办东顺糖厂章程草案，请核示等情，提付公决案。

（决议）原则通过，章程交汪委员、许委员审查。

二、主席交议，据省粮食管理局呈，拟将私运土谷米查缉办法修正，请核示等情，提付公决案。

（决议）通过。

三、主席交议，据省粮食管理局呈，拟具取缔私囤谷米暂行章程草案，请核示等情，提付公决案。

192

（决议）交张委员，黄委员审查。

四、主席交议，据省粮食管理局呈，拟具广东省各县长协助收买土谷米奖惩办法草案，请核示等情，提付公决案。

（决议）通过。

五、主席交议，据省粮食管理局呈，本局秘书龙公颖另有任用，第二科科长郑刚呈请辞职，拟请各予免职，并请派龙公颖代理本局第二科科长案。

（决议）通过。

六、主席交议，据广州市政府呈，拟请派过沅熙为本市府工务局技正案。

（决议）通过。

七、林委员兼教育厅长提，本厅督学兼第四科科长陈良烈、督学吴寿周均另有任用，拟请各予免职，省立第四中学校校长麦××办事不力，请予撤职，并请派吴寿周为省立第四中学校校长案。

（决议）通过。

临时动议

一、主席交议，据省物资配给委员会呈，拟具对香港输出物资各商号申请发给许可证、征收印刷费及手续费办法，请核示等情，提付公决案。

（决议）修正通过。

广东省政府委员会
第一百二十一次会议录

日　期　八月六日

地　点　本府会议厅

出席委员　陈耀祖　汪宗准　林汝珩（陈致平代）　张幼云
　　　　　许少荣　汪　屺　周应湘　周秉三　黄子美
　　　　　鲍　文（公出）

列　　席　陈鸿慈

主　　席　陈耀祖

纪　　录　（秘书）王之光　章启佑

报告事项

一、宣读第一百二十次会议录。

二、主席报告，关于广州市政府呈，为鸣崧学校建筑校舍，收用张柳氏等房屋，应否将该房屋割余地段附带征用一并给价一案，经饬据财政厅呈复核议意见前来，已准如拟办理。

三、主席报告，据财政厅呈，拟将自行举报地税册籍期限展期至本年十二月底止，仍准各县人民在限期内，将收藏地税册籍自行举报领奖，期满即照招人告发收藏地税册籍办法及罚金数额办理，请核示等情，经准予照办。

四、主席报告，据民政厅、财政厅、建设厅会呈，遵将前拟各县物资搬出入征收手续费暂行办法修正，复请核示等情，经准予照办。

讨论事项

一、主席交议，据民政厅呈，奉令以奉行政院令，参照前豫鄂皖三省剿匪总部颁行之保甲规约样式，及本省编办保甲章程办理保甲事宜，兹拟具保甲规约样式，复请核示等情，提付公决案。

（决议）交汪屺委员、许委员审查。

二、主席交议，据省粮食管理局呈，拟仿照友帮"七分捣"臼米办法，拟议办法六项，饬由各县市切实推行，以期增益粮食，请核示等情，提付公决案。

（决议）原则通过，交建设厅农林处会同省粮食管理局详拟取缔办法。

三、周委员、汪委员、黄委员会提，奉交审查省粮食管理局呈拟该局办事细则一案，谨拟具审查意见，提请公决案。

（决议）照审查意见通过。

四、汪委员兼财政厅长提，拟援案恢复南海、顺德两县财政局，由厅委任局长，以资整顿财务，请公决案。

（决议）通过。

广东省政府委员会
第一百二十二次会议录

日　期　八月十三日

地　点　本府会议厅

出席委员　陈耀祖　汪宗准　林汝珩（陈致平代）　张幼云

　　　　　许少荣　周应湘　黄子美　汪　屺（假）

　　　　　周秉三（公出）　鲍　文（公出）

列　席　陈鸿慈

主　席　陈耀祖

纪　录　（秘书）王之光　章启佑

报告事项

一、宣读第一百二十一次会议录。

二、主席报告，据财政厅呈，拟将广东全省沙田清佃章程第三章第二十六条，升科花息每亩征率表内列潮属沙田升科中则花息，修正为每亩征收三元五角，请核示等情，经准照办。

三、主席报告，据财政厅呈，为本省契税拟请以中储券课征，及在发行中储券以前交易立契之不动产限期三个月内，照产价面额以卖六典三税率折半减征中储券，请核示等情，经准照办。

四、主席报告，据省粮食管理局呈，拟具本局米店管理规则，请核示，并请将前民食调节会谷米管理处核发营米特许证办法废止等情，经准修正备案。

讨论事项

一、张委员、许委员、黄委员会提，奉交审查广州市政府组织规则草案一案，谨拟具审查意见，提请公决案。

（决议）通过，呈行政院。

二、汪委员兼财政厅长提，本厅秘书完谦、陈善伯，汕头省税局局长堵焕然，均另有任用，拟请各予免职，并请派完谦为汕头省税局局长，

195

堵焕然、黄耀西为本厅秘书案。

（决议）通过。

广东省政府委员会
第一百二十三次会议录

日　期　八月十九日

地　点　本府会议厅

出席委员　陈耀祖　汪宗准　林汝珩（陈致平代）　张幼云

　　　　　　　许少荣　汪　屺　周应湘　周秉三　黄子美

　　　　　　　鲍　文（公出）

列　席　陈鸿慈

主　席　陈耀祖

纪　录　（秘书）王之光　章启佑

报告事项

一、宣读第一百二十二次会议录。

二、主席报告，据财政厅呈报，遵令重组广东省各市县地方预算审查委员会情形，并拟将该会组织规程第七条修正，请核示等情，经准如议办理，并饬将该会组织规程名称及第一、第二、第四、第六各条条文一并修正。

讨论事项

一、主席交议，据省粮食管理局呈，拟分设驻番禺县属市桥及中山县属大岗两办事处，就近管理各该县土谷米，附具办事规则及开办费经常费支付预算书，请核示等情，提付公决案。

（决议）通过，办事规则及预算交秘书处审查。

二、主席交议，据财政厅呈，奉交核议省卫生处呈缴该处暨附属机关三十一年下半年度岁出岁入经临费概算书一案，谨将核议意见复请核示等情，提付公决案。

（决议）除防疫团副团长仍准设置，该团人事费交由卫生处再拟呈核

196

外，余照财政厅核议意见通过。

三、主席交议，据警务处呈，遵令拟具广东省各县警察局水巡队组织暂行办法，复请核示等情，提付公决案。

（决议）（一）通过，准由警务处核定设立水巡队，仍由该处先与有关系机关联络。（二）暂行办法交民政厅审查。

四、主席交议，据民政厅、财政厅会呈，奉交审查建设厅呈拟招商承办东顺糖厂章程草案一案，谨将审查意见呈请核示等情，提付请公决案。

（决议）照审查意见通过。

五、汪委员兼财政厅长提，拟请厉行禁种烟苗，分设专员会同各县县长，自本年十月起，以六个月为期，认真办理，附同派驻各县查禁烟苗专员办事规则，提请公决案。

（决议）交民政厅审查。

六、张委员、黄委员会提，奉令审查省粮食管理局取缔私囤谷米暂行章程草案一案，谨拟具审查意见，提请公决案。

（决议）照审查意见通过。

七、主席交议，据宣传处呈，本处总务科科长曾天籁另有任用，请予免职，并请派曾天籁为本处专员兼检查室主任，麦德邻为总务科科长案。

（决议）通过。

八、注委员兼财政厅长提，本厅视察员李汉彝另有任用，请予免职，并请派李榕楷为本厅视察员案。

（决议）通过。

广东省政府委员会
第一百二十四次会议录

日　期　八月二十七日

地　点　本府会议厅

出席委员　陈耀祖　汪宗准　林汝珩　张幼云

　　　　　许少荣（刘善才代）　汪　屺　周应湘　周秉三

　　　　　黄子美　鲍　文（公出）

列　席　陈鸿慈

主　席　陈耀祖

纪　录　（秘书）王之光　章启佑

报告事项

一、宣读第一百三十三次会议录。

二、主席报告，广州市政府呈，据财政局呈，拟具根据警捐额还原租金推算税额，暨根据现报租额推算税额两办法，规定清理历年积欠地税通则，转请备案等情，经准予备案。

三、主席报告，关于本府委员会第一二三次会议省粮食管理局呈拟驻番禺市桥及中山大岗办事处办事规则草案，暨开办费经常费支付预算书一案，经饬据秘书处签拟审查意见前来，经准予备案。

四、主席报告，财政厅呈，据从化县呈，遵令编缴三十一年下半年度地方款经常等费收支预算书，请准由本年七月份起，按月拨给补助费前来，拟准由三十一年八月份起，以五个月为限，按月增补一千二百元照通案八折发给，转请核示等情，经准如拟办理。

讨论事项

一、主席交议，广州市政府呈，据财政局呈，拟具征收娱乐场院券票附加费章程及办法暨经费预算表，转请核示等情，提付公决案。

（决议）通过，仍交由市收府与有关机关联络。

二、主席交议，警务处呈，据省会警察局呈，拟具天光墟收买摊取缔暂行办法，取缔收买杂架店摊规则及申请书等，转请核示等情，提付公决案。

（决议）修正通过。

三、主席交议，关于市民梁××不服财政厅、广州省税局所为补税罚款处分，提起诉愿一案，经饬据秘书处依法作成决定书，提付公决案。

（决议）交陈院长，黄委员审查。

临时动议

一、汪委员、黄委员会提，奉交审查建设厅呈拟广东省营各工整理委员会组织章程草案一案，谨拟具审查意见，提请公决案。

（决议）照审查意见通过。

广东省政府委员会
第一百二十五次会议录

日　期　九月三日

地　点　本府会议厅

出席委员　陈耀祖　汪宗准（卫永保代）　张幼云　许少荣
　　　　　汪　屺　周应湘　周秉三　黄子美　林汝珩（公出）
　　　　　鲍　文（公出）

列　席　陈鸿慈

主　席　陈耀祖

纪　录　（秘书）王之光　章启佑

报告事项

一、宣读第一百二十四次会议录。

二、主席报告，据省会住民归乡增产委员会呈，拟具广东省会住民归乡增产方案，请核示等情，经准修正照办。

讨论事项

一、主席交议，据广州市政府呈，为厉行新国民运动，拟请通令禁止市民在酒楼茶室船艇及公共场所以麻雀牌为娱乐赌博，并请将本市特种娱乐捐撤销，请核示等情，提付公决案。

（决议）通过。（一）自本年九月十五日起，广州市区内禁止市民在酒楼茶室船艇及一切公共场所，以麻雀牌为娱乐赌博。（二）除公务人员外，一般市民在家庭内以麻雀牌为娱乐而无赌博性质者，暂不禁止。（三）全省各地公务人员，无论在任何场合一律禁止以麻雀牌为娱乐。（四）分函驻广州绥靖公署、广东省党部通饬所属遵照。

二、许委员兼民政厅长提，奉交审查警务处呈拟广东省各县警察局水巡队组织暂行办法一案，谨拟具审查意见，提请公决案。

（决议）照审查意见通过。

三、黄委员，陈院长会提，奉交审查秘书处所拟关于市民梁××不服财政厅、广州省税局所为补税罚款处分，提起诉愿之决定书一案，谨拟具审查意见，提请公决案。

（决议）照审查意见通过。

四、主席交议，据省卫生处呈，拟请派何若泉、黄耀堂为本处秘书，陈琰英为第一科科长，伍自培为第二科科长，陆如磋为第三科科长，黄绍纲、赵德荣为技士案。

（决议）通过。

临时动议

一、许委员兼民政厅长提，奉交审查财政厅拟请分派专员会同各县县长查禁烟苗，并附具派驻各县查禁烟苗专员办事规则一案，谨拟具审查意见，提请公决案。

（决议）除专员名额由民政厅、财政厅、禁烟局会同遴员派充，并将规则第二条文字修正外，余照审查意见通过。

广东省政府委员会
第一百二十六次会议录

日 期 九月十日

地 点 本府会议厅

出席委员 陈耀祖 汪宗准 林汝珩 张幼云 许少荣

　　　　汪 屺（薛逢英代） 周应湘 周秉三 黄子美

　　　　鲍 文（公出）

列 席 陈鸿慈

主 席 陈耀祖

纪 录 （秘书）王之光 章启佑

报告事项

一、宣读第一百二十五次会议录。

二、主席报告，据广州市政府、财政厅会呈，关于广州城西方便医院经费不敷一案，拟请自本年八月份起，按月由省库补助该院经费军票三千元，市库补助军票二千元，请核示等情，经准照办。

三、主席报告，派刘包恩为广东省银行监察人。

讨论事项

一、主席交议，关于省卫生处呈拟管理医师助产士中医生各项章程，请核示一案，饬由秘书处依照现行医师暂行条例等分别修正，提付公决案。

（决议）交许委员审查。

二、主席交议，关于省卫生处呈拟取缔一般饮食物营业规则，取缔医药广告规则，取缔运柩规则，取缔居民停柩规则、停柩庄房注册简章，请核示一案，饬由秘书处核明签注意见前来，提付公决案。

（决议）交民政厅、警务处审查。

临时动议

一、主席交议，据省物资配给委员会呈，拟具违反粤港澳间物资输出入贸易章程罚则草案，请核示等情，提付公决案。

（决议）修正通过。

广东省政府委员会
第一百二十七次会议录

日　　期　九月十六日

地　　点　本府会议厅

出席委员　陈耀祖　林汝珩　张幼云　许少荣　周应湘　黄子美

　　　　　汪宗准（卫永保代）　汪　屺（薛逢瑛代）

　　　　　周秉三（公出）　鲍　文（公出）

列　　席　陈鸿慈

主　　席　陈耀祖

纪　　录　（秘书）王之光　章启佑

报告事项

一、宣读第一百二十六次会议录。

二、主席报告，财政厅呈，关于中山县呈，为援案征收县属坑田警捐一案，经准照原额每亩年征军票四十钱，请予备案等情，经准备案。

三、主席报告，财政厅呈，据三水县呈缴八月份物资搬出入手续费收入预算书，兹拟核定该县八月至十二月份补助费额为五千九百元，仍照通案八成支付，请备案等情，经准予备案。

四、主席报告，财政厅呈，据从化县呈，为地方贫瘠，对于本年七月份补助费，请准仍照专案增加数额拨给补助，似可照准转请核示等情，经准照办。

五、主席报告，据建设厅呈拟经营采掘西岭及邝家庄两矿场组织章程草案，请核示等情，经准修正备案。

六、主席报告，据省会住民归乡增产委员会呈，拟再修正省会住民归乡增产方案，请核示等情，经准照办。

讨论事项

一、主席交议,据财政厅呈缴广东省地方三十一年下半年度收支总分概算书类,并拟将各机关经临等费,除特别核准有案外,一律以八成折支,请转呈中央核定等情,提付公决案。

(决议)通过。

二、主席交议,据财政厅呈,关于各机关经临补助各赞,照预算军票额八成伸合中储券支付一案,试办期满,拟自本年九月起仍赓续照办,请核示等情,提付公决案。

(决议)通过,暂仍照案八成支付,限期至本年十二月底止。

三、主席交议,据财政厅呈,拟订各县市经营钱银业暂行办法草案,请核示等情,提付公决案。

(决议)交许委员、张委员审查。

四、主席交议,财政厅呈,据新会县呈,拟请准照番禺、中山两县成案,将前奉核准征收沙田附加费额每亩每年增收一元,转请核示等情,提付公决案。

(决议)暂准照办,仍以本年晚造为限。

五、主席提议,顺德县县长苏德时、三水县县长朱誉銎均另候任用,惠阳县县长孙绳武另有任用,拟各予免职,并派龙公颖署理顺德县县长,孙绳武署理三水县县长,彭志德署理惠阳县县长案。

(决议)通过。

六、主席交议,据建设厅呈,拟请派孙云霄为本厅技正案。

(决议)通过。

广东省政府委员会
第一百二十八次会议录

日　期　九月二十四日

地　点　本府会议厅

出席委员　陈耀祖　汪宗准　林汝珩　张幼云　许少荣　周应湘

周秉三　黄子美　汪　屺（薛逢瑛代）

鲍　文（公出）

列　席　陈鸿慈

主　席　陈耀祖

纪　录　（秘书）王之光　章启佑

报告事项

一、宣读第一百二十七次会议录。

二、主席报告，财政厅呈，据东莞县呈报征收物资搬出入手续费日期，拟请由本年八月二十五日起，停发该县补助费。至二十五日以前计二十四天补助费，仍饬由东增省税局照原定提拨成数八折拨补转请核示等情，经准予备案。

讨论事项

一、主席交议，关于张××等不服广东省教育厅所为将培正学校校产拨作省立广东大学农场之处分，提起诉愿一案，经饬据秘书处依法作成决定书，提付公决案。

（决议）交陈院长、黄委员审查。

二、主席交议，关于区××不服广东省会警察局所为未准暂免征捐之处分，提起诉愿一案，经饬据秘书处依法作成决定书，提付公决案。

（决议）交陈院长、黄委员审查。

三、许委员兼民政厅长提，奉交审查秘书处修正广东省卫生处医师、助产士及中医各注册章程一案，谨拟具审查意见，提请公决案。

（决议）照审查意见通过。

广东省政府委员会
第一百二十九次会议录

日　期　十月一日

地　点　本府会议厅

出席委员　陈耀祖　林汝珩　许少荣　周应湘　周秉三　黄子美

　　　　汪宗准（卫永保代）　汪　屺（薛逢瑛代）

　　　　张幼云（公出）　鲍　文（公出）

列　席　陈鸿慈

主　席　陈耀祖

纪　录　（秘书）王之光　章启佑

报告事项

一、宣读第一百二十八次会议录。

二、主席报告，据广州市政府呈，拟将广州市猪捐屠场屠宰费及屠牛捐各征收章程改正，附呈改正章程，请核示等情，经准予备案。

三、主席报告，财政厅呈，据新会县呈，该县物资搬出入征收手续费已足弥补不敷政费，拟由本年八月份起停发该县补助费，请核示等情，经准予备案。

讨论事项

一、主席提，关于国立中山大学农学院研究所长陈焕镛苦心保存文物，奉院电饬由本府从优给奖一案，经饬库给奖国币三万元，以昭激励，请追认案。

（决议）通过追认。

二、许委员、张委员会提，奉交审查财政厅所拟各县市经营钱银业暂行办法一案，谨拟具审查意见，提请公决案。

（决议）除修正第四项文字外，余照审查意见通过。

三、主席提，广州市政府社会局局长陈嘉蔼呈请辞职，省社会运动指导委员会主任委员梁潮汇另有任用，拟各予免职，并派梁朝汇为广州市政府社会局局长，省社会运动指导委员会副主任骆用弧暂行代理该会主任委员职务案。

（决议）通过。

四、主席交议，据省粮食管理局呈，本局第二科科长龙公颖呈请辞职，拟请准予免职，并派李誉永代理本局第二科科长案。

（决议）通过。

五、林委员兼教育厅长提，拟请派陈良烈为本厅督学兼第四科科长案。

（决议）通过。

广东省政府委员会
第一百三十次会议录

日　期　十月八日

地　点　本府会议厅

出席委员　陈耀祖　汪宗准　林汝珩　许少荣　张幼云　周应湘
　　　　　周秉三　黄子美　汪　屺（薛逢瑛代）
　　　　　鲍　文（公出）

列　席　陈鸿慈

主　席　陈耀祖

纪　录　（秘书）王之光　章启佑

报告事项

一、宣读第一百二十九次会议录。

二、主席报告，据卫生处呈，遵将改编本处暨所属各机关三十一年下半年度岁出经常费概算书，复请核示等情，经饬据财政厅呈复核议意见前来，经准如该厅所拟办理。

三、主席报告，据财政厅呈报，中山县物资搬出入征收手续费已足弥补不敷政费半数，拟由本年八月份起，照原定提拨成数五成八折拨支，请核示等情，经准予备案。

四、主席报告，据财政厅呈报，宝安县补助费拟由本年七月份起至十二月份止，暂定每月补助一万二千元，照通案八成折支，请核示等情，经准予备案。

五、主席报告，据民政厅、财政厅会呈，拟具派驻各县查禁烟苗专员临时办公费，及出差旅费支出概算书，请核示等情，经准予备案。

讨论事项

一、主席交议，据省会住民归乡增产委员会呈，拟具县民归乡增产委员会组织通则草案，请核示等情，提付公决案。

（决议）修正通过。

二、汪委员、许委员会提，奉交审查民政厅所拟保甲规约样式一案，谨拟具审查意见，连同修正规约样式，提请公决案。

（决议）照审查案通过。

三、许委员兼民政厅长、汪委员兼警务处长会提，奉交审查卫生处所拟取缔一般饮食物营业规则、取缔医药广告规则、取缔运枢规则、取缔居民停枢庄房注册简章一案，谨拟具审查意见，提请公决案。

（决议）原则通过，再交秘书处研究修正。

四、黄委员、陈院长会提，奉交审查秘书处所拟关于张××等不服广东省教育厅所为将培正学校校产拨作广东大学农场处分，提起诉愿之决定书一案，谨拟具审查意见，提请公决案。

（决议）照审查意见通过。

五、黄委员、陈院长会提，奉交审查秘书处所拟关于区××不服广东省会警察局所为未准暂免征捐处分，提起诉愿之决定书一案，谨拟具审查意见，提请公决案。

（决议）照审查意见通过。

六、主席交议，据民政厅呈，本厅秘书兼第三科科长李星榆、第科科长岑捷锋呈请辞职，第二科科长朱国基另候任用，秘书王孝若、第四科科长吴乾煦、第五科科长吴大章均另有任用，视察员张泽安因病出缺，拟请各予免职，并请派刘善才为本厅秘书，游诵盘为秘书兼第五科科长，秘书莫伯闲兼任第一科科长，李仲素为第二科科长，李星榆为第三科科长，张仲则为第四科科长，冯芝荪、黄龙云为视察员案。

（决议）通过。

临时动议

一、主席交议，据省物资配给委员会呈报各县火柴配给暂行办法实施情形，及该办法第五条条文可否酌予修正，抑暂仍照八月份以前配给办法办理，请核示等情，提付公决案。

（决议）准照修正第五条办法办理，仍交该会修正文字。

广东省政府委员会
第一百三十一次会议录

日　期　十月十五日

地　点　本府会议厅

出席委员　陈耀祖　汪宗准　林汝珩　张幼云　许少荣　汪　屺
　　　　　周应湘　周秉三　黄子美　鲍　文

列　席　陈鸿慈

主　席　陈耀祖

纪　录　（秘书）王之光　章启佑

报告事项

一、宣读第一百三十次会议录。

二、主席报告，财政厅呈，据花县县【长】呈，本县补助费，拟请准照原核定每月支出限额六千六百六十元，在九成范围内十足补助，似可照准，转请核示等情，经准予照办。

讨论事项

一、主席交议，关于建设厅核议民政厅，遵令拟具强化各县农业行政机构办法草案，经饬据秘书处签拟意见缮具修正办法前来，提付公决案。

（决议）原则通过，修正办法仍交建设厅审核再呈。

二、主席交议，关于卫生处呈拟管理药商药师及护士各章程一案，经饬由秘书处，依照现行管理药商规则及药师暂行条例，护士暂行规则，另行拟具药商等各注册章程，提付公决案。

（决议）修正通过。

208

广东省政府委员会
第一百三十二次会议录

日　期　十月二十二日

地　点　本府会议厅

出席委员　陈耀祖　汪宗准　张幼云　许少荣　汪　屺　周应湘
　　　　　周秉三　黄子美　林汝珩（陈致平代）
　　　　　鲍　文（公出）

列　席　陈鸿慈

主　席　陈耀祖

纪　录　（秘书）王之光　章启佑

报告事项

一、宣读第一百三十一次会议录。

二、主席报告，据省粮食管理局呈，拟具修正本年晚造管理土谷米规则草案，请核示等情，经准予备案。

三、主席报告，据财政厅呈，拟修正征收油豆专税章程，请核示等情，经准予备案。

讨论事项

一、主席交议，据财政厅呈，遵令参照财政部核定粤汉国税机关经费改用中储券交给办法，拟具本年下半年度支付本省各机关经临等费，及三十二年上半年度概算编制办法，请核示等情，提付公决案。

（决议）交汪宗准委员、黄委员、汪屺委员审查。

二、主席交议，建设厅、财政厅签呈，奉饬核议省会警察局所拟征收船舶警捐等章程及办法一案，谨将意见签请核示等情，经再饬据建设厅等五机关会复意见前来，提付公决案。

（决议）（一）照五机关会同核议意见通过。（二）关于船舶税指定交由广州航政局办理。（三）所有船舶牌照费、船舶税及船舶警捐征收税率，应从新核减，另拟呈府核定。

三、主席交议，关于卫生处呈拟管理药剂生、中药司药生及药剂生考试各规则一案，经饬据秘书处签拟意见，并另拟药剂生注册章程，提付公决案。

（决议）照秘书处签议意见通过。

临时动议

一、汪委员兼财政厅长提，本厅第二科科长麦召伯呈请辞职，拟请准乎免职，并请派李仲素为本厅第二科科长案。

（决议）通过。

二、主席提，拟由省库拨助鸣崧纪念学校校合建筑费军票十万元案。

（决议）通过。

广东省政府委员会
第一百三十三次会议录

日　期　十月二十九日

地　点　本府会议厅

出席委员　陈耀祖　汪宗准　张幼云　汪屺　许少荣　周应湘
　　　　　周秉三　黄子美　林汝珩（陈致平代）
　　　　　鲍文（公出）

列　席　陈鸿慈

主　席　陈耀祖

纪　录　（秘书）王之光　章启佑

报告事项

一、宣读第一百三十二次会议录。

讨论事项

一、主席交议，据省粮食管理局、省会警察局会呈，奉饬拟议计口授粮实施程序一案，谨拟定实行日期，并列陈程序八项，连同拟订米粮配给商店营业规则、各种用户配给暂行办法草案，暨各证式样复请核示等情，提付公决案。

（决议）交汪屺委员、许委员、郭警务处长审查。

二、主席交议，据财政厅、省粮食管理局会呈，为便利购运土谷及护沙等事，拟在本年土谷纯益项内，拨款购置巡轮二艘，附具预算书，请核示等情，提付公决案。

（决议）通过。

三、主席交议，据财政厅呈，奉饬核议关于省立广东大学因新迁校址，经费不敷，请准每月增拨经费一案，拟请由本年十月份起，每月追加经费三千八百元，照通案八成折支，复请核示等情，提付公决案。

（决议）通过。

四、主席交议，据建设厅呈，拟具修正招商承办东顺糖厂章程，请核示等情，提付公决案。

（决议）通过。

五、主席交议，据警务处呈，拟具增编保安警察第二中队编制表、经临各费支付预算书及细数表，请核示等情，经饬据财政厅呈复核议意见前来，提付公决案。

（决议）照财政厅核议意见通过。

六、主席交议，准财政部广东特派员公署函，以各县火柴配给暂行办法窒碍难行，请准予试办期满后，自本年十一月一日起，准照八月一日以前办法办理，请核复等由。复据省物资配给委员会呈，从新拟订各县火柴配给暂行办法，并请将前颁上项暂行办法废止等情。并案提付公决案。

（决议）省物资配给委员会新订办法通过。

七、主席交议，据省社会运动指导委员会呈，本会第一科科长梁润桐呈请辞职，专员杨秉鉴另有任用，拟请各予免职，并请派杨秉鉴为本会第一科科长，莫培远为专员案。

（决议）通过。

临时动议

一、主席提，广东省会警察局局长郭卫民已另有任用，拟予免职，遗缺已派冯璧峭充任，提请追认案。

（决议）通过追认。

广东省政府委员会
第一百三十四次会议录

日　期　十一月十三日

地　点　本府会议厅

出席委员　陈耀祖　汪屺　汪宗准　张幼云　周应湘　许少荣
　　　　　周秉三　黄子美　林汝珩（陈致平代）
　　　　　鲍文（公出）

列　席　陈鸿慈　郭卫民

主　席　陈耀祖

纪　录　（秘书）王之光　章启佑

报告事项

一、宣读第一百三十三次会议录。

二、主席报告，建设厅呈，关于裕农公司呈请承租顺德制糖厂并遵章办理一案，业经签订承租合约，附具合约原稿请核示等情，准予备案。

三、主席报告，建设厅、省粮食管理局会呈，遵令拟具取缔精制土米及贩售精制土米暂行办法草案，复请核示等情，经准予备案。

四、主席报告，据鸣崧纪念学校呈，为扩充校址，拟请将大石街东约民房第四十二号等地段续行收用，谨绘具收用地亩图式及调查表，请核示等情，经准予照办。

五、主席报告，据财政厅呈，拟请将契税减征期限，由本年十月八日起展延六个月，请核示等情，经准予照办。

讨论事项

一、主席交议，据财政厅呈，前奉核定关于广州市屠猪牛捐及屠宰费，属于省税与市税之划拨标准，现因市府未允照案划拨，应否再予变更，请核示等情，提付公决案。

（决议）仍照本府三十年七月训令办理。

二、主席交议，据广州市政府、省振务分会会呈，遵令拟具整理广

212

州市慈善团体财产办法草案，复请核示等情，经饬据秘书处拟议意见并另拟办法，提付公决案。

（决议）照秘书处拟议办法通过。

三、主席交议，据建设厅呈，拟修正广东省民营土榨糖寮取缔暂行规则，请核示等情，提付公决案。

（决议）修正通过。

四、主席交议，据省粮食管理局呈，拟具碾谷商店管理规则，请核示等情，提付公决案。

（决议）通过。

五、主席交议，据民政厅呈，本厅秘书刘善才、秘书兼第一科长莫伯闲、秘书兼第五科科长游诵盘、第四科科长张仲则、视察员周任勋均呈请辞职，第二科科长李仲素、第三科科长李星榆、视察员黄龙云均另有任用，视察员冯芝荪另候任用，拟请各予免职，并请派薛逢瑛、侯文安、鲍达棠为本厅秘书，章启科为秘书兼第二科科长，李星榆为第一科科长暂兼第三科科长，王仲和为第五科科长暂兼第四科科长，李阴光、杨熙、陈友琴为视察员案。

（决议）通过。

六、主席交议，据省粮食管理局呈，拟请派张石芝为本局视察员案。

（决议）通过。

七、汪委员兼财政厅长提，本厅秘书黄耀西、堵焕然呈请辞职，拟请各予免职，并请派莫伯闲、游诵盘为本厅秘书案。

（决议）通过。

临时动议

一、主席提，代理汕头市市长何丽闻另有任用，毋庸代理，所遗汕头市市长缺，拟派本府委员许少荣兼任案。

（决议）通过。

二、主席提，潮安县县长陈献猷另候任用，拟予免职，遗缺并拟派何丽闻署理案。

（决议）通过。

三、主席提，沙面特别区区长郭卫民已另有任务，拟予免职，遗缺拟派本府委员周秉三兼任案。

（决议）通过。

广东省政府委员会
第一百三十五次会议录

日　期　十一月十九日

地　点　本府会议厅

出席委员　陈耀祖　汪　屺　汪宗准　张幼云　周应湘　许少荣

　　　　　周秉三　黄子美　林汝珩（陈致平代）

　　　　　鲍　文（公出）

列　席　陈鸿慈　郭卫民

主　席　陈耀祖

纪　录　（秘书）王之光　章启佑

报告事项

一、宣读第一百三十四次会议录。

讨论事项

一、主席交议，广州市政府呈，据财政局呈，拟由三十二年第一期起，将本市临时地税改照百分之一点五税率征收，转请核示等情，提付公决案。

（决议）通过。

二、主席交议，据广州市政府呈，本市府秘书长一职，拟请派财政局局长何惺常暂行兼代案。

（决议）通过。

临时动议

一、主席交议，广州市政府呈，拟具广州市市立市场范围区内鱼肉蔬菜商贩营业取缔办法，请核示等情，提付公决案。

（决议）交警务处、卫生处、建设厅审查。

二、许委员、汪屺委员、郭警务处长会提，事交审查省粮食管理局、省会警察局会拟，关于计口授粮实行日期，并列陈实施程序八项，及米粮配给商店营业规则、各种用户配给暂行办法等，暨各证式样一案，谨拟具审查意见，提请公决案。

（决议）照审查意见修正通过。

三、主席交议，据建设厅呈，本厅编辑统计股股长暂行兼代第一科科长职务周启明，经饬毋庸兼代，遗职拟请派杨伯后充任案。

（决议）通过。

四、主席交议，据警务处呈，本处秘书薛逢瑛、李阴光、鲍达棠，第一科科长张绍昌，第二科科长章启科，第四科科长王仲和，呈请辞职，第三科科长林万春另有任用，拟请各予免职，并请派陈廷周、王凤洲、王大干为本处秘书，达文泰代理第一科科长，凌广图为第二科科长，陈智豪为第三科科长，黎春荣为第四科科长，林万春为视察长案。

（决议）通过。

广东省政府委员会
第一百三十六次会议录

日　　期　十一月二十六日
地　　点　本府会议厅
出席委员　陈耀祖　汪　屺　汪宗准　林汝珩　张幼云　周应湘
　　　　　　许少荣　周秉三　黄子美　鲍　文（公出）
列　　席　陈鸿慈　郭卫民
主　　席　陈耀祖
纪　　录　（秘书）王之光　章启佑

报告事项

一、宣读第一百三十五次会议录。

二、主席报告，据建设厅呈，遵将修正强化各县农业行政机构办法，复请核示等情，经准予照办。

三、主席报告，据财政厅呈，关于博罗县征收物资搬出入手续费及地方款收支实情，经饬据东增省税局查明呈复前来，兹拟由本年八月份起，准予按月拨助该县补助赞军票六千元，并准十足支给，请核示等情，经准予照办。

四、主席报告，财政厅呈，据新会县呈报，地方经水灾后收入短绌，请照原案成数提拨等情，拟姑准由本年八月份起至十二月份底止，按月改拨该县补助费军票七千元，转请核示等情，经准予备案。

五、主席报告，派潘延武为出席第四次东亚经济恳谈会广东省代表。

六、主席报告，据民声日报社呈，本社经费差足自给，请由本年十二月份起，将每月补助费额核减为军票一千元，以节公帑等情，经准照办。

讨论事项

一、主席交议，据建设厅呈，拟具本厅纺纱厂各章程、计划暨各书表等，请饬库如数拨付等情，经饬据财政厅呈复核议意见前来，提付公决案。

（决议）（一）原则照财政厅核议意见通过。（二）仍由该厅对于原料来源拟定确实办法后再行开办。

二、主席交议，据永益公司代表林泽民呈，为自置码头现被使用恳请订给租值等情，经饬据建设厅呈复核议意见前来，提付公决案。

（决议）交建设厅与永益公司订给租值，以重人民业权。

三、主席交议，据省粮食管理局呈，谨拟定米粮配给公价，附列各等米价格表，请核示等情，提付公决案。

（决议）通过。

临时动议

一、主席提议，花县县长孙承治呈请辞职，拟予照准，遗缺并拟派章启秩署理案。

（决议）通过。

广东省政府委员会
第一百三十七次会议录

日　期　十二月三日

地　点　本府会议厅

出席委员　陈耀祖　汪　屺　汪宗准　林汝珩　张幼云　周应湘
　　　　　周秉三　黄子美　许少荣（公出）　鲍　文（公出）

列　席　陈鸿慈　郭卫民

主　席　陈耀祖

纪　录　（秘书）王之光　章启佑

报告事项

一、宣读第一百三十六次会议录。

二、主席报告，财政厅呈，据从化县呈，为添置县警察队冬季服装费用军票四百九十元，请准在征获地税四成解库款项下坐支抵解，似可照准，转请核示等情，经准如拟办理。

三、主席报告，据澳门西南日报社呈，为本社经费不敷，请按月酌予补助等情，经准每月补助该社经费国币五千元。

讨论事项

一、主席交议，财政厅呈，奉饬核议民政厅转据南海县呈，缴佛山特别区保甲总办事处本年上下两半年度保甲费支付概算书，及分述县属保甲费筹措情形一案，谨将核议意见复请核示等情，提付公决案。

（决议）照财政厅核议意见通过。

二、主席交议，关于冯×等不服广东省建设厅所为将历耕铁路路基田亩批与联垦公司承耕之处分，提起诉愿一案，经饬据秘书处依法作成决定书，提付公决案。

（决议）交黄委员、陈院长审查。

三、主席交议，据警务处，建设厅、卫生处签呈，奉交审查关于广州市政府呈拟市立市场范围区内鱼肉蔬菜商贩营业取缔办法一案，谨拟

217

具审查意见签请核示等情，提付公决案。

（决议）照审查意见通过。

临时动议

一、林委员兼教育厅长提，拟请派程岳恩为本厅督学案。

（决议）通过。

广东省政府委员会
第一百三十八次会议录

日　期　十二月十日

地　点　本府会议厅

出席委员　陈耀祖　汪　屺　林汝珩　张幼云　周应湘　周秉三

　　　　　黄子美　汪宗准（卫永保代）　许少荣（公出）

　　　　　鲍　文（公出）

列　席　陈鸿慈　郭卫民（陈廷周代）

主　席　陈耀祖

纪　录　（秘书）王之光　章启佑

报告事项

一、宣读第一百三十七次会议录。

二、主席报告，关于卫生处呈拟取缔旅馆等规则一案，经饬据警务处核议，认为取缔旅馆及娱乐场所两规则，业经省会警察【局】呈奉核准施行，未宜重复改订等情，已准如拟办理。至所拟取缔泡水馆、洗衣业、酱园各规则亦经分别修正，并饬遵办。

讨论事项

一、主席交议，据民政厅呈，奉饬审议关于警务处呈缴取缔游艺场补充办法及游戏种类各说明书一案，谨将审议意见连同修正上项补充办法，及修正指定各类游戏说明书等草案，复请核示等情，提付公决案。

（决议）照审议意见修正通过。

二、主席交议，财政厅呈，据顺德县呈，拟请准由三十二年早造起，援照中山、番禺两县成案，将原奉核定沙田附加费每亩年征军票二元额，改为年征军票三元，尚属可行，转请核示等情，提付公决案。

（决议）通过。

三、汪委员兼财政厅长提，拟请由三十二年一月一日起，将本省政府及人民两方一切收支原以军票为本位者，一律改以中储券为本位，以崇币制案。

（决议）通过。

四、主席交议，警务处呈，据省会警察局呈，本局秘书罗电威、第一科科长陈廷周、第二科科长陈智豪、督察长陈利民均另有任用，拟请各予免职，并请派吴云浦为本局秘书，保伯平为第一科科长，黄天卓为第二科科长，郑重为第三科科长，严新为第四科科长，武备为督察长案。

（决议）通过。

临时动议

一、主席交议，据建设厅呈，拟饬本厅轮渡管理所增设帆船航运组，附具开办费及经常费岁入岁出各概算书，并拟议开办费筹拨办法，请核示等情，提付公决案。

（决议）原则通过，开办费由省库拨发，各费概算交财政厅审查。

二、汪委员兼财政厅长提，拟请由三十二年一月份起，本省经临各费支出，除专案核定十足支付者外，其余各款一律遵照财政部核定办法九成折支，以纾库力案。

（决议）修正通过。

三、主席提，从化县县长冯澂呈请辞职，拟予照准，遗缺拟派吴乾煦署理案。

（决议）通过。

广东省政府委员会
第一百三十九次会议录

日　期　十二月十七日

地　点　本府会议厅

出席委员　陈耀祖　汪　屺　汪宗准　林汝珩　张幼云　周应湘
　　　　　周秉三　黄子美　许少荣（公出）　鲍　文（公出）

列　席　陈鸿慈　郭卫民（陈廷周代）

主　席　陈耀祖

纪　录　（秘书）王之光　章启佑

报告事项

一、宣读第一百三十八次会议录。

二、主席报告，据广州市政府呈，遵将修正本市府组织规则及台署办公方案呈请核转，并请准将参事及各局长仍照核准原案以简任待遇等情，经准咨内政部转呈备案。

三、主席报告，准广东高等法院函送改编新会地方法院及看守所经临两费支出概算书，请核办等由，经准照办。

四、主席报告，据财政厅呈报，潮阳县补助费由本年七月份起至十二月底止拟定月额军票三千元八成折支拨给，其由潮阳稽征所拨借过各款并拟议扣抵办法，请核示等情，经准予备案。

五、主席报告，准振务委员会真电汇拨本省本年冬赈款十五万元。

讨论事项

一、主席交议，关于黎××不服广东省会警察局所为瞒报房捐警费罚款处分，提起诉愿一案，经饬据秘书处依法作成决定书，提付公决案。

（决议）交黄委员、陈院长审查。

二、主席交议，据广州市政府呈，拟请派招启明为本市府秘书处秘书案。

（决议）通过。

临时动议

一、主席交议，据财政厅呈，拟将纸类蜡类专税及糖类屠猪屠牛等捐，一律改为从值课征，并将各该征收章程修正，附具修正条文暨捐率表，请核示等情，提付公决案。

（决议）除将修正糖类捐章程第二条所附捐率表，仍交财政厅计议再行修正外，余照通过。

广东省政府委员会
第一百四十次会议录

日　　期　十二月二十四日

地　　点　本府会议厅

出席委员　陈耀祖　汪屺　汪宗准　林汝珩　张幼云　周应湘
　　　　　周秉三　黄子美　许少荣（公出）　鲍文（公出）

列　　席　陈鸿慈　郭卫民

主　　席　陈耀祖

纪　　录　（秘书）王之光　章启佑

报告事项

一、宣读第一百三十九次会议录。

讨论事项

一、主席交议，据省粮食管理局呈报签订本年晚造购买土谷合约情形，连同合约书稿，请核示等情，提付公决案。

（决议）交汪屺委员、张委员审查。

二、主席交议，据省物资配给委员会呈，拟设置驻汕办事处，附具组织章程草案及开办经常两费预算表，请核示等情，经饬据财政厅呈复核议意见前来，提付公决案。

（决议）通过。

三、汪委员兼财政厅长提，关于各县征收临时地税提成支配办法限期届满，拟由三十二年一月份起赓续展限六个月，提请公决案。

（决议）通过。

四、黄委员、陈院长会提，奉交审查秘书处所拟关于黎××不服广东省会警察局所为瞒报房捐警费罚款处分，提起诉愿之决定书一案，谨拟具审查意见，提请公决案。

（决议）照审查意见通过。

五、主席交议，据宣传处呈，本处指导科科长陈英、事业科科长梅庆芬均呈请辞职，拟请各予免职，并请派颜剑波为本处指导科科长，胡亮时为事业科科长案。

（决议）通过。

广东省政府委员会
第一百四十一次会议录

日　期　十二月三十一日
地　点　本府会议厅
出席委员　陈耀祖　汪屺　汪宗准　林汝珩　张幼云　周应湘
　　　　　　周秉三　黄子美　许少荣（公出）　鲍文（公出）
列　席　陈鸿慈　郭卫民
主　席　陈耀祖
纪　录　（秘书）王之光　章启佑

报告事项

一、宣读第一百四十次会议录。

讨论事项

一、主席交议，据财政厅呈，拟将烟酒类牌照费征率酌量增加，并改定以中储券为本位征收，其小贩牌照费一类拟予豁免，附具更定征率表，请核示等情，提付公决案。

（决议）通过。

二、主席交议，据财政厅呈，奉交审查关于建设厅呈缴帆船航运组开办费及经常费岁入岁出各概算书一案，谨拟具审查意见，复请核示等情，提付公决案。

（决议）照审查意见通过。

三、主席交议，据建设厅呈，遵将本厅纺纱厂所需原料来源拟定确实办法，连同修正各项概算书，复请核示等情，提付公决案。

（决议）通过，仍交由该厅妥慎筹备即行开办。

临时动议

一、主席交议，广州市政府呈，据财政局呈，拟将本市码头货物起卸夫力费酌予增收，附具修正征费定率表，转请核示等情，提付公决案。

（决议）通过，仍交由该市政府与有关各方联络。

二、主席提，省社会运动指导委员会副主任委员、暂代主任委员职务骆用弧，另有任用，拟予免职，并拟派骆用弧为该会主任委员，萧汉宗为副主任委员案。

（决议）通过。

三、主席提，广州市政府社会局局长梁朝汇以另有任务呈请辞职，经予照准，遗缺拟派朱祖绳允任案。

（决议）通过。

广东省政府委员会
第一百四十二次会议录

日　期　民国三十二年一月七日
地　点　本府会议厅
出席委员　陈耀祖　汪屺　汪宗准　林汝珩　张幼云　周应湘
　　　　　周秉三　黄子美　许少荣（公出）　鲍　文（公出）
列　席　郭卫民（陈廷周代）
主　席　陈耀祖

纪　录　（秘书）王之光　章启佑

报告事项

一、宣读第一百四十一次会议录。

讨论事项

一、主席交议，据财政厅呈，遵将糖类捐捐率表计议修正，并拟将纸类专税税率表所列征税等级，再以中储券价值分别规定，附具各该章程再行修正条文，复请核示等情，提付公决案。

（决议）通过。

广东省政府委员会
第一百四十三次会议录

日　期　一月二十一日

地　点　本府会议厅

出席委员　陈耀祖（汪屺代）汪　屺　汪宗准　张幼云　周应湘
　　　　　黄子美　许少荣　林汝珩（陈致平代）
　　　　　周秉三（公出）　鲍　文（公出）

列　席　陈鸿慈　郭卫民

主　席　陈耀祖（汪屺代）

纪　录　（秘书）王之光　章启佑

报告事项

一、宣读第一百四十二次会议录。

二、主席报告，据粮食管理局呈报，与友邦日军经理部协定，关于三十一年十二月至本年二月，原约交付土谷价格及数量变更情形，附具协定书译本，请予备案等情，经准予备案。

三、主席报告，财政厅、粮食管理局会呈，拟添募护航队队兵三队，分驻第四、五、六号巡轮，该款并拟由中山县土谷收购委员会支给，编具招募新兵暂行办法，暨募运费概算书经常预算书编制表，请核示等情，经予照办。

讨论事项

一、主席交议，据建设厅呈，拟具广州市物价评议委员会组织规程草案，暨经临两费概算书等，请核示等情，经饬据财政厅呈复核议意见前来，提付公决案。

（决议）照核议意见通过。

二、汪屺委员、张委员会提，奉交审查关于粮食管理局呈拟三十一年晚造购买土谷合约书稿一案，谨拟具审查意见，提请公决案。

（决议）照审查意见通过。

三、汪委员兼民政厅长、汪委员兼财政厅长会提，奉交审查省物资配给委员会呈拟收买猪（牛）只薪炭规则及施行细则各草案一案，谨拟具审查意见，提请公决案。

（决议）审查意见除关于寅、卯两点仍交建设厅计议呈核外，余照通过。

四、主席交议，据广州市政府呈，本市府社会局秘书朱祖绳、督学室主任霍其若均另有任用，第一课课长张炜明另候任用，第二课课长区声白业已辞职，拟请各予免职，并请派何仲纯为该局秘书，梁润桐为第一课课长，霍其若为第二课课长，梁家杰为督学室主任案。

（决议）通过。

五、主席交议，据汕头市政府呈，拟请派刘善才为本市参事兼代秘书长案。

（决议）通过。

六、汪委员兼财政厅长提，南三省税局局长郑逊伯另有差委，请予免职，并请派李汉彝为该局局长案。

（决议）通过。

七、林委员兼教育厅长提，省立第三中学校校长凌汝骧、第五中学校校长黄石均另有任用，拟请各予免职，并请派黄石为省立第三中学校校长，凌汝骧为省立第五中学校校长案。

（决议）通过。

临时动议

一、汪委员兼粮食管理局长提，拟就本局前向中储行广州分行透支购储谷米借款，中储券四千万元项内，拨借四百万元，指定为汕头市政府储粮费用，请公决案。

（决议）通过。

二、汪委员兼粮食管理局长提，拟就本局前向中储行广州分行透支购储谷米借款，中储券四千万元项内，拨借四百万元与广东省银行，指定为增加粮食生产费用，请公决案。

（决议）原则通过。交建设厅妥拟计划呈核。

广东省政府
第一次省政会议录

日　期　二月八日

地　点　本府会议厅

出　席　陈耀祖　周应湘　汪宗准　林汝珩

列　席　（高等法院长）陈鸿慈　（警务处秘书）陈廷周
　　　　（建设厅秘书）何致虔

主　席　陈省长

纪　录　（秘书）章启佑　王之光

报告事项

一、宣读前广东省政府委员会第一百四十三次会议录。

讨论事项

一、省长交议，据建设厅呈，拟具广东初期复兴建设三年计划草案，并拟议筹借款项办法，请核示等情，提付公决案。

（决议）（一）原则通过。（二）各项计划以先办与粮食增产有关之事项为原则。（三）贷款办法呈中央核办。

临时动议

一、省长交议，据建设厅呈，拟请派蔡杰林为本厅技正案。

（决议）通过。

二、省长交议，据广州市市长汪𡵉签呈，拟请派薛逢瑛为本市府秘书长，章启科为秘书兼会计空主任，鲍达棠为秘书，梁朝栋为第一科科长，陈友琴为第二科科长，何人魂、李荫光为专员案。

（决议）通过。

三、省长交议，据粮食管理局呈，本局拟添设副局长一人勷理局务，经予照准，并派何惺常为该局副局长案。

（决议）通过。

四、省长提，广州市财政局局长何惺常已另有任用，应予免职，遗缺派完谦充任案。

（决议）通过。

五、省长提，顺德县县长龙公颖调省任用，应予免职，遗缺派王仲和署理案。

（决议）通过。

六、省长提，博罗县县长李庆镖调省任用，应予免职，遗缺派许崇诚署理案。

（决议）通过。

广 东 省 政 府
第二次省政会议录

日　期　三月五日

地　点　本府会议厅

出　席　陈耀祖　汪宗准　林汝珩　张幼云　郭卫民　黄子美
　　　　汪彦斌

列　席　（高等法院院长）陈鸿慈

主　席　陈省长

纪　录　章启佑　区季鸾

报告事项

一、宣读第一次省政会议录。

二、省长报告，关于招待香港侨民归乡暂行办法，及办事处招待所等组织经费预算书，先经前本府委员会第一百四十一次会议决议，照审查意见通过有案。现为适应实际需要，经饬据政务厅分别修正，令饬各有关机关遵照办理。

三、省长报告，财政厅呈，据宝安县政府呈，为补助期满，拟请由三十二年一月份至六月底止，照案继续补助军票额一万零一百九十六元，似可照准，转请核示等情，经准予照办。

四、省长报告，据财政厅呈，关于潮阳县政费不敷，继续补助一案，拟姑由本年一月份至六月份止，按月拨给该县补助费军票额三千元，转请核示等情，经予备案。

五、省长报告，据广州市政府呈，本市〔府〕前兼秘书何惺常、秘书招启明、会计室主任雷宝书呈请辞职，第二科科长唐文樾另候任用，拟请各予免职等情，经予照准。

六、省长报告，据财政厅呈，关于从化县补助费一案，拟由本年一月份起，按月补助国币二万四千零二十五元，照通案九成折支，至所请将移交娱乐捐补助赞照原案实数补助一节，并准照该县原收实数，按法定比率，伸合国币三千八百八十八元九角予以补助，请核示等情，经准予备案。

讨论事项

一、省长交议，关于前民政厅遵令呈拟县政府组织暂行条例施行细则、各县等次表、县政府组织规程，暨经常费预算书一案，经饬据财厅呈复核议意见，并附拟县金库暂行组织规程及经费预算表前来，提付公决案。

（决议）经费预算书表照财政厅核议意见通过，其余各项条例细则规程交周厅长、黄参事审查。

二、省长交议，关于省民政厅遵令呈拟各县区署办事细则草案暨区署经费分等表一案，经先后饬据政务、财政两厅呈复核议意见，并饬据政务厅分别缮正前来、提付公决案。

（决议）照核议意见通过。

三、省长交议，据财政厅呈，遵令拟具限制各县政府依期解缴征获地税款及契税款暂行办法草案，复请核示等情，提付公决案。

（决议）通过。

四、省长交议，据警务处呈，拟将奉准省会警察局及各市县警察局经济警察组织办法，修正为广东省警务处设置经济警察队组织办法，附具修正办法，请核示等情，提付公决案。

（决议）交政务厅、建设厅研究。

五、省长交议，据财政厅汪厅长签呈，本厅第四科科长叶赞镳、汕头省税局局长完谦均另有任用，拟请各予免职，并请派叶赞镳为汕头省税局局长，何庭炜代理本厅第四科科长案。

（决议）通过。

六、省长交议，据粮食管理局呈，本局秘书汪孝博呈请辞职，拟请准予免职，并请派邹汝炽为本局秘书案。

（决议）通过。

临时动议

一、省长提，拟规定广州市市长于市政推行上得指挥省会警察局案。

（决议）通过。

广东省政府
第三次省政会议录

日　期　三月十一日

地　点　本府会议厅

出　席　陈耀祖　汪宗准　林汝珩　张幼云　郭卫民　黄子美
　　　　汪彦斌

列　席　（高等法院长）陈鸿慈

主　席　陈省长

纪　录　章启佑　区季鸾

报告事项

一、宣读第二次省政会议录。

讨论事项

一、省长交议，据财政厅呈，关于广州市纸业同业公会呈请修正纸税新章一案，谨拟议意见，连同修正章程条文，请核示等情，提付公决案。

（决议）照修正条文通过。

二、省长交议，据核计处呈，关于本处审核各机关收支经临费计算书类，有因发给审核通知并再催告，逾限仍未补正；有因编造程序不合或全未编造预算书类送核，经限期补正，多未照办，实碍计政。谨拟议裁制办法四项，请核示等情，提付公决案。

（决议）交汪厅长、汪参事审查。

广 东 省 政 府
第四次省政会议录

日　　期　三月十八日

地　　点　本府会议厅

出　　席　陈耀祖　周应湘　汪宗准　林汝珩　郭卫民　黄子美
　　　　　汪彦斌

列　　席　（高等法院长）陈鸿慈

主　　席　陈省长

纪　　录　章启佑　区季鸾

报告事项

一、宣读第三次省政会议录。

二、省长报告，据财政厅呈，关于南澳县遵令呈缴三十一年六、七、八、九月份收支计算表，并请援案准予展限整理期间，仍将所有征获国省税，悉数拨补政费一案，拟准将整理期间，由三十一年十月份起展限至三十二年六月底止，以九个月为限，并将所有国省税拨补政费等情，经准如拟办理。

討論事項

一、省長交議，據建設廳、財政廳、省物資配給委員會會呈，為現行各縣物資搬出入徵收手續費暫行辦法未臻完善，謹擬議改善意見並新訂辦法草案，請核示等情，經飭據政務廳簽擬意見，附同修正廣東省徵收物資搬出入手續贊及許可證印刷費暫行辦法前來，提付公決案。

（決議）（一）通過。（二）俟省物資配給委員會改組為經濟局後，變由該局修正文字。

二、省長交議，據核計處呈，為各機關間有遲送收支計算書類，經再三催促仍有逾限及全未造送者，謹擬具裁制辦法兩項，請核示等情，提付公決案。

（決議）交汪廳長、汪參事審查。

三、周廳長、黃參事會提，奉交審查前民政廳及財政廳所擬縣政府組織暫行條例施行細則、各縣等次表、縣政府組織規程，暨縣金庫暫行組織規程一案，謹擬具審查意見，提請公決案。

（決議）照審查意見通過。

廣 東 省 政 府
第五次省政會議錄

日　　期　四月一日

地　　點　本府會議廳

出　　席　陳耀祖　周應湘　汪宗准　郭衛民　黃子美　汪彥斌

列　　席　（高等法院長）陳鴻慈　（教育廳秘書）陳致平

　　　　　（建設廳秘書）何致虔

主　　席　陳省長

紀　　錄　章啟佑　區季鸞

報告事項

一、宣讀第四次省政會議錄。

二、省長報告，據財政廳呈，關於汕頭市政府函，為該市府補助费，因潮海关汇月划拨不足，请设法补足一案，拟由三十二年三月份起至六月份止，按月照原定军票六万四千元额，不如潮海关拨足数，由省库照数拨足，以资维持，请核示等情，经准如拟办理。

三、省长报告，据财政厅呈，关于中山县呈请延期实施折支补助费办法一案，拟准由三十二年一月份起至六月份止，以六个月为限，照原提成额八折五成支付，期满即停止补助，请核示等情，经准如拟办理。

四、省长报告，据财政厅呈，关于三水县政府补助费期满，请继续补助一案，拟准由三十二年一月份起至六月底止，以六个月为限，照前核定额军票五千九百元继续补助，仍照通案以一对五折合中储券九成支付，请核示等情，经准如拟办理。

讨论事项

一、省长交议，据卫生处呈，拟订广州市三十二年度实施预防霍乱疫苗接种补充办法，请核示等情，经饬据政务厅签拟意见前来，提付公决案。

（决议）交卫生处另拟办法。

二、省长交议，据财政厅呈，拟将征收沙田税费改以中储券为本位，并稍加税率，谨拟议意见请核示等情，提付公决案。

（决议）通过。

三、省长交议，据政务厅案呈，准汪厅长、汪参事函，奉交审查核计处所拟裁制各机关妨碍计政办法四项一案，经审查完竣，查所拟办法极属允协，似可照办等由，转请核示前来，提付公决案。

（决议）照审查意见通过。

四、省长交议，据周厅长、张厅长呈，关于奉交研究广东省警务处所拟设置经济警察队组织办法一案，拟议意见请核示等情，提付公决案。

（决议）照审查意见通过。

五、省长提，增城县县长黄恩澧另有任用，应予免职，遗缺派侯文安署理案。

（决议）通过。

临时动议

一、省长提，由省库筹拨国币二百万元为设立省立医院基金案。

（决议）（一）通过。（二）交卫生处拟具计划。

广东省政府
第六次省政会议录

日　期　四月八日

地　点　本府会议厅

出　席　陈耀祖　周应湘　汪宗准　林汝珩　黄子美　汪彦斌

列　席　（高等法院长）陈鸿慈　（宣传处长）林珈珉
　　　　（建设厅秘书）何致虔　（警务处秘书）陈廷周

主　席　陈省长

纪　录　章启佑　区季鸾

报告事项

一、宣读第五次省政会议录。

讨论事项

一、省长交议，饬据政务厅，依照省政府组织法规定拟具各厅处处务规程草案前来，提付公决案。

（决议）原则通过，仍交各厅处签注意见。

二、省长交议，关于设置广东省政府经济局一案，饬据政务厅拟具该局办事细则草案前来，提付公决案。

（决议）交财政厅、建设厅审查。

三、省长交议，拟设置广东省振务委员会，饬据政务厅拟具该会组织规程草案前来，提付公决案。

（决议）通过。

四、省长交议，关于梁×不服番禺县政府所为批驳承耕处分，提起诉愿一案，经饬据政务厅依法作成决定书前来，提付公决案。

（决议）交黄参事、陈院长审查。

临时动议

一、省长提，派梁匡平为本省振务委员会主任委员案。

（决议）通过。

广 东 省 政 府
第七次省政会议录

日　期　四月十五日

地　点　本府会议厅

出　席　陈耀祖　周应湘　林汝珩　张幼云　郭卫民　张国珍
　　　　黄子美　汪彦斌

列　席　（高等法院院长）陈鸿慈　（宣传处长）林珈珉

主　席　陈省长

纪　录　章启佑　区季鸾

报告事项

一、宣读第六次省政会议录。

二、省长报告，奉行政院令知省政府改制，所有各厅处局长之任免黜陟，当由省长呈请，其有新设之局，直隶于省市政府并受主管部之指挥监督者，局长人选先由各该省长市长商得主管部同意后，呈院请简由。

三、省长报告，已派汪宗准、汪屺、郭卫民、骆用弧、植梓卿、李辅群、刘包恩为广东省振务委员会委员。

四、省长报告，广东初期复兴建设三年计划，经呈奉中央核准，现饬建设厅由本年四月份起开始实施，并饬财政厅每月拨付国币二百万元，俾资办理。

讨论事项

一、省长交议，据宣传处呈，拟具广东省出版社组织规程、出版品申请发行规程等草案，请核示等情，经饬据政务厅签拟修正意见前来，提付公决案。

（决议）交林厅长、张参事审查。

二、省长交议，据政务厅案呈，准汪厅长、汪参事函，为奉交审查核计处呈拟裁制各机关迟送收支计算书类办法一案，拟议意见请转呈核办等由，转请核示前来，提付公决案。

（决议）照审查意见通过。

三、省长交议，关于黄××不服广东省建设厅铲除兴中会先烈坟场增嵌各字之处分，提起诉愿一案，经饬据政务厅依法作成决定书，提付公决案。

（决议）交张参事、陈院长审查。

四、省长交议，据粮食管理局呈，本局视察张石芝另有任用，请予免职，并派冯君业为本局视察案。

（决议）通过。

广东省政府
第八次省政会议录

日　期　四月二十二日

地　点　本府会议厅

出　席　陈耀祖　周应湘　汪宗准　林汝珩　张幼云　郭卫民
　　　　张国珍　黄子美　汪彦斌

列　席　（高等法院长）陈鸿慈　（宣传处长）林珈珉

主　席　除省长

纪　录　章启佑　区季鸾

报告事项

一、宣读第七次省政会议录。

二、省长报告，据粮食管理局呈，拟具修正三十二年早造管理土谷米规则草案，请核示等情，经准予备案。

三、省长报告，据财政厅呈，关于博罗县呈报，补助期满地方收入仍不敷支，请准继续补助一案，拟准由三十二年四月份起至九月底止，按照原奉核定国币五万元额继续补助，请核示等情，经准如拟办理。

四、省长报告，关于三水县政府呈，拟规复第四、五两行政区署，暨增编保安警察大队部及两中队，并设县府行署，附具各预算书请准如数补助一案，经饬据财政厅、警务处议复，拟补助国币六万零九十元，四月份以后，每月补助国币五万六千七百九十元，九折支付，至三十二年六月底止，除将扩展各区娱乐捐收入拨付外，不敷之数由省库照数补足等情，经准如拟办理。

讨论事项

一、省长交议，五月四日逢汪主席诞辰，谨本尊崇元首之意，拟举行癸未花甲同庆，经饬据政务厅拟具癸未花甲同庆赠送寿面办法前来，提付公决案。

（决议）修正通过，其庆祝仪式仍与中央及各地主办机关密切联络办理。

二、省长交议，据建设厅呈，拟请派林藻坤为本厅纺纱厂厂长案。

（决议）通过。

广 东 省 政 府
第九次省政会议录

日　　期　　四月二十九日

地　　点　　本府会议厅

出　　席　　陈耀祖　周应湘　江宗准　林汝珩　张幼云　郭卫民
　　　　　　张国珍　黄子美　汪彦斌

列　　席　　（高等法院长）陈鸿慈　（宣传处长）林珈珉

主　　席　　陈省长

纪　　录　　章启佑　区季鸢

报告事项

一、宣读第八次省政会议录。

二、省长报告，据政务厅签呈，拟于癸未花甲同庆赠送寿面办法第四条末增加一节，定为"各县政府对于距离县治较远之地方，得酌量情形，转饬该地区长择适当地点举行，届时并由该县府派员指导"，以期普遍等情，经准予照办。

讨论事项

一、省长交议，建设厅呈，据广州市物价评议委员会呈送评定糖油面等价格会议录，并条陈执行公价困难情形，究应如何办理转请核示等情，提付公决案。

（决议）交经济局计划实施。

二、省长交议，据政务厅签呈，谨依照本府各厅处处务规程之规定，拟具本府各厅处职员请假规则，请核示等情，提付公决案。

（决议）修正通过。

三、张参事、陈院长会提，奉交审查政务厅所拟黄××不服广东省建设厅铲除兴中会先烈坟场增嵌各字处分，提起诉愿之决定书一案，谨拟具审查意见，提请公决案。

（决议）照审查意见通过。

广 东 省 政 府
第十次省政会议录

日　　期　　五月六日

地　　点　　本府会议厅

出　　席　　陈耀祖　周应湘　林汝珩　张国珍　黄子美　汪彦斌

列　　席　　（高等法院长）陈鸿慈　（宣传处长）林珈珉
　　　　　　（财政厅秘书）卫永保　（建设厅秘书）何致虔
　　　　　　（警务处秘书）陈廷周

主　　席　　陈省长

纪　　录　　章启佑　区季鸢

报告事项

一、宣读第九次省政会议录。

讨论事项

一、省长交议，据财政厅呈，编缴广东省地方三十二年上半年度收支总分概算书，请转呈核定，并请将各机关经临费九成折支原案予以维持，俾纾库力等情，提付公决案。

（决议）通过。

二、省长交议，据财政厅呈，拟更定潮属沙田税率，并开征宝安县沙田税，拟定底额招商投承，请核示等情，提付公决案。

（决议）通过。

三、省长交议，据财政厅呈，拟恢复征收桂类及制成品专税，仍暂交省税局直接征解，附具征收章程请核示等情，提付公决案。

（决议）通过。

四、省长交议，警务处呈，据省会警察局呈，拟恢复征收广州市铺底警捐，附具征收办法转请核示等情，饬据财政厅呈复核议意见前来，提付公决案。

（决议）修正通过。

五、省长交议，据省粮食局呈报遵令改组成立，并参照省市粮食局组织条例，拟具该局组织暂行章程草案，请核示等情，提付公决案。

（决议）交周厅长、张厅长审查。

六、省长交议，据省振务委员会呈，拟具本会暂行办事细则暨购料委员会暂行章程，请核示等情，经饬据政务厅签注意见前来，提付公决案。

（决议）交林厅长、张参事审查。

七、省长交议，据政务厅案呈，准林厅长、张参事函，为奉交审查广东省出版社组织规程、出版品申请发行规程等草案一案，拟议意见请转钧核等由，转请核示前来，提付公决案。

（决议）照审查意见通过。

广 东 省 政 府
第十一次省政会议录

日　期　五月十三日

地　　点　本府会议厅

出　　席　陈耀祖　周应湘　林汝珩　张幼云　张国珍　黄子美
　　　　　汪彦斌

列　　席　（高等法院长）陈鸿慈　（财政厅秘书）卫永保
　　　　　（警务处秘书）陈廷周

主　　席　陈省长

纪　　录　章启佑　区季鸾

报告事项

一、宣读第十次省政会议录。

讨论事项

一、省长交议，据财政厅呈，奉饬遵照财政部改定烟酒牌照税税率办理一案，本省征收率应否参照另订，抑暂免更改之处，附具苏浙皖京沪改定税率与本省修正税率比较表，请核示等情，提付公决案。

（决议）仍沿用本省征收率。

二、省长交议，据建设厅呈，拟接收日商福大公司让渡长途汽车全部，附同契约书请核示等情，提付公决案。

（决议）通过。

三、省长交议，据建设厅呈，关于本省公路行车拟由本厅发给牌照，附具发给全省车辆牌照规则草案暨征费表，请核示等情，提付公决案。

（决议）原则通过，规则及实施办法交建设厅与广州市政府协商拟议呈核。

四、省长交议，据社会福利局呈，拟请派许梯云、朱建勋为本局秘书，杨秉鉴为第一科科长，陈炳霖为第二科科长，梁匡平为第三科科长，郑焦琴为第四科科长，莫培远、莫述文为视察案。

（决议）通过。

五、省长交议，据省振务委员会呈，拟请派朱寿添为本会秘书兼总务组组长，余心为筹振组组长，柳金围为救济院院长，华子勤为难童收容所所长案。

（决议）通过。

六、黄参事、陈院长会提，奉交审查政务厅所拟梁×不服番禺县政府所为批驳承耕处分，提起诉愿之决定书一案，谨拟具审查意见，提请公决案。

（决议）照审查意见通过。

广东省政府
第十二次省政会议录

日　期　五月二十日

地　点　本府会议厅

出　席　陈耀祖　周应湘　汪宗准　林汝珩　张幼云　张国珍

　　　　黄子美　汪彦斌

列　席　（高等法院院长）陈鸿慈　（警务处秘书）陈廷周

主　席　陈省长

纪　录　章启佑　区季鸾

报告事项

一、宣读第十一次省政会议录。

二、省长报告，据财政厅呈，本省契税减征展限经届期满，拟由三十二年五月八日起，照原定卖六典三税率十足征收，请核示等情，经准予备案。

讨论事项

一、省长交议，据财政厅、建设厅会呈，奉交审查省经济局办事细则草案一案，谨拟具审查意见，请核示等情，提付公决案。

（决议）照审查意见通过。

二、省长交议，据省经济局呈，拟具本局三十二年上半年度开办费、经常费、临时费各概算书，请核示等情，经饬据财政厅呈复核议意见前来，提付公决案。

（决议）照核议意见通过。

三、省长交议，据财政厅呈，拟依从价征税原则，从新核定各县地税率，附具税率表，请核示等情，提付公决案。

240

（决议）通过。

四、省长交议，据建设厅呈，遵令拟具广东省各市县土木建筑技师技副执业章程草案，请核示等情，提付公决案。

（决议）原则通过，并交广州市政府签注意见。

五、省长交议，据汕头市政府呈，拟规复本市不动产登记，附具实施办法及办理程序暨征收登记费表，请核示等情，提付公决案。

（决议）交汪厅长、陈院长审查。

六、省长交议，据汕头市政府呈，本市马路街道日久失修，拟酌量征收养路费，附具征收修建铺屋养路费临时简章，请核示等情，经饬据财政、建设两厅先后呈复核议意见前来，提付公决案。

（决议）（一）通过准照办。（二）所征养路费应专款存储以备养路之需，不得移作别用。

七、省长交议，据鸣崧纪念学校呈，拟将附连本校之明德里十九洞等地民房空屋空地，续行收用，扩充校舍，附具地亩图式及调查表，请核示等情，握付公决案。

（决议）通过。

八、周厅长、张厅长会提，奉交审查有〔省〕粮食局组织暂行章程草案一案，谨拟具审查意见，提请公决案。

（决议）照审查意见通过。

广 东 省 政 府
第十三次省政会议录

日　　期　　五月二十八日

地　　点　　本府会议厅

出　　席　　陈耀祖　周应湘　汪宗准　林汝珩　张幼云　郭卫民
　　　　　　张国珍　黄子美　汪彦斌

列　　席　　（高等法院长）陈鸿慈　（宣传处长）林珈珉

主　　席　　陈省长

纪　录　章启佑　区季鸾

报告事项

一、宣读第十二次省政会议录。

二、省长报告，据财政厅呈，关于惠阳县政府呈缴更正三十一年下半年度岁入岁出概算书，请察核一案，经转送省各市县地方预算审查委员会审查，认为该概算书半年收支均列一十万七千三百三十二元，似可准予备案等由，拟准照办，转请核示等情，经准予照办。

三、省长报告，财政厅呈，据南海县政府呈，请仍准设置佛山宅地税征收处，附同该处暂行规程草案暨经费预算表，请核示前来，拟准在留县宅地税款开支，并修正规程，转请核示等情，经准予照办。

四、省长报告，据卫生处呈，据省立传染病院呈缴火葬场三十二年上半年度岁出概算书，及临时开办费概算书，转请核示等情，经饬据财政厅核议认为尚无不合，惟开井工料应招商投承等情，经准如拟办理。

讨论事项

一、省长交议，据建设厅呈，关于农林处呈请由各县政府设置农事试验及示范场所一案，事属可行，经饬据该处拟具农事试验场组织章程、办法纲要及特约示范农场办法纲要，暨经临费概算表前来，转请核示等情，提付公决案。

（决议）交建设厅并入本省三年复兴建设计划内从新计划。

二、省长交议，据汕头市政府拟举办本市渔民登记，附具渔户声请换领登记证暂行办法，及登记证申请书式，请核示等情，经饬据财政厅呈复核议意见前来，提付公决案。

（决议）照核议意见通过，暂准照办。

三、省长交议，政务厅案呈，准财政、教育、建设三厅暨警务处函送关于各厅处处务规程之签注意见，转请核示等情，提付公决案。

（决议）照签注意见修正通过。文字仍交政务厅与有关厅处酌议整理。

四、省长交议，关于广仁第一围公司徐××等不服中山县政府所为布告保护佃农黄裕欢收获之处分，提起诉愿一案，经饬据政务厅依法作成决定书，提付公决案。

（决议）交陈院长、张参事审查。

五、省长交议，财政厅呈，据中山县政府呈，为期适应库支起见，拟自三十二年早造起，将本县征收沙田附加费每亩年征军票三元额增加百分之二十，应否照准转请核示等情，提付公决案。

（决议）通过准照办。

六、林厅长、张参事会提，奉交审查省振务委员会暂行办事细则，暨购料委员会暂行章程一案，谨拟具审查意见，提请公决案。

（决议）照审查意见通过。

广 东 省 政 府
第十四次省政会议录

日　　期　六月三日

地　　点　本府会议厅

出　　席　陈耀祖　周应湘　汪宗准　林汝珩　张幼云　郭卫民
　　　　　张国珍　黄子美　汪彦斌

列　　席　（高等法院长）陈鸿慈　（宣传处长）林珈珉

主　　席　陈省长

纪　　录　章启佑　区季鸾

报告事项

一、宣读第十三次省政会议录。

二、省长报告，据粮食局呈，为适应事实严密管理土谷米起见，拟具管理土谷米规则补充办法草案，请核示等情，经准予照办。

讨论事项

一、省长交议，据财政厅呈，关于城西方便医院请由本年七月份起，另在禁烟收入项下，按月发足经费国币十五万元一案，如戒烟药膏改归官办后，应否准予照拨，转请核示等情，提付公决案。

（决议）增拨振务会振款国币二十万元，方便医院补助赞交由该会考察拟定再呈核夺。

二、省长交议，据社会福利局呈，拟具本局暂行组织条例、办事细则各草案及组织系统表，请核示等情，经饬据政务厅将该组织条例并入办事细则，并签注修正意见前来，提付公决案。

（决议）交政务厅与教育、建设两厅研究职掌范围，呈候转呈中央核示。

三、省长交议，据建设厅呈，拟将本省公路批商分段承办，谨拟具批商承办全省各县公路行车呈请立案申请办法及申请书式，请核示等情，提付公决案。

（决议）暂由建设厅经营试办六个月。

广 东 省 政 府
第十五次省政会议录

日　期　六月十日

地　点　本府会议厅

出　席　陈耀祖　周应湘　汪宗准　林汝珩　张幼云　郭卫民
　　　　张国珍　黄子美　汪彦斌

列　席　（高等法院长）陈鸿慈　（宣传处长）林珈珉

主　席　陈省长

纪　录　章启佑　区季鸾

报告事项

一、宣读第十四次省政会议录。

讨论事项

一、省长交议，据广州市政府呈，关于大益公司呈请认饷开办本市人力货车捐，并拟议征费标准请核示一案，应否准予试办六个月，抑招商公投，转请核示等情，提付公决案。

（决议）（一）人力货车捐准予试办六个月。（二）由财政局直接征收。（三）照收入总额拨五分之一，为补助事业费及改善工人生活费，按月提交市社会局办理。

二、省长交议，关于区××不服广东省建设厅所为批驳承耕处分，

244

提起诉愿一案，经饬据政务厅依法作成决定书，提付公决案。

（决议）交陈院长、张参事审查。

三、省长交议，据财政厅呈，本厅视察员梁逸卿因病出缺，所遗视察员一职拟请派李德林充任案。

（决议）通过。

临时动议

一、省长交议，代理广东省卫生处处长梁金龄，拟着毋庸代理专责筹备省立医院事务，所遗卫生处长缺，派李其芬充任案。

（决议）通过。

二、省长交议，广东省卫生处副处长拟予裁撤，原任该处副处长王会杰，派为本省东区各市县防疫卫生事务专员案。

（决议）通过。

广 东 省 政 府
第十六次省政会议录

日　　期　六月十七日

地　　点　本府会议厅

出　　席　陈耀祖　周应湘　汪宗准　林汝珩　张幼云　郭卫民
　　　　　张国珍　黄子美　汪彦斌

列　　席　（高等法院长）陈鸿慈　　（宣传处长）林珈珉

主　　席　陈省长

纪　　录　章启佑　区季鸾

报告事项

一、宣读第十五次省政会议录。

二、省长报告，据粮食局呈，拟将粮食配给商店营业规则酌予修正，附同修正规则请核示等情，经予照准。

讨论事项

一、省长交议，关于省会警察局所拟维持警捐收入办法一案，经饬

245

据财政厅、警务处会呈核议意见前来，提付公决案。

（决议）照核议意见通过。

二、省长交议，据建设厅呈，为统理全省水陆舟车及各项交通事务起见，拟设立交通管理处，并将原设轮渡管理所裁并该处办理，附具组织章程草案暨开办费经常岁入岁出各概算书，请核示等情，除概算书交财政厅核议外，提付公决案。

（决议）设置交通管理处原则通过，组织章程交周厅长、黄参事审查。

广东省政府
第十七次省政会议录

日　期　六月二十四日

地　点　本府会议厅

出　席　陈耀祖　用应湘　汪宗准　张幼云　郭卫民　张国珍
　　　　黄子美　汪彦斌

列　席　（宣传处长）林珈珉　（教育厅秘书）陈致平

主　席　陈省长

纪　录　章启佑　区季鸾

报告事项

一、宣读第十六次省政会议录。

二、省长报告，据粮食局呈，本年早造收买各县土谷，公价拟定为每百斤中储券三百八十元，请核示等情，经予照准。

三、省长报告，派梁金龄为省立医院院长。

讨论事项

一、省长交议，据财政厅呈，关于经济局定期准许对港澳贸易商由市桥、太平两处与澳门互输物资，并须完纳省税方许输运一案，拟将该两处征税事宜，分饬番从花及东增省税局兼理，付〔附〕具征收专税暂行办法请察核备案等情，提付公决案。

（决议）通过准予备案。

二、省长交议，财政厅呈，据增城县政府呈，为保安警察队经费不敷，拟请准将征收县属产销品税率改为从值征税，附具税率表请核示一案，谨具意见转请核示等情，提付公决案。

（决议）照财政厅修正意见通过。

三、省长交议，据宣传处呈，遵令修正广东省无线电收音机制造贩卖及修理营业规程，并附拟贩卖修理营业许可证书等，请核示等情，提付公决案。

（决议）通过。

四、省长交议，中山县县长鲍文已另有任务，经予免职，遗缺调派东莞县县长卢宝水接充，递遗东莞县长缺，派黄恩澧署理，请追认案。

（决议）通过。

临时动议

一、省长交议，据警务处签呈，拟举办广东省保甲工作人员训练班，附具章程预算等请核示等情，提付公决案。

（决议）交周厅长、黄参事审查。

广 东 省 政 府
第十八次省政会议录

日　　期　七月一日

地　　点　本府会议厅

出　　席　陈耀祖　周应湘　汪宗准　林汝珩　张幼云　郭卫民
　　　　　张国珍　黄子美　汪彦斌

列　　席　（高等法院长）陈鸿慈　（宣传处长）林珈珉

主　　席　陈省长

纪　　录　章启佑　区季鸾

报告事项

一、宣读第十七次省政会议录。

二、省长报告，据财政厅呈，关于增城县政府入不敷支请继续援案补助一案，拟准由三十二年四月份起至九月底止，以六个月为限，每月实补助国币二万九千二百五十元，请核示等情，经准予备案。

讨论事项

一、省长交议，财政厅呈，据禁烟局呈，拟具各属禁烟专员办事处暂行组织规程草案，转请核示等情，提付公决案。

（决议）（一）通过。（二）查铲烟苗事宜仍饬由禁烟局切实办理。

二、省长交议，据卫生处签呈，拟将所辖中医赠诊所裁撤，并将原有经费拨充医疗所药费，请核示等情，提付公决案。

（决议）中医赠诊所仍应维持，至医疗所药费不敷应由该处另行计议。

三、省长交议，建设厅手工艺厂，对于核计处援引审计法第四十九条，及广东省各机关招商投承购置变卖物料，及营缮工程暂行章程第二条，适用于该厂出产品，提出异议，经饬据核计处呈复核议意见前来，提付公决案。

（决议）交周厅长、张厅长、黄参事审查。

四、周厅长、黄参事会提，奉交审查广东省建设厅交通管理处组织章程一案，谨具意见，连同拟具修正组织规程，提请公决案。

（决议）照所拟组织规程修正通过。

五、汪厅长、陈院长会提，奉交审查汕头市财政局不动产登记实施办法等一案，谨拟具审查意见，提请公决案。

（决议）照审查意见通过。

六、陈院长、张参事会提，奉交审查政务厅所拟广仁第一围公司徐××等不服中山县政府所为保护佃农黄裕欢收获处分，提起诉愿之决定书一案，谨拟具审查意见提请公决案。

（决议）照审查意见通过。

七、省长交议，派章启佑为本府政务厅秘书主任，王之光、潘绍枬、邬伯健、吴国祥、招启明、雷宝书为秘书，倪家祥为第一科科长，区季鸾为第二科科长，堵子华为第三科科长，禢炽而为第五科兼第四科科长，李星榆为第六科科长，汪彦斌兼会计室主任，龙公颖、杨熙为视察案。

（决议）通过。

临时动议

一、省长交议，顺德县县长王仲和调省，遗缺调派三水县县长孙绳武接充，递遗三水县长缺派麦坚石署理案。

（决议）通过。

广 东 省 政 府
第十九次省政会议录

日　期　七月八日

地　点　本府会议厅

出　席　陈耀祖　周应湘　林汝珩　张幼云　郭卫民　张国珍
　　　　黄子美　汪彦斌

列　席　（财政厅秘书）卫永保

主　席　陈省长

纪　录　章启佑　区季鸢

报告事项

一、宣读第十八次省政会议录。

讨论事项

一、省长交议，据经济局呈，谨遵奉颁战时物资移动暂行条例，拟具广东省战时物资移动取缔暂行章程暨施行细则，请核示等情，提付公决案。

（决议）修正通过。

二、省长交议，据经济局呈，拟设立广东省经济局各市县分局，附具组织暂行规程及办事细则草案，请核示等情，提付公决案。

（决议）组织章程修正通过，办事细则交周厅长、张厅长修正文字。

三、省长交议，据粮食局呈，拟依据辗谷商店管理规则，订定广东省粮食局所属辗谷商店代辗土谷办法及奖惩规则，请核示等情，提付公决案。

（决议）修正通过。

四、省长交议，据建设厅呈，奉饬与广州市政府协议本厅发给全省车辆牌照规则，及征费表一案，谨将协议结果复请核示等情，提付公决案。

（决议）通过，至领有本市牌照之车辆行驶范围，再交建议厅、广州市政府协议呈核。

五、省长交议，据省会暂管民业整理委员会呈，关于政府代建灾区铺屋，如从未租用或曾短期租出，业权人忽备价领管，其应纳地税应如何清理，请核示等情，经饬据政务厅签拟意见前来，提付公决案。

（决议）灾区铺屋在租出期间，应由民业会计给地租，地税仍由土地所有人缴纳。

六、陈院长，张参事会提，奉交审查政务厅所拟区××不服建设厅所为批驳承耕处分，提起诉愿之决定书一案，谨拟具审意见提请公决案。

（决议）照审查意见通过。

七、省长交议，据汕头市政府呈，本市府秘书兼第一科科长范爕、秘书兼第二科科长罗梓江业已辞职，拟请各予免职，并请派张绍昌为本市府秘书，姜明德为第一科科长，李学余为第二科科长案。

（决议）通过。

临时动议

一、省长交议，关于警务处呈拟广州市保甲编查实施计划大纲，暨保甲防卫团组织办法，及经临费预算书等一案，经饬据汪厅长、汪市长、黄参事、张参事会复审查意见前来，提付公决案。

（决议）照审查意见通过。

广 东 省 政 府
第二十次省政会议录

日　期　七月二十二日

地　点　本府会议厅

出　席　陈耀祖　周应湘　汪宗准　林汝珩　张幼云　郭卫民
　　　　张国珍　黄子美　汪彦斌

列　席　（高等法院长）陈鸿慈　（宣传处长）林珈珉

主　席　陈省长

纪　录　章启佑　区季鸾

报告事项

一、宣读第十九次省政会议录。

二、省长报告，据粮食局呈，为救济澳门华侨粮荒起见，拟准许商人每月由中山县就地领证办运土谷前往接济，附具运输办法请核示等情，经准照办。

三、省长报告，据财政厅呈，奉饬核议汕头市政府请将补助费减半核发一案，拟准由三十二年七月份起至十二月底止，每月补助国币一十七万七千七百七十七元七角八分，俾维政费，复请核示等情，经准如拟办理。

四、省长报告，据财政厅呈，奉饬核议南澳县政府以整理期间届满，地方款收不敷支，请准展缓留用代征国省税款一案，拟准展至本年十二月底止，将所有代征国省税悉数拨充该县政费，复请核示等情，经准如拟办理。

五、省长报告，据粮食局呈，拟组设新会县土谷收购委员办事处，附具收购办法，请核示等情，经予照准。

六、省长报告，已派郭卫民为广州市保甲编查委员会主任委员，冯壁峭为副主任委员，梁潮汇、骆用弧、朱祖成、何惺常、萧汉宗、植子卿、汪德靖为委员。

讨论事项

一、省长交议，据建设厅呈，奉饬将设置县立农事试验示范场，列入本省三年复兴建设计划内，从新计划一案，拟将此项工作列入该计划第一年下半年度实施，并酌将章程暨概算书等修正，复请核示等情，提付公决案。

（决议）（一）通过。（二）仍由建设厅主办。（三）经费列入三年复兴建设计划内。

二、省长交议，据经济局呈，以部颁工商业同业公会暂行条例，将工商两业合而为一，拟划分办理，附具广东省各种制造业登记规则，暨广东省经济局办理商业公司及商店登记整理办法各草案，请核示等情，提付公决案。

（决议）咨实业部核办。

三、省长交议，据经济局签呈，拟选择殷商集资组社采运薪炭竹木，附具组织章程，请核示等情，提付公决案。

（决议）交汪厅长、周厅长审查。

四、省长交议，据经济局呈，拟议广东省各机关公务员消费合作社章程，请核示等情，提付公决案。

（决议）消费合作社章程连同改善公务人员生活案，交汪厅长、林厅长、张厅长、黄参事审议。

五、省长交议，据卫生处呈，遵令拟具取缔旅馆及娱乐场所规则，复请核示等情，并附政务厅签注意见，提付公决案。

（决议）关于取缔旅馆及娱乐场所卫生事宜交卫生处妥拟章则，呈府核定，饬由警务处执行。

六、省长交议，据广州市政府呈，遵将建设厅所拟广东省各市县土木建筑技师技副执业章程签注意见，复请核示等情，经饬据政务厅签拟修正意见，并附改正章程前来，提付公决案。

（决议）（一）照广州市政府修正意见通过。（二）市政府所拟增补一条，照政务厅意见列为第五条。

七、省长交议，据建设厅呈，本厅技正兼秘书主任何致虔拟着毋庸兼职，遗职拟请调派第一科科长杨伯后接充，仍兼第一科科长职务；又拟请擢升技士邹焕新、曾广荣为技正案。

252

（决议）通过。

八、省长交议，据经济局呈，拟请派陈信畴、王振民为本局秘书，李俊明为第一科科长，卓耀铭为第二科科长，霍夏勋为第三科科长，高贞白为第四科科长，邝森机为技正，何品枢、连子诚、叶长春、李杰为技士，区声白、卓少波为视察案。

（决议）通过。

临时动议

一、省长提，宝安县县长李宝安另候任用，遗缺派彭志德署理并兼惠阳县县长案。

（决议）通过。

广 东 省 政 府
第二十一次省政会议录

日　期　七月二十九日

地　点　本府会议厅

出　席　陈耀祖　周应湘　汪宗准　林汝珩　张幼云　郭卫民
　　　　　张国珍　黄子美　汪彦斌

列　席　（高等法院长）陈鸿慈　（宣传处长）林珈珉

主　席　陈省长

纪　录　章启佑　区季鸾

报告事项

一、宣读第二十次省政会议录。

二、省长报告，据财政厅呈，关于东莞县政府拟裁撤秤佣，请将沙田附加征率增加以资调整一案，拟准由本年早造起，改为每亩年征中储券二十元，转请核示等情，经准予照办。

三、省长报告，据财政厅呈，奉饬核议建设厅交通管理处开办费、经常岁入岁出各概算书一案，除收入概算似可准予备案外，其余开办费及经常费概算书，谨拟议修正意见，请发还改编呈核，至开办费一项，并请饬在建设厅所领工商建设费拨付，经常费则由该处收入项下坐支抵解，复请核示等情，经准如拟办理。

讨论事项

一、张厅长、汪厅长、林厅长、黄参事会提，奉交审议经济局所拟各机关公务员消费合作社章程，暨改善公务人员生活一案，谨拟具审查意见，提请公决案。

（决议）照审查意见修正通过。

二、张厅长、周厅长、高参事会提，奉交审查核计处呈，拟核饬广东省建设厅手工艺厂发售物品，须照审计法第四十九条，及广东省各机关招商投承购置变卖物料，及营缮工程暂行章程第二条，各规定办理一案，谨拟具审查意见提请公决案。

（决议）照审查意见通过。

三、省长交议，据经济局呈，拟请派吴铄百为本局技士案。

（决议）通过。

四、省长交议，据社会福利局呈，本局秘书朱建勋呈请辞职，拟请准予免职，并请派张浪石为本局秘书案。

（决议）通过。

五、省长交议，据卫生处呈，本处秘书何若泉、黄耀堂，第二科科长伍自培，第三科科长陆如磋，技正罗承宝，技士黄绍纲、赵德荣，均呈请辞职，第一科科长陈琰英另有任用，拟请各予免职，并请派王孝若、黄鹤龄为本处秘书，保健股主任冯霁暂代第一科科长，陈琰英为第二科科长，王博文为第三科科长，伍廷伟为技士案。

（决议）通过。

临时动议

一、省长提，恢复设置揭阳、饶平两县县政府，并派张允荃署理揭阳县县长案。

（决议）通过。

广 东 省 政 府
第二十二次省政会议录

日　　期　八月五日

地　　点　本府会议厅

出　　席　陈耀祖　周应湘　汪宗准　张幼云　郭卫民　张国珍
　　　　　黄子美　汪彦斌

列　　席　（高等法院长）陈鸿慈　（宣传处长）林珈珉

主　　席　陈省长

纪　　录　章启佑　区季鸾

报告事项

一、宣读第二十一次省政会议录。

二、省长报告，据财政厅呈，关于宝安县政府补助费已届期满，请由三十二年七月份起照案继续补助六个月，以资维持一案，拟姑予照准转请核示等情，经准如拟办理。

三、省长报告，警务处呈，据省会警察局呈，拟将瞒报房捐警费处罚规则第一条，内载"即照所瞒数目十倍处罚"句之"十倍"二字，改为"三倍以上十倍以下"，以利施行，转请核示等情，经予照准。

讨论事项

一、省长交议，建设厅呈，关于农林处呈拟各县农林事业增产计划一案，除饬补具渔业计划外，转请核示等情，提付公决案。

（决议）原则通过，实施办法仍由建设厅计议再呈核夺。

二、省长交议，据广州市政府呈，本市府社会局督学室主任梁家杰呈请辞职，拟请准予免职，遗职并请派马玉麟允任案。

（决议）通过。

临时动议

一、省长交议，据建设厅呈，拟将东莞糖厂改由官商会办，筹备恢复，并自本年起将南海县土榨糖寮一律禁绝，以充糖厂原料，请核示等情，提付公决案。

（决议）交汪厅长、周厅长、张厅长、黄参事审查。

二、省长交议，据警务处呈，本处第二科科长凌广图、第三科科长陈智豪均另有任用，拟请各予免职，并请派达文泰为本处第一科科长，陈智豪为第二科科长，云天宇代理第三科科长案。

（决议）通过。

三、省长交议，警务处呈，据省会警察局呈，本局第二科科长黄天卓、第三科科长郑重均另有任用，拟请各予免职，并请派孔纬宇为本局第二科科长，黄天卓为第三科科长案。

（决议）通过。

广 东 省 政 府
第二十三次省政会议录

日　　期　　八月十二日
地　　点　　本府会议厅
出　　席　　陈耀祖　周应湘　汪宗准　林汝珩　张幼云　郭卫民
　　　　　　张国珍　黄子美　汪彦斌
列　　席　　（高等法院长）陈鸿慈　（宣传处长）林珈珉
主　　席　　陈省长
纪　　录　　章启佑　区季鸾

报告事项

一、宣读第二十二次省政会议录。

二、省长报告，据财政厅、经济局会呈，关于征收物资搬出入手续费及许可证印刷费暂行办法，经酌加修正，拟定期本年八月九日施行。至对港澳输出部分，并拟暂照旧征收千分之五，以资适应，请核示等情，经准予备案。

讨论事项

一、汪厅长、周厅长会提，奉交审查经济局签拟选择殷商集资组社采运薪炭竹木一案，经拟具审查意见，提请公决案。

（决议）审查意见交经济局参考，重行拟议呈候核夺。

二、张厅长、汪厅长、周厅长、黄参事会提，奉交审查建设厅拟恢复东莞糖厂，并自本年起禁绝南海等县土榨糖寮一案，谨拟具审查意见，提请公决案。

（决议）照审查意见通过。

广东省政府
第二十四次省政会议录

日　期　八月十九日

地　点　本府会议厅

出　席　陈耀祖　周应湘　汪宗准　林汝珩　张幼云　张国珍
　　　　黄子美　汪彦斌

列　席　（高等法院长）陈鸿慈　（宣传处长）林珈珉
　　　　（警务处秘书）陈廷周

主　席　陈省长

纪　录　章启佑　区季鸢

报告事项

一、宣读第二十三次省政会议录。

二、省长报告，据建设厅呈，遵令修正农事试验示范场组织章程、纲要，及经临费概算书，请核示等情，除农事试验场办事纲要第一条之下，应增列一条，"县农事试验场对于农事试验各事宜，应与县政府主管农事机关取得密切联络"外，余准备案。

三、省长报告，据财政厅呈，关于潮阳县政府请继续援案补助行政经费国币一万五千元一案，拟准由三十二年七月份起至十二月份止，继续照数补助，并照通案九成支付，转请核示等情，经予照准。

四、省长报告，据振务委员会呈，本会难童收容所所长华子勤另有任用，拟请准予免职，并请派曹仲平为本会难童收容所所长，华子勤为副所长等情，经予照准。

讨论事项

一、省长交议，建设厅呈，据交通管理处呈，拟将本省各县公路分段批商承办行车，附具立案申请办法，转请核示等情，提付公决案。

（决议）通过，准予试办，并修正文字。

二、省长交议，据经济局呈，拟具违反广东省战时物资移动取缔暂行章程罚则、广东省经济局处理违章没收物品章程，暨没收物品变价及罚款充赏暂行办法，请核示等情，提付公决案。

（决议）交张参事、汪参事审查。

三、省长交议，据粮食局呈，拟具更定广州市公务员配给米粮办法，请核示等情，提付公决案。

（决议）（一）办法修正通过。（二）关于审核公务员扶养家属，及外县公务员寄居省会之家属配给事宜，派张参事会同政务、财政、教育、建设各厅，暨警务处派员负责办理。

四、省长交议，据经济局呈，奉饬核议关于禁烟局呈，拟对于戒烟药料药膏请免受移动取缔一案，谨拟具意见复请核示等情，提付公决案。

（决议）交汪厅长审查。

五、省长交议，关于人力手车永平公司代表人李××等因不服广州市财政局饬将车租改用中储券所超余款缴局存储之处分，提起诉愿一案，经饬据政务厅依法作成决定书，提付公决案。

（决议）交陈院长、张参事审查。

临时动议

一、省长交议，据政务厅签呈，为适应现实需要，谨拟具广东省各机关购置公有物料及营缮工程暂行办法，请核示等情，提付公决案。

（决议）原则通过，交周厅长计划筹设委员会办理。

二、省长交议，派吴铭锋署理饶平县县长，请追认案。

（决议）通过。

广 东 省 政 府
第二十五次省政会议录

日　期　八月二十六日

地　点　本府会议厅

出　席　陈耀祖　周应湘　汪宗准　林汝珩　张国珍　汪彦斌

列　席　（高等法院长）陈鸿慈　（宣传处长）林珈珉
　　　　（建设厅秘书）杨伯后　（警务处秘书）陈廷周

主　席　陈省长

纪　录　章启佑　区季鸾

报告事项

一、宣读第二十四次会议录。

二、省长报告，据财政厅呈，奉饬核议广州市商会呈，关于税捐附加保甲经费，对于过去未缴税款请不予追加一案，所有八月一日以前之欠税，拟请准免附加，复请核示等情，经准如拟办理。

三、省长报告，据广州市政府呈报，遵令派员会同点收沙面三十六号屋内物件情形，并拟援案移交广东省银行接收清理，复请核示等情，经准如拟办理。

四、省长报告，据宣传处呈，拟定期本年八月二十五日起，一个月内补行无线电收音机登记，凡申请登记及换领新证者，一律征收手续费国币三十元，拨充纸张印刷费，请核示等情，经予照准。

五、省长报告，据张参事、黄参事签呈，奉交审查经济局呈拟违反广东省战时物资移动取缔暂行章程罚则等一案，经拟具审查意见，签请核示等情，经准予照办。

讨论事项

一、省长交议，据财政厅呈，关于禁烟局呈请仍设查铲烟苗委员会，附拟组织规程暨禁种烟苗查铲治罪规程草案，请核示一案，经将原呈规程修正转请核示等情，提付公决案。

（决议）（一）查铲烟苗事宜，由财政厅长督率禁烟局长、各县县长办理，毋庸设置委员会。（二）治罪规程交张参事、陈院长、周厅长审查。

二、省长交议，据建设厅呈，奉饬核议澄海县长请取缔高利贷款以维农民生活一案，拟将本省复兴建设三年计划内，举办肥田料耕具种籽贷款办法，提前实施，并请倍增贷款数额，附具原拟计划及办法复请核示等情，提付公决案。

（决议）交汪厅长、汪参事审查。

三、省长交议，据周厅长签呈，奉交计划筹设委员会审定各机关战时购料营缮一案，谨修正广东省各机关战时购置公有物料及营缮工程暂行办法，并附拟各机关营缮购料审定委员会组织规程，请核示等情，提付公决案。

（决议）照修正通过，并派周厅长为主任委员。

临时动议

一、省长交议，拟于本年十月十日禁绝全省赌博案。

（决议）通过。

广 东 省 政 府
第二十六次省政会议录

日　　期　九月二日
地　　点　本府会议厅
出　　席　陈耀祖　周应湘　汪宗准　林汝珩　郭卫民　林珈珉
　　　　　张国珍　汪彦斌
列　　席　（建设厅秘书）杨伯后
主　　席　陈省长
纪　　录　章启佑　区季鸢
报告事项

一、宣读第二十五次省政会议录。

二、省长报告，关于本省呈献国防献金六百一十三万四千九百十八元，并恳指定为扩张空军之用一案，现准国府文官处俭电，转奉国民政府感日明令嘉奖，并准如所请，以遂本省官民航空救国之愿。

三、省长报告，据经济局呈，为充裕薪炭木材来源，调节供求起见，拟招商投承采运薪炭木材，附具招投简章请核示等情，经准予照办。

四、省长报告，已派汪宗准、张幼云、林汝珩、汪彦斌为广东营缮购料审定委员会委员，陈熊璋为总干事。

讨论事项

一、省长交议，据财政厅呈，奉交审查禁烟局请求对于戒烟药料药膏免受移动取缔一案，谨拟具审查意见，拟请核示等情，提付公决案。

（决议）照审查意见通过。

二、省次〔长〕交议，据复兴广州市灾区委员会呈，拟重建西堤新市区，附具新市区土地及建筑物处理办法暨实施程序等，请核示等情，提付公决案。

（决议）原则通过。办法程序交陈院长、张参事审查。

广东省政府
第二十七次省政会议录

日　期　九月九日

地　点　本府会议厅

出　席　陈耀祖　周应湘　汪宗准　林汝珩　郭卫民　林珈珉
　　　　骆用弧　张国珍　黄子美　汪彦斌

列　席　（高等法院长）陈鸿慈　（建设厅秘书）扬伯后

主　席　陈省长

纪　录　章启佑　区季鸾

报告事项

一、宣读第二十六次省政会议录。

二、省长报告，据经济局呈，拟具广州市各机关消费合作社联合办事处简章，请核示等情，经准予照办，并饬从速通函各机关派员会同组织，以利进行。

三、省长报告，据广州市保甲编查委员会呈，关于警务处函，据省会警察局，拟具代办劝募保甲区内殷商特别捐助保甲经费实施办法一案，尚属可行，转请核示等情，经准予备案。

讨论事项

一、省长交议，据财政厅呈，拟请援案恢复东莞、潮安、澄海三县财政局，并由厅委任局长，请核示等情，提付公决案。

（决议）通过，潮阳县财政局一并恢复。

二、省长交议，关于琰福公司代表司徒××不服广州市政府批饬不准减免灾区建设附加费，呈请特准酌减一案，经饬据广州市政府呈复核议意见前来，提付公决案。

（决议）交汪厅长、张参事审查。

三、省长交议，据广州市政府呈，本市府专员曹宗培呈请辞职，拟请准予免职，并请派罗大文为本市府专员案。

（决议）通过。

临时动议

一、省长交议，据财政厅呈，本厅视察李裕楷另候任用，拟请准予免职，并请派蒋筠为本厅视察案。

（决议）通过。

广东省政府
第二十八次省政会议录

日　期　九月十六日

地　点　本府会议厅

出　席　陈耀祖　周应湘　汪宗准　林汝珩　郭卫民　林珈珉
　　　　骆用弧　张国珍　黄子美　汪彦斌

列　席　（高等法院长）陈鸿慈　（建设厅秘书）杨伯后

主　席　陈省长

纪　录　章启佑　区季鸾

报告事项

一、宣读第二十七次省政会议录。

讨论事项

一、省长交议，据陈院长、张参事、周厅长签呈，奉交审查禁烟局所拟禁种烟苗严加查铲及治罪规程一案，谨拟具审查意见复请核示等情，提付公决案。

（决议）照审查意见通过。

二、汪厅长、汪参事会提，奉交审查建设厅拟将本省复兴建设三年计划内，举办肥田料耕具种籽贷款办法，提前实施一案，谨拟具审查意见，提请公决案。

（决议）照审查意见通过。

三、省长交议，汪市长签呈，据社会局呈，本局第一课课长梁润桐呈请辞职，拟请准予免职，并请派袁国维为该局第一课课长，转请核示等情，提付公决案。

（决议）通过。

广东省政府
第二十九次省政会议录

日　期　九月二十三日

地　点　本府会议厅

出　席　陈耀祖　周应湘　汪宗准　林汝珩　汪　屺　张国珍
　　　　黄子美　汪彦斌　骆用弧

列　席　（高等法院长）陈鸿慈　（建设厅秘书）杨伯后

主　席　陈省长

纪　录　章启佑　区季鸾

报告事项

一、宣读第二十八次省政会议录。

二、省长报告，据财政厅呈，关于三水县政府以该县政费及扩展第四、五两区署暨保安警察队经费补助期满，请继续补助一案，拟姑准将该县政费由本年七月份起至九月底止，照案继续补助国币二万六千五百五十元，其扩展第四、五区补助赞，并准由七月份起至十月份止，仍照案继续补助国币五万一千一百一十一元，俾资维持，转请核示等情，经准如拟办理。

讨论事项

一、省长交议，关于江西会馆董事吴××等因不服广州市工务局批驳勒拆民居之处分，提起诉愿一案，经饬据政务厅依法作成决定书，提付公决案。

（决议）交张参事、陈院长审查

二、省长交议，据广州市政府呈，本市府财政局局长完谦因病辞职，拟请准予免职等情，拟予照准，并派堵子华为广州市财政局局长案。

（决议）通过。

三、省长交议，据宣传处呈，本处秘书余崧生、总务科科长麦德邻、指导科科长颜剑波呈请辞职，专员兼检查室主任曾天籁另有任用，拟请各予免职，并请派曾天籁为本处秘书，梁永桑为专员兼检查室主任，邓衍彬为总务科科长，李品廷为指导科科长案。

（决议）通过。

广 东 省 政 府
第三十次省政会议录

日　　期　　九月三十日

地　　点　　本府会议厅

出　　席　　陈耀祖　周应湘　林汝珩　汪　屺　林珈珉　骆用孤

张国珍　黄子美　汪彦斌

列　席　（高等法院长）陈鸿慈　（财政厅秘书）卫永保

　　　　　（建设厅秘书）杨伯后

主　席　陈省长

纪　录　章启佑　区季鸾

报告事项

一、宣读第二十九次省政会议录。

二、省长报告，据粮食局呈，遵令拟具本局谷米检验所办事规则草案，暨三十二年下半年度岁出经常费概算书，复请核示等情，经准予备案。

三、省长报告，据粮食局呈，拟将商农采运谷米输入广州市，由局以公价收购百分之二十五办法取销，请核示等情，经准予照办。

四、省长报告，据经济局呈，关于奉准戒烟药料药膏免受移动取缔一案，拟将规行物资移动取缔暂行章程第七条第八款条文，修正为"鸦片持有广东省禁烟局核给许可搬运证照，得毋须再领本局许可证予以通过"，请核示等情，经准照办。

五、省长报告，据财政厅呈，关于博罗县补助费期满，请自本年十月份起至三十三年六月底止准予援案继续补助一案，似可照准，转请核示等情，经准如拟办理。

讨论事项

一、省长交议，广州市政府呈，据财政局呈，拟请裁撤本市码头夫力费暨轮渡湾泊费，谨酌议善后办法，转请核示等情，提付公决案。

（决议）交汪厅长、汪处长审查。

二、汪厅长、张参事会提，奉交审查琰福公司代表司徒子衡呈请酌减灾区建设附加费一案，谨拟具审查意见提请公决案。

（决议）照审查意见通过。

三、张参事、陈院长会提，奉交审查重建西堤新市区土地及建筑物处理办法，暨实施程序一案，谨拟具审查意见，提请公决案。

（决议）交复兴灾区委员会参考重拟计划。

四、张参事、陈院长会提，奉交审查政务厅所拟关于永平公司代表李××等因不服广州市财政局饬将车租改用储券，所超余款解局存储之处分，提起诉愿之决定书一案，谨拟具审查意见，提请公决案。

（决议）照审查意见通过。

五、省长交议，据警务处汪处长签呈，本处秘书主任陈廷周、秘书王大干、第二科科长陈智豪、代理第三科科长云天宇、第四科科长黎春荣均另有任用，第一科科长达文泰另候任用，拟请各予免职，并请派章启科为本处秘书主任，鲍达堂为秘书，陈廷周为第一科科长，王仲和为第二科科长，陈智豪为第三科科长，何人魂为第四科科长案。

（决议）通过。

广 东 省 政 府
第三十一次省政会议录

日　期　十月七日

地　点　本府会议厅

出　席　陈耀祖　周应湘　汪宗准　林汝珩　汪　屺　林珈珉
　　　　张国珍　黄子美　汪彦斌　骆用弧

列　席　（高等法院长）陈鸿慈　（建设厅秘书）杨伯后

主　席　陈省长

纪　录　章启佑　区季鸾

报告事项

一、宣读第三十次省政会议录。

二、省长报告，据财政厅呈，关于从化县补助费期满请继续补助一案，拟准由本年七月份起至十二月底止，照案继续补助国币六万六千三百九十三元九角，十足支付，转请核示等情，经准如拟办理。

三、省长报告，据建设厅呈，遵令拟具广东省各县农林事业增产计划实施办法，暨补充办法，复请核示等情，经准予照办。

四、省长报告，财政厅呈，据从化县呈，请将该县警察局队长警增发一成薪饷及米津款，自本年四月份下半月起至八月份止，准由省库给领，应予照准，转请备案等情，经准如拟办理。

266

讨论事项

一、省长交议，据财政厅呈，拟请将南番中顺四属纱绸晒莨捐捐率倍征，饷额倍缴，以裕库收，请核示等情，提付公决案。

（决议）通过。

二、省长交议，据财政厅呈，本厅秘书莫伯闲已另有任用，请予免职，并请派石天池为本厅秘书案。

（决议）通过。

三、省长交议，据广州市政府呈，本市府秘书长薛逢瑛因病出缺，秘书兼会计室主任章启科、秘书鲍达棠、专员何人魂均请辞职，第一科科长梁朝栋、第二科科长陈友琴、专员李荫光均另有任用，拟请各予免职，并请派麦召伯为本市府秘书长，杨廉父为参事，李荫光、李财为秘书，麦益之为第一科科长，梁朝栋为第二科科长，何藻芹、陈友琴为专员，邝梦熊为会计室主任，湛宝銮为购料委员会总干事案。

（决议）通过。参事一员仍照组织法叙荐任级。

临时动议

一、省长交议，本府政务厅第三科科长堵子华已另有任用，应予免职，所遗科长一职，派陈肇镠接充案。

（决议）通过。

广 东 省 政 府
第三十二次省政会议录

日　期	十月十四日
地　点	本府会议厅
出　席	陈耀祖　周应湘　汪宗准　林汝珩　张幼云　林珈珉 张国珍　黄子美　汪彦斌　骆用孤
列　席	（高等法院长）陈鸿慈　（警务处秘书）章启科
主　席	陈省长
纪　录	章启佑　区季鸾

报告事项

一、宣读第三十一次省政会议录。

二、省长报告，据粮食局呈，拟请由本年十月十四日起，各等配给米价分别核减，请核示等情，经准予照办。

三、省长报告，广州市保甲编查委员会主任委员郭卫民呈请辞职，经予照准，遗职派警务处长汪屹兼任。

讨论事项

一、省长交议，据广东省会地方暂管民业整理委员会呈，关于人民投资建筑灾区，业主领回管业，发生建筑费争执时，拟先准业主照价领回，限期投资人呈请复核，将来如有变更，通知双方到会理妥，请核示等情，经饬据政务厅签注意见前来，提付公决案。

（决议）交张厅长、汪厅长、张参事审查。

二、省长交议，据广东敌产管理处呈，拟请派梁瑞泰兼任本处秘书，李次崧为秘书，蔡志卓为总务课课长，史元济为管理课课长，何文锦为财务课课长案。

（决议）通过。

临时动议

一、省长交议，据警务处呈，据省会警察局呈，拟请商准经济局令行土布公会提拨花纱三十二条，俾备款照公价配领制发长警冬季服装，转请核示等情，提付公决案。

（决议）交张厅长、黄参事、周厅长审查。

二、省长交议，三水县县长麦坚石应予免职，遗缺派倪家祥署理案。

（决议）通过。

三、省长交议，本府政务厅第一科科长倪家祥已另有任用，应予免职，所遗科长一职派徐少栋接充案。

（决议）通过。

广东省政府
第三十三次省政会议录

日　期　十月二十一日

地　点　本府会议厅

出　席　陈耀祖　周应湘　汪宗准　林汝珩　张幼云　汪　屺
　　　　林珈珉　张国珍　黄子美　汪彦斌　骆用弧

列　席　（高等法院长）陈鸿慈

主　席　陈省长

纪　录　章启佑　区季鸾

报告事项

一、宣读第三十二次省政会议录。

二、省长报告，据财政厅呈，关于顺德县政府以地方款收不敷支，编具收支概算简表请予补助一案，拟准由三十二年八月份起至十二月底止，按月在省经济局收入二五手续费项下，拨回该县补助费国币一十五万元，十足支付，转请核示等情，经准照办。

讨论事项

一、省长交议，据粮食局呈，拟取销指定商收谷制度，准许商人自由购运，谨拟具米粮统制办法改革实施方案，暨谷米运销管理暂行条例草案，请核示等情，提付公决案。

（决议）交张厅长、黄参事、张参事审查。

二、省长交议，关于广州市政府拟裁撤本市码头夫力费暨轮渡湾泊费一案，经饬据汪厅长、汪处长呈复审查意见，暨省会警察局拟具取缔码头夫力规则，暨执行办法前来，提付公决案。

（决议）照审查意见通过，取缔码头夫力规则暨执行办法准予备案。

三、省长交议，据广州市政府呈，拟请准由本年十月份下半月起，增加市立小学校长教员薪额，以资鼓励，请察核备案等情，提付公决案。

（决议）通过。并应由十一月份起。

广东省政府
第三十四次省政会议录

日　期　十月二十八日

地　点　本府会议厅

出　席　陈耀祖　周应湘　汪宗准　林汝珩　张幼云　汪　屺
　　　　林珈珉　张国珍　黄子美　汪彦斌　骆用弧

列　席　（高等法院长）陈鸿慈

主　席　陈省长

纪　录　章启佑　区季鸾

报告事项

一、宣读第三十三次省政会议录。

二、省长报告，据粮食局呈，前奉核准由局与商人共同经营玉糠榨油一案，现拟改由本局独资主办，并由该商人负责技术工作，请核示等情，经准予照办。

三、省长报告，据核计处呈，各机关造报月份支出计算书类篇幅繁赘，拟在不抵触法令范围内，将支出计算书类纸张略加节省，拟议办法四项请核示等情，经准予照办。

四、省长报告，据财政厅呈，奉饬核议饶平县政府请援例准将国省税暂留县用一案，查该县地方收入实属无多，所请留用国省税拟暂准试办半年，复请核示等情，经准如拟办理。

讨论事项

一、省长交议，关于开滦煤矿公司管有广州市八旗二马路货仓永租地权移转一案，饬据汪厅长、张参事会同审查拟具意见前来，提付公决案。

（决议）呈行政院核示。

二、省长交议，据财政厅呈，关于禁烟局呈拟修正处理烟案暂行办法一案，谨拟议意见连同原呈办法转请核示等情，提付公决案。

（决议）通过。

三、张参事、陈院长会提，奉交审查政务厅所拟关于江西会馆董事吴××等因不服广州市工务局批驳勒拆民居处分，提起诉愿之决定书一案，谨拟具审查意见，提请公决案。

（决议）照审查意见通过。

四、省长交议，东莞县县长黄恩澧辞职照准，应予免职，所遗县长缺，经调派增城县县长侯文安接充，递遗增城县县长缺，派朱则署理，请追认案。

（决议）通过。

临时动议

一、张厅长、黄参事、张参事会提，奉交审查粮食局所拟米粮统制办法改革实施方案，暨谷米运销管理暂行条例草案一案，谨拟具审查意见提请公决案。

（决议）照审查意见通过。

二、省长交议，据财政厅呈，为适应现实起见，拟具修正广东省公务员发给米津办法，请核示等情，提付公决案。

（决议）通过，由十一月份起试办三个月。

三、省长交议，据广州市政府呈，为各行商擅抽佣金，经召集各行商讨论，谨归纳众意拟具办法四项，请核示等情，提付公决案。

（决议）通过。

四、省长交议，拟增设省经济局副局长一职，并派欧道空充任案。

（决议）通过，呈行政院。

广东省政府
第三十五次省政会议录

日　期　十一月四日

地　点　本府会议厅

出　席　陈耀祖　周应湘　汪宗准　林汝珩　张幼云　汪　屺
　　　　张国珍　黄子美　汪彦斌　林珈珉　何惺常　骆用弧

列　席　（高等法院长）陈鸿慈

主　席　陈省长

纪　录　章启佑　区季鸾

报告事项

一、宣读第三十四次省政会议录。

二、省长报告，据粮食局呈，为供应省内军警及公务员米粮起见，拟由局派员收购配发，附具购谷专员办事规则草案请核示等情，经准予照办。

讨论事项

一、省长交议，据财政厅呈，拟具广东省地方三十二年下半年度收支总分概算书，请核示等情，提付公决案。

（决议）通过，呈行政院。

二、省长交议，据粮食局呈，为改革米粮统制办法，谨拟具米粮贩运商营业规则，暨修正粮食配给商营业规则、米粮配给商管理规则等，请核示等情，提付公决案。

（决议）交张厅长、黄参事、汪参事审查。

三、省长交议，据粮食局呈，拟议取缔自由贩卖米粮办法，请核示等情，提付公决案。

（决议）通过。

四、省长交议，关于省会警察局请饬经济局令行土布公会提拨花纱三十二条，俾备款照公价配领制发长警冬季服装一案，经饬据周厅长、张厅长、黄参事会拟审查意见前来，经准予照办请追认案。

（决议）通过。

五、省长交议，派鲍耀富为本府政务厅秘书案。

（决议）通过。

临时动议

一、省长交议，据粮食局呈，拟具各市县粮食分局组织暂行规程草案，请核示等情，提付公决案。

（决议）交张厅长、林厅长、黄参事审查。

广 东 省 政 府
第三十六次省政会议录

日　　期　十一月十一日

地　　点　本府会议厅

出　　席　陈耀祖　周应湘　汪宗准　林汝珩　张幼云　汪　屺
　　　　　林珈珉　何惺常　张国珍　黄子美　汪彦斌　骆用弧

列　　席　（高等法院长）陈鸿慈

主　　席　陈省长

纪　　录　章启佑　区季鸾

报告事项

一、宣读第三十五次省政会议录。

讨论事项

一、省长交议，据财政厅呈，谨拟订本省各机关编制三十三年上半年度及下半年度地方收支概算应行注意事项十则，请核示等情，提付公决案。

（决议）通过。

二、省长交议，据教育厅呈，关于公费留日学生鲍文清拟再继续研习三年并请续拨学费一案，似可照准转请核示等情，提付公决案。

（决议）通过，照准。

三、省长交议，警务处呈，据省会警察局呈，本局第一科科长保伯平、第三科科长黄天卓、督察长武备均另有任用，拟请各予免职，并请派黄天卓为本局第一科科长，武备为第三科科长，保伯平为督察长案。

（决议）通过。

四、省长交议，据卫生处呈，本处第二科科长陈琰英、第三科科长王傅文、代理第一科科长冯霁均另有任用，拟请各予免职，并请派陈琰英为本处第一科科长，王傅文为第二科科长，冯霁为第三科科长，何仲陶为技士案。

（决议）通过。

广 东 省 政 府
第三十七次省政会议录

日　期　十一月十八日

地　点　本府会议厅

出　席　陈耀祖　周应湘　汪宗准　张幼云　汪　屺　林珈珉
　　　　何惺常　张国珍　黄子美　汪彦斌　骆用弧

列　席　（高等法院长）陈鸿慈　（教育厅秘书）汪汉三

主　席　陈省长

纪　录　章启佑　区季鸾

报告事项

一、宣读第三十六次省政会议录。

二、省长报告，关于粮食局呈缴本年晚造购买土谷合约草案一案，饬据财政厅呈复核议意见前来，经准予照办。

三、省长报告，据广州市政府呈，本市府专员陈友琴呈请辞职，拟请准予免职等情，经予照准。

讨论事项

一、省长交议，据省立医院呈，为适应事实需要，拟将本院组织规程酌予修正，附具修正组织章程等请核示等情，提付公决案。

（决议）省立医院隶属于卫生处，现呈修正组织章程交政务厅卫生处审议。

二、省长交议，关于潮阳县政府拟将荒废民业由县暂管，附拟管理办法请核示一案，经饬政务厅拟议修正章程，并饬据财政厅呈复核议意见前来，提付公决案。

（决议）照财政厅核议意见修正通过。

三、省长交议，关于湛丽洋行副经理孔××因不服前广州市政府财政局核准承领观产之处分，提起诉愿一案，经饬据政务厅依法作成决定书，提付公决案。

（决议）交陈院长、张参事审查。

四、汪厅长、张厅长、张参事会提，奉交审查民业会呈拟人民投资建筑灾区业主领回管业缴费办法，暨政务厅签注意见一案，谨拟具审查意见，提请公决案。

（决议）照审查意见通过。

五、省长交议，据财政厅呈，本厅秘书石天池、视察李兆梁均另有任用，拟请各予免职，并请派陈友琴为本厅秘书，鲍耀雄为视察案。

（决议）通过。

六、省长交议，派邓启东为本府政务厅视察案。

（决议）通过。

七、省长交议，据广州市政府呈，本市府财政局秘书李次崧、第一课课长黄国文、第二课课长任彦藻均请辞职，拟请各予免职，并请派李宝銮为该局秘书，潘西堂为第一课课长，孙友糜为第二课课长案。

（决议）通过。

八、省长交议，番禺县县长陈公义呈请辞职，新会县县长虞息辅另有任用，经各予免职，并派虞息辅署理番禺县县长，林育秀署理新会县县长案。

（决议）通过。

广东省政府
第三十八次省政会议录

日　期　十一月二十五日

地　点　本府会议厅

出　席　陈耀祖　周应湘　汪宗准　林汝珩　张幼云　汪　屺
　　　　林珈珉　张国珍　黄子美　汪彦斌　何惺常　骆用弧

列　席　（高等法院长）陈鸿慈

主　席　陈省长

纪　录　章启佑　区季鸢

报告事项

一、宣读第三十七次省政会议录。

二、省长报告，关于柯子岭村长孙孟刚，请发扩充白云机场收用民地田亩产价及青苗损失一案，经饬据广州市政府财政局呈复收用田亩及青苗情形，并请援案每亩补给产价中储券八百元、青苗损失费一百七十元等情，经准予照办。

三、省长报告，据财政厅呈，关于三水县政府以补助期满请继续补助一案，除该县补助政费应毋庸议外，至扩展第四、五两区保安警察队，及行政区署补助赞，每月中储券五万一千一百一十元一节，拟准由本年十一月份起至三十三年一月底止，展限三个月，俾资维持，请核示等情，经准予照办。

四、省长报告，关于财特署函，准广东盐务管理处，请援案将食盐搬出入证由该处自行核发，免受经济局加戳验行一案，经饬据经济局呈复认为可行，并拟将广东省战时物资移动取缔暂行章程，第七条第六、七两款条文，酌予修正，附拟修正条文请核示等情，经准如该局所拟办理。

五、省长报告，据经济局呈，拟将招商运销薪炭竹木暂行办法酌予修正，附具修正办法请核示等情，经准予照办。

六、省长报告，关于本市人力货车业公会请求裁撤人力货车捐一案，经饬据广州市政府呈复核议意见认为可行，经准如拟办理。

讨论事项

一、省长交议，据粮食局呈，拟将前奉核准谷米运销管理暂行条例第十二条条文，酌予修正，附具修正条文请核示等情，提付公决案。

（决议）通过。照准。

二、林厅长、张厅长、黄参事会提，奉交审查各市县粮食分局组织暂行规程草案一案，谨拟具审查意见提请公决案。

（决议）照审查意见通过。

三、省长交议，警务处呈，据省会警察局呈，为适应现实需要，谨拟议本市码头夫力取缔管理补充办法，附具码头货物起卸工值表等，转请核示等情，提付公决案。

（决议）原则通过，现呈补充办法暨工值表等交周厅长、张参事、何局长审议呈核。

四、省长交议，据粮食局呈，拟具各市县粮食分局收购土谷暂行办法草案，请核示等情，提付公决案。

（决议）通过。

五、省长交议，据经济局呈，本局秘书陈信畴、第一科科长李俊明、第二科科长卓耀铭、第三科科长霍夏勋、技士叶长春均请辞职，视察区声白、技士何品枢均另有任用，技士连子诚另候任用，拟请各予免职，并请派石天池为本局秘书，李兆梁为第一科科长，区声白为第二科科长，何品枢为第三科科长，郑逊伯为视察，沈念祖为技士案。

（决议）通过。

广 东 省 政 府
第三十九次省政会议录

日　期　十二月二日
地　点　本府会议厅

出　　席　陈耀祖　周应湘　汪宗准　林汝珩　张幼云　汪　屺
　　　　　张国珍　黄子美　汪彦斌　林珈珉　骆用弧
列　　席　（高等法院长）陈鸿慈
主　　席　陈省长
纪　　录　章启佑　区季鸾

报告事项

一、宣读第三十八次省政会议录。

二、省长报告，关于广东省党部请由三十二年十一月份起，按月增拨补助费国币一万一千元一案，饬据财政厅核复认为可行，经准如拟办理。

三、省长报告，据财政厅呈，关于增城县政府补助期满请继续补助一案，拟准由三十二年十一月份起至十二月份止，按月继续补助国币二万九千二百九十元，转请核示等情，经准如拟办理。

四、省长报告，据粮食局呈，拟准各市县粮食分局核发县区内谷米运输证明书时，得按运输数量每土谷一百斤或米七十斤征收手续费，最多不得超过国币二元，以为各该分局经费，至该项运输证明书并拟由局印发，附具式样请核示等情，经准照办。

五、省长报告，关于建设厅呈转纺纱厂三十二年下半年度岁入岁出概算书，请核示一案，经饬据财政厅呈复核议意见前来，经准如拟办理。

六、省长报告，据财政厅呈，关于博罗县政府请求补助政费一案，拟准由三十二年十月十日起至三十三年六月底止，在征收二五税手续费项下，按月拨补国币八千元十足支付，请核示等情，经准如拟办理。

讨论事项

一、省长交议，关于行政院指饬修正广州市保甲编查实施计划大纲，及实施办法等一案，其保甲费一项，经饬据财政厅拟议意见前来，提付公决案。

（决议）照拟议第三项办法通过，呈行政院核示。

二、周厅长、李处长会提，奉交审查修正省立医院组织章程一案，谨拟具审查意见提请公决案。

（决议）照审查意见通过。

278

三、张厅长、黄参事、汪参事会提，奉交审查粮食局所拟米粮贩运商营业规则，及修正粮食配给商营业规则等一案，谨拟具审查意见提请公决案。

（决议）照审查意见通过。

四、周厅长、张参事、何局长会提，奉交审查省会警察局所拟广州市码头夫力取缔管理补充办法，及码头货物起卸工值表等一案，谨拟具审查意见，提请公决案。

（决议）照审查意见通过。

五、省长交议，据教育厅呈，本厅秘书主任陈致平呈请辞职，秘书汪汉三另有任用，拟请各予免职，并请派汪汉三为本厅秘书主任，黄永振为秘书案。

（决议）通过。

六、省长交议，据汪厅长签呈，本厅第三科科长欧道空已另有任用，请予免职，并请派陶传礼为本厅第三科科长案。

（决议）通过。

临时动议

一、省长交议，据省立医院呈，拟具本院编制表暨经常费支付预算书，请核示等情，提付公决案。

（决议）交财政厅审查。

广 东 省 政 府
第四十次省政会议录

日　期　十二月九日

地　点　本府会议厅

出　席　陈耀祖　汪宗准　林汝珩　张幼云　汪　屺　张国珍
　　　　黄子美　汪彦斌　林珈珉　何惺常　骆用弧

列　席　（高等法院长）陈鸿慈

主　席　陈省长

纪　　录　章启佑　区季鸾

报告事项

一、宣读第三十九次省政会议录。

二、省长报告，据财政厅呈，关于澄海县政府以补助期满请继续补助一案，拟准由三十三年一月份起至六月份止，继续按月补助国币一万元，请核示等情，经准如该厅所拟办理。

三、省长报告，据经济局呈，本局秘书王振民因病辞职，拟请准予免职等情，经予照准。

四、省长报告，奉行政院令派黄克明为本府清乡事务局局长。

讨论事项

一、省长交议，据经济局呈，为广州市花纱业公会配纱不公，奉饬切实整顿一案，谨拟具广州市花纱同业公会整理暂行办法，复请核示等情，提付公决案。

（决议）通过，照准。

二、省长交议，建设厅呈，据侨商董锡光呈，请援照顺德糖厂批商承办案，准予承办东莞糖厂并请增加批期，转请核示等情，提付公决案。

（决议）交汪局长、黄参事审查。

三、省长交议，经派冯少华为本府清乡事务局第一科科长，胡国华为第二科科长，请追认案。

（决议）通过。追认。

广 东 省 政 府
第四十一次省政会议录

日　　期　十二月十六日

地　　点　本府会议厅

出　　席　陈耀祖　汪宗准　林汝珩　张幼云　张国珍　黄子美
　　　　　汪彦斌　何惺常　骆用弧

列　　席　（高等法院长）陈鸿慈

主　席　陈省长

纪　录　章启佑　区季鸾

报告事项

一、宣读第四十次省政会议录。

二、省长报告，据财政厅呈，为拟订三十三年上半年度预算未成立前暂行救济办法五项，请核示等情，经准予照办。

三、省长报告，据财政厅呈，关于从化县政府以地方收入支绌，请将经征临时地税解库部分，由本年九月份起留县支用一案，经予照准转请备案等情，经准予备案。

讨论事项

一、省长交议，据经济局呈，为现行各县火柴配给暂行办法未尽完善，谨从新拟订火柴配给办法草案，请核示等情，提付公决案。

（决议）通过试办。

二、省长交议，关于顺德制糖厂裕农公司请将该厂本年度制成品及桔水实施配给一案，经饬据建设厅经济局呈复计议意见前来，提付公决案。

（决议）所有该厂制成品及桔水，暨该厂所交蔗农抵蔗价之制成品，均由政府给价收购统制配给。

三、省长交议，经派罗电威为本府清乡事务局秘书，李德林为第三科科长，请追认案。

（决议）通过。

四、省长交议，警务处呈，据省会警察局呈，拟请派张复兴为该局第四科科长案。

（决议）通过。

临时动议

一、省长交议，关于复兴广州市灾区委员会遵令重拟重建西堤新市区及建筑物处理办法一案，经再饬据张参事会同陈院长签注意见前来，提付公决案。

（决议）（一）西堤灾区土地由政府公定价格以现款收购。（二）灾区马路应从新计划，交由该灾区委员会速行计议呈核。（三）由该灾区委员会调查土地价格，一面布告灾区各业主登记业权，凡每一业主申请登记后，即由申请日起以一个月为调查期间，调查完毕，契据确实，依次发给地价，倘有异议得重行申请再派员调查。（四）复兴灾区委员会收购土地费及工程费，约需国币一千万元，由灾区委员会向省银行商借，以广州市政府收入市税作抵广东省财政厅担保。（五）工程开始后一个月，即将重划各地段公布开投。（六）复兴灾区一切款项收支设特别会计经理之。（七）复兴工程完毕，所有投变地价除开支工程费及已发收购地价外，如获纯益，即按照原有各地段面积分别比例发给各业主。

广东省政府
第四十二次省政会议录

日　　期　十二月二十三日

地　　点　本府会议厅

出　　席　陈耀祖　汪宗准　林汝珩　张幼云　汪　屺　张国珍
　　　　　黄子美　汪彦斌　林珈珉　何惺常　骆用弧

列　　席　（高等法院长）陈鸿慈

主　　席　陈省长

纪　　录　章启佑　区季鸾

报告事项

一、宣读第四十一次省政会议录。

二、省长报告，据财政厅呈，奉饬核议东亚联盟中国总会广州分会请增拨补助费，以为属员米津一案，拟准由本年十一月份起，每月增加补助费国币五千元，九折支付，由该分会自行支配，复请核示等情，经准如拟办理。

三、省长报告，据财政厅呈，关于宝安县政府以补助期满，地方贫瘠收不敷支，请准继续补助一案，拟准由三十三年一月份起至六月底止，照案每月拨补国币四万五千八百八十二元，十足支付，转请核示等情，经准如拟办理。

四、省长报告，派许少荣兼任广东省粮食局东区潮汕分局局长。

讨论事项

一、省长交议，据财政厅呈，关于教育厅函送南海县政府呈拟征收佛山市娱乐附加教育经费办法，请核复一案，查尚妥协，似可准予照办，请核示等情，提付公决案。

（决议）通过照准。

二、省长交议，据建设厅呈，关于商人梁荣呈请承办广州至东圃线的士载客一案，经饬据交通管理处核议，认为与省营收益无碍，应否照准转请核示等情，提付公决案。

（决议）交黄参事、张参事审查。

三、省长交议，据建设厅呈，为发展交通事业起见，拟购小火轮及大型帆船共三艘，计需国币三百七十七万七千七百七十七元七角，请派员评价等情，提付公决案。

（决议）通过，派汪局长参加评价。

四、汪局长、黄参事会提，奉交审查侨商董锡光请援照顺德糖厂批商承办案，准予承办东莞糖厂并请增加批期一案，谨拟具审查意见，提请公决案。

（决议）由政府自办。

五、张参事、陈院长会提，奉交审查政务厅所拟湛丽洋行副经理孔××因不服前广州市政府财政局核准承领观产处分，提起诉愿之决定书一案，谨拟具审查意见，提请公决案。

（决议）照审查意见通过。

六、省长交议，经派陈柏年为本府清乡事务局秘书，陈观祥、王寄文为荐任科员，请追认案。

（决议）追认。

七、省长交议，据建设厅呈，拟请派关伟雄为本厅交通管理处主任案。

（决议）通过。

广 东 省 政 府
第四十三次省政会议录

日　期　十二月三十日

地　点　本府会议厅

出　席　陈耀祖　周应湘　汪宗准　林汝珩　张幼云　汪　屺
　　　　张国珍　黄子美　汪彦斌　林珈珉　何惺常　骆用弧

列　席　（高等法院长）陈鸿慈

主　席　陈省长

纪　录　章启佑　区季鸾

报告事项

一、宣读第四十二次省政会议录

讨论事项

一、省长交议，据财政厅呈，为奉交审查省立医院经常费支付预算书一案，谨拟具审查意见复请核示等情，提付公决案。

（决议）照审查意见通过。

二、省长交议，据经济局呈，拟附设贸易部，专责经营由港澳换回特种物资推销事宜，附具规程草案请核示等情，提付公决案。

（决议）通过照准。

三、省长交议，广州市政府呈，据财政局呈，为本市承领马路骑楼地章程及清理废街办法，所定地价额未尽适合，拟酌予修正，谨拟议意见，连同原修正章程及办法转请核示等情，提付公决案。

（决议）交张参事会同陈院长审查。

四、省长交议，据财政厅呈，本厅视察李德林已另有任用，请予免职，并请派高敏为本厅视察案。

（决议）通过。

五、省长交议，据建设厅呈，本厅秘书主任兼第一科科长杨伯后拟请免去兼职，并请派叶长春为本厅第一科科长，王振民为技正案。

284

（决议）通过。

广东省政府
第四十四次省政会议录

日　期　民国三十三年一月六日

地　点　本府会议厅

出　席　陈耀祖　周应湘　汪宗准　林汝珩　张幼云　汪　屺
　　　　张国珍　黄子美　汪彦斌　林珈珉　何惺常　骆用弧

列　席　（高等法院长）陈鸿慈

主　席　陈省长

纪　录　章启佑　区季鸾

报告事项

一、宣读第四十三次省政会议录。

讨论事项

一、省长交议，据经济局呈，关于本局呈缴广州市土布织造业同业公会合格及不合格会员名册，奉发钧会咨议方福生等调查报告，饬令参考一案，谨将重新调查结果附拟广州市土布织造厂管理暂行规则，复请核示等情，提付公决案。

（决议）通过。

二、省长交议，据宣传处呈，拟具没收无线电收音机补充暂行办法，及取缔无线电收音机罚款处置暂行办法，请核示等情，提付公决案。

（决议）通过。

三、省长交议，据经济局呈，汕头市经济分局局长雷季然办理不善，请予免职，所遗分局长一职并请派郑逊伯充任案。

（决议）通过。

四、省长交议，经派谢伯英为本府清乡事务局荐任科员，请追认案。

（决议）通过。

广 东 省 政 府
第四十五次省政会议录

日　期　一月十三日

地　点　本府会议厅

出　席　陈耀祖　周应湘　汪宗准　林汝珩　张幼云　汪　屺
　　　　张国珍　黄子美　汪彦斌　林珈珉　何惺常　骆用弧

列　席　（高等法院长）陈鸿慈

主　席　陈省长

纪　录　章启佑　区季鸾

报告事项

一、宣读第四十四次省政会议录。

二、省长报告，据财政厅呈，关于东莞县政府以推进建设救济事业，请准在搬入物资二五手续费项下，每月拨助一案，拟准由三十三年一月份起至四月份止，每月补助国币十万元，十足支付，转请核示等情，经予照准。

三、省长报告，据财政厅呈，关于从化县政府以补助期满，请援案继续补助一案，拟准由三十三年一月份起至六月份止，照案合并补助国币七万四千八百五十八元九角，十足支付，俾资维持，转请核示等情，经准如拟办理。

四、省长报告，关于南澳县政府以整理期满地方款仍收不敷支，请准展缓留用代征国省税，或援照补助各县成案，按月补助四万元一案，经饬据财政厅呈复核议意见，认为可由三十三年一月份起至六月底止，准予展缓留用代征国省税等情，经准如拟办理。

五、省长报告，据广州市政府呈，本市府工务局技正兼第一课课长周傅文呈辞本兼各职，请准免职等情，经予照准。

讨论事项

一、省长交议，关于汕头市政府以补助期满拟议筹抵市政经费办法，请核示一案，当经饬据财政厅呈复核议意见前来，除所拟意见第三项应准照办外，其余第一、二两项提付公决案。

（决议）照核议意见通过。

二、省长交议，据建设厅呈，为保护造林事业起见，请谨拟广东省各县市造林奖惩暂行办法草案，请核示等情，提付公决案。

（决议）通过。

三、黄参事、张参事会提，奉交审查关于建设厅呈，据商人梁荣呈，请承办广州市至东圃线的士载客，暨拟将批商承办全省各县公路行车办法从新修正，附具修正办法请示两案，谨拟具审查意见提请公决案。

（决议）照审查意见通过。

临时动议

一、省长交议，关于本省公务人员发给米津办法试办满期，由二月份起应另行订定，俾资改善，拟交政务厅，财政厅会同妥议办法，提会审议案。

（决议）通过。

二、省长交议，本府所属各机关批商承办各项捐税、工厂、公路行车等，承办时间均以一年为限，如有特别情形须要超过一年期艰，须专案呈府校准案。

（决议）通过。

三、省长交议，拟设置清乡行政人员训练所，并派周片长兼任所长案。

（决议）通过。

四、省长交议，周厅长请辞广东省营缮购料审定委员会主任委员，应予照准，仍派充该会委员，至所遗主任委员一职，派本府参事张国珍兼任案。

（决议）通过。

广东省政府
第四十六次省政会议录

日　期　一月二十日

地　点　本府会议厅

出　席　陈耀祖　周应湘　汪宗准　林汝珩　张幼云　汪　屺

　　　　张国珍　黄子美　汪彦斌　林珈珉　何惺常　骆用弧

列　席　（高等法院长）陈鸿慈

主　席　陈省长

纪　录　章启佑　区季鸾

报告事项

一、宣读第四十五次省政会议录。

二、省长报告，据粮食局呈报，查获贩运商公发行等买卖期货米粮情形，连同拟处办法请核示等情，经准如拟办理。

三、省长报告，据经济局呈，拟具各县市经济分局及派出所暨各县经济科每月经常费预算书，请核示等情，经饬据财政厅复呈核议意见前来，经准如该厅所拟办理。

四、省长报告，广州市政府呈，据财政局呈，遵令拟具广州市猪牛鲜果咸货鲜鱼鳞介等捐开投及征收章程，暨税捐评价委员会组织规程，转请备案等情，经准予备案。

五、省长报告，据教育厅呈，拟由三十三年一月份起，所有省立各校校长薪俸，每月每员增加军票额一百元，以示优厚，请核示等情，经准予照办。

六、省长报告，据振务委员会呈，本会筹振组组长余心、救济院院长柳金围、难童收容所副所长华子勤均另有任用，拟请各予免职，并请派柳金围为本会筹振组组长，余心、华子勤为视察等情，经予照派。

讨论事项

一、省长交议，据周厅长、汪厅长签呈，奉交计议本省公务人员发给米津办法一案，谨拟议意见复请核示等情，拟准予试办案。

（决议）修正通过。

二、省长交议，据财政厅呈，奉饬核议警务处所拟提高长警生活办法一案，谨拟议甲乙两项办法请择定施行等情，提付公决案。

（决议）（一）每日每员发米十六两，不收米价。（二）余照甲项办法办理。（三）试办日期由一月十六日起至四月底止。（四）军警同等待遇。

三、省长交议，据财政厅呈，奉饬核议建设厅拟订各县政府经理肥料农具种子贷款规则一案，谨拟具核议意见复请核示等情，提付公决案。

（决议）通过。

四、省长交议，据省会警察局呈，奉饬拟议节约电力办法一案，谨拟具节约电力取缔规则草案，复请核示等情，提付公决案。

（决议）交建设厅、政务厅审查。

五、省长交议，据建设厅呈，拟筹设酒精厂，附具计划暨开办费预算书，岁入岁出概算书等，请核示等情，提付公决案。

（决议）通过。预算书表交财政厅审查。

六、省长交议，据财政厅呈，本厅秘书邹海平呈请辞职，拟请准予免职，并请派魏洵为本厅秘书案。

（决议）通过。

七、省长交议，据经济局呈，本局视察郑逊伯已另有任用，请予免职，并请派朱镇寰为本局视察案。

（决议）通过。

临时动议

一、省长交议，据粮食局呈，关于顺德制糖厂制成品如何定价收购，应加调整基金若干，暨蔗农抵偿蔗价之制成品应如何定价收购，请核示等情，提付公决案。

（决议）交财政厅、建设厅核议。

二、省长交议，据粮食局呈，拟具本局糖类配给暂行办法，糖类配给店申请登记营业管理规则、各县分局兼办食糖配给暂行办法等草案，请核示等情，提付公决案。

（决议）通过。

广东省政府
第四十七次省政会议录

日　期　一月二十八日

地　点　本府会议厅

出　席　陈耀祖　周应湘　汪宗准　林汝珩　张幼云　汪　屺
　　　　张国珍　黄子美　汪彦斌　林珈珉　何惺常　骆用弧

列　席　（高等法院长）陈鸿慈

主　席　陈省长

纪　录　章启佑　区季鸾

报告事项

一、宣读第四十六次省政会议录。

讨论事项

一、省长交议，据财政厅呈，拟将各县市屠猪牛捐征率改为值百征三，请核示等情，提付公决案。

（决议）通过。

二、省长交议，据建设厅呈，拟具广东省各县堤工考成暂行办法草案，请核示等情，提付公决案。

（决议）通过，关于法律部分交陈院长审查。

三、省长交议，据建设厅呈，拟具士敏土营业规则及限制士敏土搬出办法，请核示等情，提付公决案。

（决议）通过。

四、省长交议，据财政厅呈，拟具各县市田地评价委员会组织暂行章程及组织经费表，请核示等情，提付公决案。

（决议）交张参事、周厅长审查。

五、省长交议，据广东省大东亚青年会馆筹备委员会呈，拟具本会馆规程草案及预算书，暨拟定馆址，请核示等情，提付公决案。

（决议）通过，预算书交财政厅审查。

六、省长交议，关于广州市防空指挥部筹划建筑防空避弹壁工程费一案，经饬据广州市政府，拟议广州市各商民摊派建筑防空避弹壁工程费数目表前来，提付公决案。

（决议）（一）现已建筑之防空壁准免征费，支出工价并准由市政府作正报销。（二）以后增筑防空壁所需经费，应由防空壁附近居民分户摊派。

七、省长交议，据财政厅、经济局会呈，为市面买卖黄金期货影响金融，拟遵实业部电，将该业由本经济局实行管理，除饬该业店号来局登记，并饬金业公会依例改组外，谨会拟金银首饰业商店管理暂行规则草案，请核示等情，提付公决案。

（决议）交张参事、黄参事审查。

临时动议

一、省长交议，据财政厅、建设厅会呈，奉交核议关于顺德制糖厂制成品如何定价，应加调整基金若干，暨蔗农抵偿蔗价之制成品定价收购一案，谨拟具核议意见复请核示等情，提付公决案。

（决议）修正通过。

二、省长交议，据建设厅、政务厅会呈，奉交审查省会警察局呈拟节约电力取缔规则一案，谨拟具审查意见，连同修正限制电气消费取缔规则，复请核示，提付公决案。

（决议）修正通过。

广东省政府
第四十八次省政会议录

日　期　二月三日
地　点　本府会议厅
出　席　陈耀祖　周应湘　汪宗准　林汝珩　张幼云　汪　屺
　　　　张国珍　黄子美　汪彦斌　林珈珉　何惺常　骆用弧

列　席　（高等法院长）陈鸿慈

主　席　陈省长

纪　录　章启佑　区季鸾

报告事项

一、宣读第四十七次省政会议录。

二、省长报告，关于修正广州市保甲编查实施计划各项规程草案，经呈奉行政院令准备案，至附征省市税捐借充保甲经费，并奉准照办。

三、省长报告，据财政厅呈，为三十三年一月份各机关员役米津，拟仍照三十二年下半年度预算所定职员名额薪额核发，请核示等情，经决予照办。

四、省长报告，据财政厅呈，关于揭阳县政府呈缴三十二年下半年度县地方款岁入岁出经常赞概算书，请准照不敷数目予以补助一案，拟准由三十三年一月份起至六月底止，除由该县代征国省税项下，悉数拨补坐支抵解外，不敷时再由省库补足，以国币二万四千元为最高限额，请核示等情，经准如拟办理。

讨论事项

一、省长交议，据广州市政府呈，关于公〔工〕务局拟将现征各种车辆牌照费额另行改订，并由本年度起照新额征收一案，谨将该饬情形，连同原缴改订各种车辆牌照费额预定表等，转请核示等情，提付公决案。

（决议）交财政厅审查，并与有关机关联络。

二、省长交议，据复兴广州市灾区委员会呈，奉饬计划西堤灾区马路及调查土地价格等一案，谨拟议意见，连同西堤通路及建筑地段平面图，暨该区内保留及应拆卸铺户调查表，复请核示等情，提付公决案。

（决议）通过，呈行政院备案。

三、张参事提，奉饬会同陈院长，审查广州市政府财政局拟，酌予修正承领马路骑楼地简章及清理废街办法一案，谨拟具审查意见提请公决案。

（决议）照审查意见通过。

临时动议

一、省长交议，饬据政务厅，拟具修正广东省建设厅交通管理处组织规程草案前来，提付公决案。

（决议）修正通过。

二、省长交议，建设厅交通管理处主任关伟雄另有任用，应予免职，并派容启文为建设厅交通管理处处长案。

（决议）通过。

三、省长交议，广州市政府财政局局长堵子华辞职照准，所遗局长一职拟派邬伯健充任案。

（决议）通过。

广 东 省 政 府
第四十九次省政会议录

日　　期　二月十日

地　　点　本府会议厅

出　　席　陈耀祖　用应湘　汪宗准　林汝珩　张幼云　汪　屺
　　　　　张国珍　黄子美　汪彦斌　林珈珉　何悝常　骆用弧

列　　席　（高等法院长）陈鸿慈

主　　席　陈省长

纪　　录　章启佑　区季鸾

报告事项

一、宣读第四十八次省政会议录。

二、省长报告，关于宝安县政府呈报办理扩编保安警察队情形，请照前呈预算数目拨助一案，经先后饬据财政厅警税处核复，认为可准成立一个中队，并按月由省库拨补经费八千五百四十元七角，另一次过拨补开办临时费，国币八万三千零七十元，九折支付等情，经准如拟办理。

三、省长报告，据建设厅呈缴该厅酒精厂租用南华酒精厂址及所有机器家具合约书，请核示等情，经准予照办。

四、省长报告，据财政厅呈，关于三水县政府扩展四、五区经费补助期满，请准继续补助一案，拟准由三十三年二月份起至四月底止，准予照案每月补助国币五万一千一百一十一元，期满不得再请补助，转请核示等情，经准如拟办理。

讨论事项

一、省长交议，据汪厅长、周厅长签复，奉饬核议广东省银行对于政府放款最高利率一案，拟议规定不得超过六厘，是否可行请核示等情，提付公决案。

（决议）通过。

二、省长交议，据经济局呈，为本市火柴业同业公会会员，查有组织不健全者，经饬撤销其配给权利，谨拟具广州市火柴业商店管理暂行规则草案，请核示等情，提付公决案。

（决议）修正通过。

三、省长交议，据经济局呈，遵谕拟议战时公务员宴会中西菜价格，复请核示等情，提付公决案。

（决议）通过。

四、省长交议，据周厅长、张参事签呈，奉交审查财政厅所拟各县市田地评价委员会给织暂行章程及经费表一案，谨拟具审查意见，连同修正章程及经费表请核示等情，提付公决案。

（决议）照审查意见通过。

五、省长交议，准陈院长函复，奉交审查建设厅所拟广东省各县堤工考成暂行办法内法律部分一案，谨拟具审查意见请查照等由，提付公决案。

（决议）照审查意见通过。

六、省长交议，据财政厅呈，本厅秘书卫永保、视察林粹维均另有任用，中山省税局局长罗弸呈请辞职，拟请各予免职，并请派沈天彊为本厅秘书，吴鲁为视察，李兆梁为中山省税局局长案。

（决议）通过。

七、省长交议，据警务处呈，本处秘书阮方因病出缺，所遗秘书一职，拟请派徐竟充任，并派张绍昌为省会警察局秘书案。

（决议）通过。

八、省长交议，据经济局呈，本局第一科科长李兆梁另有差委，请予免职，并请派蔡志卓为本局第一科科长案。

（决议）通过。

九、省长交议，据敌产管理处呈，本处总务课课长蔡志卓另有任用，请予免职，并请派林粹维为本处总务课课长案。

（决议）通过。

临时动议

一、省长交议，据黄参事、张参事签呈，奉交审查财政厅、经济局会拟广州市金银首饰业商店管理暂行规则一案，谨拟具审查意见，连同修正规则复请核示等情，提付公决案。

（决议）照审查意见通过。

广 东 省 政 府
第五十次省政会议录

日　　期　二月十七日

地　　点　本府会议厅

出　　席　陈耀祖　用应湘　汪宗准　林汝珩　张幼云　汪　屺
　　　　　张国珍　黄子美　汪彦斌　林珈珉　何惺常　骆用弧

列　　席　（高等法院长）陈鸿慈

主　　席　陈省长

纪　　录　章启佑　区季鸢

报告事项

一、宣读第四十九次省政会议录。

二、省长报告，据卫生处呈，拟饬本处第一科科长王博文枝士何仲陶对调职务等情，经予照准。

讨论事项

一、省长交议，据财政厅呈，奉交审查广州市政府工务局拟将现征各种车辆牌照费额，另行改订一案，谨将审查意见及连络情形复请核示等情，提付公决案。

（决议）照审查意见通过。

二、省长交议，据粮食局呈，拟具广州市店户储存谷米登记规则草案，请核示等情，提付公决案。

（决议）修正通过。

三、省长交议，据宣传处呈，为严密办理出版品申请发行起见，谨拟定刊物发行保证暂行条例，请核示等情，提付公决案。

（决议）修正通过。

临时动议

一、省长交议，广东省各机关战时购置公有物料及营缮工程暂行办法第二条，"价值在国币五千元以上者"一句，拟改为"国币一万元"案。

（决议）通过。

二、省长交议，饬据张厅长、周厅长拟具提高各机关雇员工役待遇办法前来，提付公决案。

（决议）通过。

广东省政府
第五十一次省政会议录

日　　期　二月二十四日

地　　点　本府会议厅

出　　席　陈耀祖　周应湘　汪宗准　林汝珩　张幼云　汪　屺
　　　　　张国珍　黄子美　汪彦斌　林珈珉　何惺常　骆用弧

列　　席　（高等法院长）陈鸿慈

主　　席　陈省长

纪　　录　章启佑　区季鸾

报告事项

一、宣读第五十次省政会议录。

二、省长报告，据财政厅呈，关于增城县以保安警察队经费不敷，请准由物资手续费收入项下予以补助一案，拟准由本年二月份起至六月底止，以五个月为限，由省库收入物资手续费项下，每月酌予补助国币五万元，十足支付，转请核示等情，经准如拟办理。

论论事项

一、省长交议，据建设厅呈，拟具本厅酒精厂组织章程草案，请核示等情，提付公决案。

（决议）通过。

二、省长交议，饬据政务厅，参照铨叙部修正各省委任职公务员铨叙委托审查办法，拟具本省铨叙审查委员会组织章程及办事细则前来，提付公决案。

（决议）通过。

三、省长交议，据建设厅呈，拟请派本厅技正王振民兼任酒精厂厂长案。

（决议）通过。

四、省长交议，据粮食局呈，本局第三科科长陈耀东经予免职，所遗第三科科长一职，拟请派李光炎充任案。

（决议）通过。

五、省长交议，据敌产管理处呈，本处秘书李次崧呈请辞职，拟请准予免职，并请派李宝鎏为本处秘书案。

（决议）通过。

临时动议

一、省长交议，首都中央医院扩充设备，需费甚巨，拟由本省捐助国币一万元案。

（决议）通过。

广东省政府
第五十二次省政会议录

日　期　三月二日

地　点　本府会议厅

出　席　陈耀祖　周应湘　汪宗准　林汝珩　张幼云　汪　屺
　　　　张国珍　黄子美　汪彦斌　林珈珉　何惺常　骆用弧

列　席　（高等法院长）陈鸿慈

主　席　陈省长

纪　录　章启佑　区季鸾

报告事项

一、宣读第五十一次省政会议录。

二、省长报告，据省会警察局呈，拟将各码头夫力工值表所列工值加五计算，请核示等情，经准予照办。

三、省长报告，据财政厅呈，拟饬限各县于本年四月底以前征完三十二年度及历年积欠地税，其能依限清完者，均准照定章缴纳税款，并免滞纳罚金，逾限即照改征实物征率征收实物，并带缴滞纳罚金，请核示等情，经予照准。

四、省长报告，据教育厅呈，拟具改善省立中等学校教员待遇计划，连同拟增薪额表请核示等情，经予照准。

五、省长报告，据粮食局呈，拟更定沙糖领配价格，及将收购蔗农抵偿蔗价制品免扣糖捐，附同计算表，请核示等情，经准予照办。

讨论事项

一、省长交议，据财政厅呈，遵令拟具本省地税征收实物暂行办法，暨各县地税征收实物管理处暂行组织章程，及经临费表等，复请核示等情，提付公决案。

（决议）交张参事会向陈院长审查。

二、省长交议，据建设厅呈，拟具煤炭配给暂行办法，暨本厅煤矿场配余煤炭投商投承暂行办法，请核示等情，提付公决案。

（决议）交汪厅长、黄参事审查。

三、省长交议，据经济局呈，拟遵照部发战时物价管理暂行条例，拟具广州市物价评议委员会组织规则草案，请核示等情，提付公决案。

（决议）修正通过。

四、省长交议，据卫生处呈，拟请派刘广田为本处技正案。

（决议）通过。

广 东 省 政 府
第五十三次省政会议录

日　　期　三月九日

地　　点　本府会议厅

出　　席　陈耀祖　周应湘　汪宗准　林汝珩　张幼云　汪　屺
　　　　　张国珍　黄子美　汪彦斌　林珈珉　何惺常　骆用弧

列　　席　（高等法院长）陈鸿慈

主　　席　陈省长

纪　　录　章启佑　区季鸢

报告事项

一、宣读第五十二次省政会议录。

二、省长报告，据清乡事务局呈，拟具广东省清乡区各县市保甲编查委员会组织规程，暨广东省清乡区保甲防卫团暂行组织规程，并拟援用奉颁各县保甲户口暂行条例，暨修正各省市清乡地区管理自新户口暂行办法，请核示等情，经准予照办。

三、省长报告，据粮食局呈，拟增定收购顺德制糖厂砂糖价格，每百斤为一千六百六十七元，至收购蔗农抵偿蔗价制品，于收购时照本局调查砂糖市价，每百斤减中储券二百七十八元，请核示等情，经予照准。

四、省长报告，据粮食局呈，拟具各粮食分局购配驻防军警团队米粮暂行办法草案，请核示等情，经准予备查。

五、省长报告，设置广东省政府建设计划委员会，并派容启文、王振文、陈良士、高士琛、杨永棠、陈赞臣、邝森机、汪德靖、陈焕镛、蔡杰林、曾广荣、金肇组、李杨安、杜树材、何品良、刘包恩为委员。

六、省长报告，经派政务厅长周应湘兼本省清乡政治工作团团长，宣传处长林珈珉兼清乡宣传团团长。

讨论事项

一、省长交议，据建设厅呈，拟将关于批商行车之受理及审查事务，拨归交通管理处办理，谨再将修正批商承办全省各县公路行车办法，呈请核示等情，提付公决案。

（决议）通过。

二、省长交议，饶平县县长吴铭锋另候任用，经予免职，所遗饶平县县长缺，派杨家略署理、请追认案。

（决议）追认。

临时动议

一、省长交议，设置广东省燃料管理局，拟订该局组织规程，提付公决案。

（决议）修正通过。

二、张参事提，奉饬会同陈院长审查关于财政厅呈，拟本省地税征收实物暂行办法等一案，谨将审查意见提请公决案。

（决议）照审查意见通过。

广东省政府
第五十四次省政会议录

日　　期　三月十六日
地　　点　本府会议厅
出　　席　陈耀祖　汪宗准　林汝珩　张幼云　汪　屺　张国珍
　　　　　黄子美　汪彦斌　林珈珉　何惺常　骆用弧

列　席　（高等法院长）陈鸿慈

主　席　陈省长

纪　录　章启佑　区季鸾

报告事项

一、宣读第五十三次省政会议录。

二、省长报告，据广州市政府呈，为征用河南凤乐路至西华里道路两旁民地，拟具补偿产价表，请核示等情，经准照办。

三、省长报告，据财政厅呈，遵令拟具本厅田亩测量队组织暂行章程及经临费表等，复请核示等情，经予照准。

四、省长报告，关于饶平县为补助期满，请准将代征留用国省税展期半年一案，经饬据财政厅核复，除省税收入拟准照前令继续留县支用半年外，其余国税应即划分解库等情前来，经准如拟办理。

五、省长报告，据财政厅呈，关于顺德县政府以补助期满请援案继续补助一案，拟准由三十三年四月份起至六月份止，减为每月补助国币十万元，十足支付，转请核示等情，经准如拟办理。

六、省长报告，据清乡政治工作团呈，拟请派东莞县长侯文安，宝安县长彭志德兼本团副团长，政务厅视察邓启东兼本团干事长等情，经准予照派。

七、省长报告，据清乡宣传团呈，拟请派左汝良、胡国华为本团副团长等情，经准予照派。

八、省长报告，据清乡宣传团呈，拟请派李品廷为本团总干事，欧阳百川为第一组主任，干事张炽孙为第二组主任，干事温永坚为第三组主任干事，黄冠洲为宣传总队长等情，经准予照派。

九、省长报告，据宣传处呈，本处指导科长李品廷另有任用，请予免职，所遗指导科长一职，并请派本处秘书曾天籁暂兼等情，经准予照派。

十、省长报告，据清乡事务局呈，本局第一科科长冯少华呈请辞职，请予免职，所遗第一科长一职，并请派本局荐任科员陈观祥暂代，等情，经予照准。

讨论事项

一、省长报告，据财政厅呈，遵令拟具广东省沙田税费改征实物暂行办法，暨沙田征收处及沙田管理委员会等暂行简章草案，复请核示等情，提付公决案。

（决议）征实暂行办法通过，组织暂行简章交张参事、黄参事审查。

二、省长交议，关于农民江×因不服广东省建设厅核准李煜承耕广三路产田亩处分，提起诉愿一案，经饬据政务厅依法作成决定书，提付公决案。

（决议）交张参事会同陈院长审查。

三、省长交议，派建设厅长张幼云兼广东省燃料管理局局长，王振民为副局长。

（决议）通过。

四、省长交议，派李扬安为复兴广州市灾区委员会复兴西堤灾区工程处技正案。

（决议）通过。

临时动议

一、省长交议，据财政厅呈，拟具救济各机关办公费办法，请核示等情，提付公决案。

（决议）（一）通过。（二）在半年内新设置机关只准照原预算十足支付，不加成发给。

广 东 省 政 府
第五十五次省政会议录

日　期　三月二十三日
地　点　本府会议厅
出　席　陈耀祖　周应湘　汪宗准　林汝珩　张幼云　汪　屺
　　　　张国珍　黄子美　汪彦斌　林珈珉　何惺常　骆用弧
列　席　（高等法院长）陈鸿慈
主　席　陈省长

纪　录　章启佑　区季鸾

报告事项

一、宣读第五十四次省政会议录。

二、省长报告，据财政厅呈，关于潮阳县政府呈，拟将县属水产佣金改为鲜鱼鳞介一案，原拟征收章程未臻妥善，兹由本厅代为另拟，连同原缴解款分配表转请核示等情，经准照办。

讨论事项

一、省长交议，据汕头市政府呈，拟将前承买本市商业街尾新填海坦地亩全部开投，所得价款暂由市库拨借购贮土谷，以调节民食，请核示等情，提付公决案。

（决议）（一）原则照准。（二）应先将该地段计划交通道路分段开投。（三）购谷价款另行筹措。

二、省长交议，据财政厅呈，遵令拟具广东省各县奖励举报地税旧册暂行办法，请核示等情，提付公决案。

（决议）通过。

三、省长交议，据卫生处呈，拟遵照奉颁医士暂行条例，改订本处医士注册章程，请核示等情，提付公决案。

（决议）通过。

四、省长交议，关于广从行代表黄××等因广东省建设厅修正批商承办全省各县公路行车办法事件，提起诉愿一案，经饬据政务厅依法作成决定书，提付公决案。

（决议）交张参事会同陈院长审查。

五、张参事、黄参事会提，奉交审查财政厅呈拟广东省财政厅各段沙田征收处及沙田管理委员会等组织暂行简章一案，谨将审查意见提请公决案。

（决议）照审查意见通过。

临时动议

一、省长交议，据财政厅呈，拟具管理广州市经营钱庄业章程草案，请核示等情，提付公决案。

（决议）修正通过。

广 东 省 政 府
第五十六次省政会议录

日　　期　三月三十一日

地　　点　本府会议厅

出　　席　陈耀祖　周应湘　汪宗准　林汝珩　张幼云　汪　屺
　　　　　张国珍　黄子美　汪彦斌　林珈珉　何惺常　骆用孤

列　　席　（高等法院长）陈鸿慈

主　　席　陈省长

纪　　录　章启佑　区季鸢

报告事项

一、宣读第五十五次省政会议录。

二、省长报告，奉行政院电，准设置广东省雷属行政督察专员公署，并派王英儒为专员等因，经转饬遵照。

讨论事项

一、省长交议，关于恢复东莞糖厂由政府自办一案，现准驻广州绥靖主任公署函复，经饬军垦所计划办理，惟该糖厂系前军垦处资产，现应由贵府自办或本署接办抑双方合办，请查照见复等由，提付公决案。

（决议）由省政府办理，并函绥靖公署，将军垦所所植之甘蔗全部售给糖厂。

二、省长交议，据经济局呈，拟具广州市火柴配给暂行办法草案，请核示等情，提付公决案。

（决议）通过。准予试办。

三、省长交议，恢复海康、遂溪两县县政府，并经派袁珊洲署理海康县县长，陈士存署理遂溪县县长，请追认案。

（决议）追认。

四、张参事提，奉饬会同陈院长审查政务厅所拟农民江×因不服建设厅核准李煜承耕广三路产田亩处分，提起诉愿之决定书一案，谨拟具

304

审查意见，提请公决案。

（决议）照审查意见通过。

临时动议

一、省长交议，据建设厅呈，为适应交通需要，拟设置造船厂连同该厂组织简章及经临费概算书等，请核示等情，提付公决案。

（决议）组织简章通过，概算书类交财政厅审核。

广 东 省 政 府
第五十七次省政会议录

日　期　四月十三日

地　点　本府会议厅

出　席　汪　屺　汪宗准　林汝珩　张幼云　张国珍　黄子美
　　　　汪彦斌　林珈珉　何惺常　骆用弧

列　席　（高等法院长）陈鸿慈

主　席　汪代理省长

纪　录　章启佑　区季鸾

报告事项

一、宣读第五十六次省政会议录。

二、省长报告，经派陈有三为全国商业统制总会广东分会理事长，陈赞臣、吴谷五、吴晚成、谭公培为理事，植子卿、余东泉、李文基为监事，并函聘秋山猛雄、犬琢尚一、岗本矶太郎、获原贞雄为该会理事，成田丰胜、铃木透为监事。

三、省长报告，本府政务厅秘书鲍耀富、招启明因病辞职，均经予照准，并经派招源康为本府政务厅秘书。

讨论事项

一、省长交议，据经济局呈，为严密管理本市金银首饰业商店起见，谨拟具广州市金银首饰业商店取缔暂行规则草案及报告表式，请核示等情，提付公决案。

（决议）修正通过。

二、省长交议，据财政厅呈，关于南海县政府呈请举办鲜鱼鳞介及果类咸货入县捐一案，谨将所拟征收章程酌加修正，转请核示等情，提付公决案。

（决议）通过，准予试办，将来地税征收实物后即予撤销。

三、省长交议，据财政厅呈，关于东莞县呈请举办果类产销税及牛猪出口附加费一案，谨将所拟征收章程酌加修正，转请核示等情，提付公决案。

（决议）通过，准予试办，将来地税征收实物后即予撤销。

四、省长交议，据建设厅呈，拟具桔水管理暂行办法草案，请核示等情，提付公决案。

（决议）交黄参事会同陈院长审查。

五、省长交议，据宣传处呈，拟具印刷所复业登记暂行办法草案，请核示等情，提付公决案。

（决议）交汪厅长、张参事审查。

六、省长交议，据卫生处呈，拟具特许广州市区制售冷冻饮食品规则，请核示等情，提付公决案。

（决议）交张参事、骆局长审查。

七、省长交议，据警务处呈，奉饬核议卫生处所拟成药化验注册规则一案，谨将核议意见复请核示等情，提付公决案。

（决议）交周厅长、张参事审查。

八、省长交议，关于暂管民业整理委员会呈，据商人呈验铺底所有权证件，请求备价领回复兴灾区平房，及市民投资修建铺屋一案，现准陈院长函复签注意见到府，提付公决案。

（决议）照签注意见通过。

九、省长交议，关于诉愿人赵××因不服新会县政府饬属保护新佃晚造收割之处分，提起诉愿一案，经饬据政务厅依法作成决定书，提付公决案。

（决议）交张参事会同陈院长审查。

十、省长交议，据警务处呈，本处秘书王凤洲呈请辞职，拟请准予免职，并请派沈永安为本处秘书案。

（决议）通过。

十一、省长交议，据广州市政府呈，财政局秘书李宝鎏、第一课课长潘西堂、第二课课长孙友麇呈请辞职，拟请各予免职，并请派黄仲山为该局秘书，胡旭升为第一课课长，李贞干为第二课课长案。

（决议）通过。

十二、省长交议，建设厅呈，据农林处呈，为本处技正兼农业课课长张焯堃呈辞本兼各职，拟请准予免职，所遗技正一职拟请准由本处技士王有为升充，并暂兼农业课课长案。

（决议）通过。

广 东 省 政 府
第五十八次省政会议录

日　　期　　四月二十日

地　　点　　本府会议厅

出　　席　　汪　屺　汪宗准　林汝珩　张国珍　汪彦斌　林珈珉
　　　　　　何惺常　骆用弧

列　　席　　（高等法院长）陈鸿慈

主　　席　　汪代理省长

纪　　录　　章启佑　区季鸢

报告事项

一、宣读第五十七次省政会议录。

讨论事项

一、省长交议，据经济局呈，拟具广州市各行业经纪管理暂行规则草案，请核示等情，提付公决案。

（决议）交张厅长、何局长审查。

二、省长交议，据经济局呈，拟具修正广东省战时物资移动取缔暂行章程草案，请核示等情，提付公决案。

（决议）交张厅长、周厅长审查。

三、省长交议，据粮食局呈，拟停止收购蔗农抵偿蔗价之砂糖，以期本市砂糖配给办法推行便利，请核示等情，提付公决案。

（决议）通过。

四、省长交议，关于诉愿人欧阳×因不服广东省建设厅批准捷安行承办广增公路运货业务之处分，提起诉愿之决定书一案，经饬据政务厅依法作成决定书，提付公决案。

（决议）交张参事会同陈院长审查。

五、张参事提，奉饬会同陈院长审查政务厅所拟，赵××不服新会县政府饬属保护新佃晚造收割之处分，提起诉愿之决定书一案，谨拟具审查意见，提请公决案。

（决议）照审查意见通过。

广 东 省 政 府
第五十九次省政会议录

日　　期　四月二十七日

地　　点　本府会议厅

出　　席　汪　屺　周应湘　汪宗准　林汝珩　张幼云　张国珍
　　　　　黄子美　汪彦斌　林珈珉　何惺常　骆用弧

列　　席　（高等法院长）陈鸿慈

主　　席　汪代理省长

纪　　录　章启佑　区季鸾

报告事项

一、宣读第五十八次省政会议录。

二、省长报告，关于民业整理委员会呈，以办公费不敷开支，拟将管理普通民业租金加提半成，以资救济一案，当经饬据财政厅核复似可准予照加前来，经准如拟办理。

讨论事项

一、省长交议，据财政厅呈，拟具各县沙田附加费改征实物办法，请核示等情，提付公决案。

（决议）通过。

二、省长交议，据财政厅呈，关于各县地税征收实物案规定，以征起一成实物为整理田赋专款及奖金等费用一案，谨拟具支配办法请核示等情，提付公决案。

（决议）通过。

三、省长交议，据宣传处呈，拟依照部章规定征收电影片检查费及执照费，请核示等情，提付公决案。

（决议）通过。

四、周厅长、张厅长会提，奉交审查经济局呈拟修正广东省战时物资移动取缔暂行章程一案，谨拟具审查意见，提请公决案。

（决议）照审查意见通过。

五、汪厅长、张参事会提，奉交审查宣传处呈拟印刷所复业登记暂行办法一案，谨拟具审查意见，提请公决案。

（决议）照审查意见通过。

六、黄参事提，奉饬会同陈院长审查建设厅呈拟桔水管理暂行办法草案一案，谨拟具审查意见，提请公决案。

（决议）修正通过。

七、省长交议，据财政厅呈，本厅秘书陈友琴另有差委，请准予免职，并请派朱镇寰为本厅秘书案。

（决议）通过。

广 东 省 政 府
第六十次省政会议录

日　期　五月四日
地　点　本府会议厅

出　席　陈春圃　周应湘　汪宗准　林汝珩　张幼云　汪　屺
　　　　张国珍　黄子美　汪彦斌　林珈珉　何惺常　骆用弧
列　席　（高等法院长）陈鸿慈
主　席　陈省长
纪　录　王之光　区季鸾

报告事项

一、宣读第五十九次省政会议录。

二、省长报告，本府政务厅秘书主任章启佑、第一科科长徐少栋、兼会计室主任汪彦斌呈请辞职，均经予照准。

讨论事项

一、省长交议，据建设厅、粮食局会呈，奉交审查经济局呈拟广州市各行业经纪管理暂行规则一案，谨拟具审查意见复请核示等情，提付公决案。

（决议）照审查意见通过。

二、省长交议，警务处呈，据省会警察局呈，拟请举办指定业类职工登记一案，转请核示等情，提付公决案。

（决议）交汪处长、骆局长、张参事审查。

三、省长交议，据周厅长、张参事签呈，奉交审查卫生处呈拟成药化验注册规则一案，谨将会同审查意见复请核示等情，提付公决案。

（决议）咨卫生处核复。

四、省长交议，据骆局长、张参事签呈，奉交审查卫生处呈拟特许广州市区制售冷冻饮食品规则一案，谨将会同审查意见复请核示等情，提付公决案。

（决议）照审查意见修正通过。

五、省长交议，派吴广祺代理本府参事兼政务厅第一科科长，林念慈代理本府参事兼政务厅会计室主任，谢宏泽代理政务厅秘书案。

（决议）通过。

六、省长交议，据建设厅呈，拟请派本厅技士关伟雄兼任本厅造船厂厂长案。

（决议）通过。

广东省政府
第六十一次省政会议录

日　期　五月十一日

地　点　本府会议厅

出　席　陈春圃　周应湘　汪宗准　林汝珩　张幼云　汪　屺
　　　　张国珍　黄子美　汪彦斌　林念慈　吴广祺　林珈珉
　　　　何惺常　骆用弧

列　席　（高等法院长）陈鸿慈

主　席　陈省长

纪　录　王之光　区季鸾

报告事项

一、宣读第六十次省政会议录。

二、省长报告，据财政厅呈，奉饬核议警务处呈，请将提高长警生活办法案，由本年五月份起仍照案继续办理一案，拟准将原定试办期间延长两月，复请核示等情，经准如拟办理。

三、省长报告，据财政厅呈，拟将本厅各段沙田征收处组织暂行简章第十四条条文修正，请核示等情，经予照准。

四、省长报告，据警务处呈，本处秘书沈永安久不到差，拟请准予免职等情，经予照准。

讨论事项

一、省长交议，广州市政府呈，据社会局呈，拟请由本年五月份起，各市立小学校长员每月各酌发特别补助费国币三百元，以三个月为期，期满即行取销，转请核示等情，提付公决案。

（决议）通过。

二、省长交议，财政厅呈，据广东省禁烟局、番禺县政府会呈，拟请将广东省禁种烟苗暂行办法第十二条酌予更正，转请核示等情，提付公决案。

（决议）原则通过，交财政厅拟具修正条文呈核。

三、省长交议，兼广东省燃料管理局局长张幼云、副局长王振民呈请辞职，均经予照准，并经派高贞白为广东省燃料管理局局长，请追认案。

（决议）通过追认。

四、省长交议，据经济局呈，本局视察朱镇寰另有任用，拟请准予免职，并请派冯芝荪为本局视察案。

（决议）通过。

广东省政府
第六十二次省政会议录

日　　期　五月十八日

地　　点　本府会议厅

出　　席　陈春圃　周应湘　汪宗准　林汝珩　张幼云　汪　屺
　　　　　张国珍　黄子美　汪彦斌　林念慈　林珊珉　何惺常
　　　　　骆用弧

列　　席　（高等法院长）陈鸿慈

主　　席　陈省长

纪　　录　王之光　区季鸾

报告事项

一、宣读第六十一次省政会议录。

二、省长报告，据清乡宣传团呈，拟请将清乡宣传团团长改由政治工作团团长兼任等情，应将该团改编为清乡宣传队，划归清乡政治工作团指挥，经分别令饬遵照。

三、省长报告，奉行政院令，准司法院咨送中央公务员惩戒委员会审议卸任东莞县县长黄恩澧违法失职一案议决书，转发本府遵照办理。

讨论事项

一、省长交议，据财政厅呈，编具本省地方三十三年上半年度收支总分概算书类，缴请转呈中央核定等情，提付公决案。

（决议）通过，呈行政院。

二、省长交议，据财政厅呈，关于本省地税改征实物案，拟具实物验收存储及扣除损耗，暨各县田亩应征税率等三项办法，请核示等情，提付公次案。

（决议）通过，关于实物验收存储之机构，俟中央新颁省行政机构改革案实施后比照修正。

三、省长交议，据周厅长、汪厅长、汪处长、张市长、张参事签呈，奉饬拟议行政院令颁省市县保甲委员会组织规程一案，谨将会同拟议意见复请核示等情，提付公决案。

（决议）通过。

四、省长交议，关于广州市纱号业新会员代表黄廷干等呈请转饬经济局，将纱号业公会改组选举理监事名册审核圈定一案，当经饬据经济局拟具意见呈复前来，提付公决案。

（决议）交张参事、黄参事、汪参事审查。

五、省长交议，据汪处长、骆局长、张参事会呈，奉交审查省会警察局呈拟举办指定业类职工身份登记办法一案，谨拟具审查意见复请核示等情，提付公决案。

（决议）照审查意见通过。

六、张参事提，奉饬会同陈院长审查政务厅拟具广成行欧阳×不服建设厅批准捷安行承办广增公路运货业务之处分，提起诉愿之决定书一案，谨将会同审查意见提请公决案。

（决议）照审查意见通过。

七、省长交议，兼广东省清乡政治工作团团长周应湘呈请辞职经予照准，遗职并经派警务处副处长李松侠兼任，请追认案。

（决议）通过追认。

八、省长交议，据建设厅呈，本厅技士兼代理第三科科长关西满，拟着毋庸兼代科长职务，所遗第三科长一职，拟由本厅技正邹焕新兼代案。

（决议）通过。

九、省长交议，广州市政府呈，据工务局呈，本局技正兼第一课课长周博文、技正陈均沛均请辞职，拟请准予免职，并请派伍兆麟为本局技正【兼】第一课课长，李金培为技正案。

（决议）通过。

广 东 省 政 府
第六十三次省政会议录

日　　期　　五月二十五日

地　　点　　本府会议厅

出　　席　　陈省长　周应湘　汪宗准　林汝珩　张幼云　汪　屺
　　　　　　张国珍　黄子美　汪彦斌　林念慈　吴广祺　林珈珉
　　　　　　何惺常　骆用弧

列　　席　　（高等法院长）陈鸿慈

主　　席　　陈省长

纪　　录　　王之光　区季鸢

报告事项

一、宣读第六十二次省政会议录。

二、省长报告，据物资统制审议委员会广东分会呈，拟将广东省战时物资移动取缔暂行章程略加修正，请核示等情，经予照准。

三、省长报告，据财政厅呈，关于三水县政府扩展四、五区补助费，拟准由本年五月份起至六月份止，展限补助两个月，俟七月份改征实物后，即行停止补助，不得再请展缓，请核示等情，经准如拟办理。

四、省长报告，奉行政院电，设置广东省东宝地区清乡督察专员公署，并派许廷杰为广东省东宝地区清乡督察专员等因，经转饬遵照，克日筹组成立。

五、省长报告，派唐文治为广东省政府清乡事务局荐任科员。

讨论事项

一、省长交议，据财政厅呈，拟具广东省财政厅限制广州市钱庄经营业务暂行办法草案，请核示等情，提付公决案。

（决议）通过。

二、省长交议，据财政厅呈，拟具本厅田亩测量费征收暂行办法草案，请核示等情，提付公决案。

（决议）修正通过。

三、省长交议，广州市政府呈，据财政局呈，拟请开征本市用户水费附加款，以裕库收，转请核示等情，提付公决案。

（决议）暂从缓办。

四、省长交议，据全国商业统制总会广东分会呈，拟具全国商业统制总会广东分会征收事务费暂行办法，请核示等情，提付公决案。

（决议）交物资统制审议委员会审议。

五、省长交议，据经济局呈，关于商统会广东分会消费合作社呈拟按照修正广东省各机关消费合作社章程，请求备案一案，经饬据消费合作社联合办事处签复，该商统分会并非公务机关，核与社章规定不符，应否照准，转请核示等情，提会公决案。

（决议）所请与定案不符未便照准。

临时动议

一、省长交议，据建设厅呈，关于广州市电力厂呈拟改正电费试验费接电费一案，应否准予照加，请核示等情，提付公决案。

（决议）通过照准。

广东省政府
第六十四次省政会议录

日　期　五月三十一日

地　点　本府会议厅

出　席　陈省长　周应湘　汪宗准　林汝珩　张幼云　汪　屺

张国珍　黄子美　汪彦斌　林念慈　吴广祺　林珈珉
何惺常　骆用弧

列　席　（高等法院长）陈鸿慈

主　席　陈省长

纪　录　王之光　区季鸾

报告事项

一、宣读第六十三次省政会议录。

讨论事项

一、省长交议，饬据政务厅拟具本府合署办公暂行办法，提付公决案。

（决议）修正通过。

二、省长交议，据政务厅签呈，依照省行政机构改革方案第二项丙款规定，拟具本厅分科规则，请核示等情，提付公决案。

（决议）修正通过。

三、省长交议，据建设厅呈，本厅接收经济、粮食两局后，拟分别设科所办理，并增设技正技士秘书专员，请核示等情，提付公决案。

（决议）通过。

四、省长交议，关于诉愿人何××因不服经济局令饬将广东省广州市对津、沪输移出入贸易业同业公会筹备会结束之处分，提起诉愿一案，经饬据政务厅依法作成决定书，提付公决案。

（决议）交张参事会同陈院长审查。

五、省长交议，据广州市政府呈，社会局第一课课长袁国维呈请辞职，拟请准予免职，遗职拟由该局督学室视察何锷新接充，并请派陈均沛为工务局技正案。

（决议）通过。

临时动议

一、省长交议，拟撤广东省振务委员会、广东省建设厅农林处、广东省会地方暂管民业整理委员会，其经营事务分别并入本府关系各机关办理案。

（决议）通过。

316

二、省长交议，据本府政务厅周厅长签呈，本厅科长李星榆拟请调任本厅秘书，并拟请派李其芬为本科〔厅〕第五科科长，程葆元为第六科科长，梁匡平为第七科科长案。

（决议）通过。

三、省长交议，据建设厅张厅长签呈，拟请派李誉永为建设厅粮食管理事务所主任案。

（决议）通过。

四、省长交议，据建设厅张厅长签呈，本厅秘书主任杨伯后已另有任用，拟请予免职，并请派高贞白为本厅秘书主任，吴练百为秘书，李杰为第四科科长案。

（决议）通过。

广 东 省 政 府
第六十五次省政会议录

日　　期　六月八日

地　　点　本府会议厅

出　　席　陈省长　周应湘　汪宗准　林汝珩　张幼云　汪　屺
　　　　　张国珍　黄子美　汪彦斌　林念慈　吴广祺　黄克明

列　　席　（高等法院长）陈鸿慈

主　　席　陈省长

纪　　录　王之光　区季鸾

报告事项

一、宣读第六十四次省政会议录。

二、省长报告，据政务厅周厅长签呈，为统一卫生行政，关于洁净及粪溺之清理暨火葬场及急济队之管理，似〔拟〕仍归本厅第五科办理，并请将本厅原拟分科规则第九条第八、九两款保留，仍将原条文所叙"广东省会"四字删去，请核示等情，经予照准。

讨论事项

一、省长交议，据建设厅呈，拟依照广东省初期复兴建设计划案，设立工业试验所，谨拟具组织章程及预算书表，请核示等情，提付公决案。

（决议）交汪厅长、林厅长、张厅长审查。

二、省长交议，据警务处呈，饬据省会警察局拟具防护公用水电器材实施方案，转请核示【等】情，提付公决案。

（决议）关于盗窃公用水电器材匪犯，函请法院依法从重处刑，余照案通过。

三、省长交议，据财政厅汪厅长签呈，拟将本厅组织增设第五科，专办管理金融事项，请核示等情，经予照准，请追认案。

（决议）通过追认。

四、张参事、黄参事、汪参事会提，奉交审查关于黄廷干等呈请转饬经济局，将广州市纱号业同业公会改组选举理监事名册审核圈定一案，谨拟具审查意见，提请公决案。

（决议）照审查意见通过。

五、张参事提，奉饬会同陈院长审查政务厅所拟广从行代表黄××等不服建设厅修正批商承办全省各县公路行车办法，提起诉愿之决定书一案，谨将审查意见，提请公决案。

（决议）照审查意见通过。

六、省长交议，派章启佑为本府政务厅秘书主任，黄鹤龄为秘书，刘广田为技正，陈琰英、伍廷伟、何仲陶、冯霁为技士，高茵、区声白、温永坚为编译案。

（决议）通过。

临时动议

一、省长交议，据财政厅签呈，关于东莞县政府呈请举办增开各项税收一案，谨拟议意见，连同原拟各项征收章则，签请核示等情，提付公决案。

（决议）章程修正，余照案通过。

广 东 省 政 府
第六十六次省政会议录

日　期　六月十五日

地　点　本府会议厅

出　席　陈省长　周应湘　汪宗准　林汝珩　张幼云　汪　屺
　　　　张国珍　黄子美　汪彦斌　林念慈　吴广祺

列　席　（高等法院长）陈鸿慈

主　席　陈省长

纪　录　王之光　区季鸾

报告事项

一、宣读第六十五次省政会议录。

二、省长报告，财政厅签呈，据顺德县政府呈，关于地税征收实物案，本县除禾田照案征实外，其余桑基鱼塘蔗地拟请准予变通，以现金代谷缴纳一案，拟准予变通办理，惟此种办法只限于顺德一县，其他各县均不得援案请求，请核示等情，经准如拟办理。

三、省长报告，经派周应湘为广东省保甲委员会主任委员，林汝珩、汪屺、梁朝汇、李荫南为该会委员，张焯堃为广州市保甲委员会主任委员，朱祖绳、冯壁峭、卢森、陈显谟为该会委员。

讨论事项

一、省长交议，建设厅呈，据交通管理处签呈，拟将本处车辆拨出一部招商承租行驶一案，谨拟议意见，连同修正招商承租车辆行车简章及原拟计划书，转请核示等情，提付公决案。

（决议）（一）分线招商竞租。（二）每线由一商承办为原则。（三）每日每辆车租以国币五百元为底额，用记名暗票方式招商公开竞投。（四）各线车辆交商承租后，交通管理处原日所用员工应比照裁减，余照所拟办理。

二、省长交议，汕头市政府呈，据财政局拟具汕头市船舶牌照三十三年度征费表前来，转请核示等情，提付公决案。

（决议）交财政厅议复。

临时动议

一、省长交议，据政务厅签呈，拟具广东省政府政务厅招投承销广州市区垃圾章程及合约，请核示等情，提付公决案。

（决议）修正通过。

二、省长交议，据财政厅汪厅长签呈，拟具发给公务员实物办法，请核示等情，提付公决案。

（决议）交汪厅长、林厅长、汪处长、黄参事审查，由黄参事召集。

广东省政府
第六十七次省政会议录

日　　期　六月二十三日

地　　点　本府会议厅

出　　席　陈省长　周应湘　汪宗准　林汝珩　张幼云　汪　屺

　　　　　张国珍　黄子美　汪彦斌　林念慈　吴广祺　黄克明

列　　席　（高等法院长）陈鸿慈

主　　席　陈省长

纪　　录　王之光　区季鸾

报告事项

一、宣读第六十六次省政会议录。

二、省长报告，据警务处签呈，广东省会警察局秘书吴云浦因病辞职，拟请准予免职等情，经予照准。

讨论事项

一、省长交议，据财政厅签呈，为本省发行增产奖券及奖励储蓄奖券，拟设置奖券事务处专责办理，连同奖券章程草案请核示等情，提付公决案。

（决议）（一）奖券事务处准予设置。（二）章程呈行政院及咨财政部。

二、省长交议，据财政厅签呈，拟具各县地税征收实物管理处所属各区分处组织暂行章程，及各乡村代征地税实物委员会暂行章程，暨各分处预算表，请核示等情，提付公决案。

（决议）通过。

三、省长交议，广州市政府呈，据财政局呈，拟恢复征收本市娱乐场院牌照费一案，谨拟议意见，连同原缴修正征收牌照费章程，转请核示等情，提付公决案。

（决议）交财政厅议复。

四、省长交议，据建设厅签呈，拟具广东省建设厅粮食管理事务所暂行组织规程案，及系统表，请核示等情，提付公决案。

（决议）通过。

五、省长交议，派邹汝炽为广东省财政厅第五科科长，请追认案。

（决议）通过追认。

临时动议

一、汪厅长、林厅长、汪处长、黄参事会提，奉交审查财政厅拟具发给公务员实物办法一案，拟会同拟议意见，提请公决案。

（决议）（一）照审查意见通过。（二）米津发实自七月份起实施。（三）其七月份米津发实规定在七月底发给。

二、省长交议，据教育厅签呈，拟在本市河南增设中学一所，定名为德昭纪念中学校，附具预算书请核示等情，提付公决案。

（决议）通过。

广东省政府
第六十八次省政会议录

日　期　六月二十九日

地　点　本府会议厅

出　席　陈省长　周应湘　汪宗准　林汝珩　张幼云　汪　屺
　　　　张国珍　黄子美　汪彦斌　林念慈　吴广棋　黄克明

列　席　（高等法院长）陈鸿慈

主　席　陈省长

纪　录　王之光　区季鸾

报告事项

一、宣读第六十七次省政会议录。

讨论事项

一、省长交议，警务处签呈，据省会警察局呈，拟将原定征收铺屋码头捐率，改为按照租额百分之二十五计征房捐警费，以增库收一案，转请核示等情，提付公决案。

（决议）交政务厅议复。

二、省长交议，据广州市政府呈，奉饬核议卫生处拟订取缔广州市肉类商贩规则一案，经饬据财政局议复前来，复请核示等情，提付公决案。

（决议）交政务厅议复。

三、省长交议，据张参事签呈，奉饬会同陈院长审查政务厅所拟何××不服经济局，令饬将广东省广州市对津、沪输移出入贸易业同业公会筹备会结束之处分，提起诉愿之决定书一案，谨会同拟议签请核示等情，提付公决案。

（决议）交张参事、张厅长、周厅长会同陈院长审查。

四、省长交议，派朱寿添为本府政务厅秘书，余心为视察，请追认案。

322

（决议）通过追认。

临时动议

一、省长交议，据财政厅签呈，拟具广东省政府规定各县地税征实处，及沙田征收处解缴实物，及提支全省军警及公务员实物暂行办法草案，暨广东省政府每月分发驻防外县各部队米食暂行办法草案，请核示等情，提付公决案。

（决议）通过。

二、省长交议，广东省会警察局长冯壁峭另有任用，应予免职，并派黎春荣为广东省会警察局局长案。

（决议）通过。

广东省政府
第六十九次省政会议录

日　　期　七月六日

地　　点　本府会议厅

出　　席　陈省长　周应湘　汪宗准　张幼云　汪　屺　张国珍
　　　　　黄子美　汪彦斌　林念慈　吴广棋

列　　席　（高等法院长）陈鸿慈

主　　席　陈省长

纪　　录　王之光　区季鸾

报告事项

一、宣读第六十八次省政会议录。

二、省长报告，据政务厅签呈，本省改革行政机构方案关于会计事宜，经由本厅会计室召集各厅处局主办会计人员共同讨论，均以收支及报销办法似不宜变更，仍应归各厅处局自行办理，以资熟手等议，转请核示等情，经准照办。

三、省长报告，据财政厅签呈，奉饬会同省市保甲委员会计议省市保甲会经费如何支拨一案，谨会同拟议支配办法四项，复请核示等情，经准照办。

四、省长报告，据东莞明伦堂沙田整理委员会呈，拟捐助德昭纪念中学校校具、图书仪器费国币五十万元，请核示等情，经准照办并令复嘉许。

讨论事项

一、省长交议，据财政厅签呈，奉饬核议广州市政府呈，拟恢复征收本市娱乐场院牌照费一案，谨拟议意见复请核示等情，提付公决案。

（决议）照审查意见通过。

二、省长交议，据政务厅签呈，拟将本厅分科规则第九条所列各事项予以修改，请核示等情，提付公决案。

（决议）通过。

三、省长交议，据建设厅签呈，本厅奉令接管各局处后，职掌增加，为便利办公起见，拟具本厅分科规则草案，请核示等情，提付公决案。

（决议）通过。

四、省长交议，教育厅呈，据总理故乡纪念中学校呈，请援案每年由省库拨助经费军票三万元，并转请国府援案拨助军票六万元一案，转请核示等情，附同财政厅核议意见，暨教育厅签复派员查明该校办理成绩及收支各情，提付公决案。

（决议）（一）省库补助部分如数拨付，国库补助部分呈行政院核示。（二）关于该校校务校产由教育厅督导整理。（三）该校应设法迁回原址办理。

五、省长交议，据财政厅签呈，拟请派本厅秘书主任沈天疆兼任广东省奖券事务处经理，连同该事务处组织章程请核示等情，经予照准，请追认案。

（决议）通过追认。

六、省长交议，派陈友琴、莫伯闲为广东省政府建设厅秘书，请追认案。

（决议）通过追认。

七、省长交议，据广东省第一区清乡督察专员公署呈，拟请派潘歌雅为本署秘书主任，黄雄普为秘书暂兼第三科科长，杨东泰为外事秘书暂兼第一科科长，蔡泽民为第二科科长，劳励锋为第四科科长，区少康为第五科科长，林和为视察等情，经予照派，请追认案。

（决议）通过追认。

广东省政府
第七十次省政会议录

日　　期　七月十三日

地　　点　本府会议厅

出　　席　陈省长　周应湘　汪宗准　张幼云　汪　屹　张国珍
　　　　　黄子美　汪彦斌　林念慈　吴广祺　黄克明

列　　席　（高等法院长）陈鸿慈

主　　席　陈省长

纪　　录　王之光　区季鸾

报告事项

一、宣读第六十九次省政会议录。

二、省长报告，据财政厅签呈，为各县二五手续费经奉令撤销，关于各县补助费，拟照各该县原报收入每月平均数，在中央补助款项下如数拨回，其相差之数由厅设法筹补，请核示等情，经准照办。

三、省长报告，据建设厅呈，拟将广东省经济局火柴配给暂行办法，改正为广东省火柴配给暂行办法，并将各条文根据事实分别修正，以符规定，请核示等情，经准照办。

讨论事项

一、省长交议，据财政厅签呈，拟举办本省旅馆消费捐，谨拟具征收暂行章程请核示等情，提付公决案。

（决议）通过。

二、省长交议，据财政厅签呈，拟将广州水陆筵席捐征收办法酌予改变，以期适应，请核示等情，提付公决案。

（决议）通过。

三、省长交议，据广州市政府呈，关于人民投资建筑灾区，铺屋业主领回管业发生建筑费争执一案，奉令督饬工务局并会同建设厅、民业会等拟议呈复等因，经饬据工务局拟具修正办法草案前来，并经征得建设厅同意转请核示等情，附同汪参事等核议意见提付公决案。

（决议）照核议意见通过。

四、省长交议，教育厅签呈，据广东省体育委员会拟具体育团体登记及比赛办法前来，转请核示等情，提付公决案。

（决议）通过。

五、省长交议，派陆稻香为广东省建设厅第五科科长，杜树材为农事试验场场长，请追认案。

（决议）通过追认。

六、省长交议，据广东省第一区清乡督察专员公署呈，拟请派陈眉介为本署秘书等情，经准照派，请追认案。

（决议）通过追认。

七、省长交议，本府政务厅第五科科长李其芬呈请辞职，经予照准，遗职拟派王会杰充任案。

（决议）通过。

临时动议

一、省长交议，广州市政府财政局局长邬伯健呈请辞职，经予照准，遗职派该市府参事吴实之暂行兼代案。①

广东省政府
第七十一次省政会议录

日　期　七月二十日

地　点　本府会议厅

出　席　周应湘　汪宗准　张幼云　汪　屺　张国珍　黄子美

---

① 原文缺"决议"内容。

汪彦斌　林念慈　许廷杰

列　席　（高等法院长）陈鸿慈

主　席　陈省长（周厅长代）

纪　录　王之光　区季鸾

报告事项

一、宣读第七十次省政会议录。

二、省长报告，广州市政府呈，据工务局呈，为印制非汽车类车辆牌照片等工料费价值昂贵，现征费额不足相抵，拟由七月换牌照时每辆改收国币五十元，以补亏损，转请核示等情，经予照准。

讨论事项

一、省长交议，汪厅长、林厅长、张厅长签呈，奉交审查建设厅呈拟设置工业试验所及所拟组织章程暨预算书一案，谨会同拟议意见复请核示等情，提付公决案。

（决议）照审查意见通过，发还修正改编。

二、周厅长、张厅长、张参事会提，奉饬会同陈院长审查关于何××不服广东省经济局，令饬将广东省广州市对津、沪输移出入贸易业同业公会筹备会结束之处分，挺起诉愿一案，谨将会同拟议意见提请公决案。

（决议）照审查意见通过。

三、省长交议，派彭文达为本府政务厅秘书案。

（决议）通过。

四、省长交议，据财政厅签呈，本厅视察蒋筠另有任用，请准予免职，并请派沈念祖为本厅视察案。

（决议）通过。

五、省长交议，据建设厅签呈，本厅技士关西满、王宏猷拟请升充为本厅技正案。

（决议）通过。

广 东 省 政 府
第七十二次省政会议录

日　期　七月二十七日

地　点　本府会议厅

出　席　周应湘　汪宗准　张幼云　汪　屺　张国珍　黄子美

　　　　汪彦斌　林念慈　许廷杰

列　席　（高等法院长）陈鸿慈

主　席　陈省长（周厅长代）

纪　录　王之光　区季鸾

报告事项

一、宣读第七十一次省政会议录。

二、省长报告，据广州市政府呈，奉发财政厅核议关于本市粪溺清理费改征谷米意见一条〔案〕，遵经饬据财政局召集承商妥商办法，附具意见签复前来，提经市政会议决议，除慈善费改缴谷一万斤外，余照兴农公司认定办法，每缴谷十万斤另加二保甲费缴谷二万斤办理，复请核示等情，经准予备案。

三、省长报告，广东省清乡事务局第三科科长李德霖因病呈请辞职，经予照准案。

讨论事项

一、省长交议，据财政厅签呈，为本省发给公务员实物办法尚有应行补充，谨拟具补充办法五项，请核示等情，提付公决案。

（决议）学校职员兼任教员者只准领较多量之食米一份，其余不得兼领，余照通过。

二、省长交议，据财政厅签呈，关于三水县政府呈，为潦水成灾影响地税收入，拟请开征山货捐以资弥补一案，谨拟议意见连同原缴章程签请核示等情，提付公决案。

（决议）照核议意见通过，准予开征。

三、省长交议，据广州市政府呈，关于本府财政局前拟农地税改征实物办法一案，请核明饬知办理等情，附同前缴办法提付公决案。

（决议）通过，应依照广东省地税征收实物办法办理。

四、省长交议，据广州市政府呈，本府财政局秘书黄仲山，第一课课长胡旭升、第二课课长李贞干均请辞职，拟请准予免职，并请派李仁山为该局秘书，谈绥玖为第一课课长，麦灿为第二课课长案。

（决议）通过。

五、省长交议，据建设厅签呈，本厅第二科科长高士琛呈请辞职，拟请准予免职，遗职拟由本厅工商股股长姚梅生升充案。

（决议）通过。

临时动议

一、省长交议，派雷宝书兼任广东省保甲委员会第一组组长，容畅为第二组组长，熊文杰为第三组组长，陈炳霖为第四组组长案。

（决议）通过。

二、省长交议，遂溪县县长陈士存呈请辞职，经予照准，遗缺派胡国华署理案。

（决议）通过。

三、省长交议，广东省清乡事务局第一科代理科长陈观祥已另有任用，第三科科长李德霖呈准辞职，应各予免职，并派陈眉介为该局第一科科长，蔡泽民为第三科科长案。

（决议）通过。

广东省政府
第七十三次省政会议录

日　期　八月三日
地　点　本府会议厅
出　席　周应湘　汪宗准　张幼云　汪　屺　张国珍　汪彦斌
列　席　（高等法院长）陈鸿慈

主　席　陈省长（周厅长代）

纪　录　王之光　区季鸾

报告事项

一、宣读第七十二次省政会议录。

二、省长报告，据建设厅呈报，援案与澳门政府续签订，准许商人采办中山县本年早造土谷，运往澳门接济民食协定书经过情形，请核示等情，经准予备案。

三、省长报告，据财政厅签呈，拟照案在省税附加保甲费项下，每月拨补广州市保甲委员会经费国币四十万元，请核示等情，经准照办。

讨论事项

一、省长交议，据复兴广州市灾区委员会呈，奉饬遵照广东省政府建设计划委员会所拟审查意见，改订填筑沙面濠涌工程费概算表一案，经饬据工务组分别遵办及声叙意见，暨将概算表及图则从新改编，呈缴前来，转请核示等情，提付公决案。

（决议）关于渠道砖拱工程如何设计方策安全，仍交由该会工务组重新计议，余照该会所拟修正图则概算通过。

二、省长交议，据建设厅签呈，本厅技正兼代第三科科长邹焕新办事勤奋，拟请实派兼任该科科长以专责成案。

（决议）通过。

三、省长交议，据建设厅签呈，本厅技正兼酒精厂厂长王振民呈辞兼职，拟请准予勉强，遗职并请派本厅技士罗志鹏兼任案。

（决议）通过。

广 东 省 政 府
第七十四次省政会议录

日　期　八月十日

地　点　本府会议厅

出　席　周应湘　汪宗准　张幼云　汪　屺　张国珍　汪彦斌

列　席　（高等法院长）陈鸿慈

主　席　陈省长（周厅长代）

纪　录　王之光　区季鸾

报告事项

一、宣读第七十三次省政会议录。

二、省长报告，据财政厅签呈，为纸价奇涨，拟将契纸费每百张增为中储券二千五百元，至各县市前领契纸，饬于奉文之日起，将未用契纸数列报，并照新定价格补缴价款解库，请核示等情，经准予照办。

三、省长报告，广东省政府清乡事务局第二科科长胡国华、荐任科员唐文治均请辞职，经予照准。

讨论事项

一、省长交议，据财政厅签呈，为广州市水陆筵席捐改征办法，业经呈奉核准，兹谨依照改定办法，将前定招商承办筵席捐征收章程分别修正，附具修正章程请核示等情，提付公决案。

（决议）通过。

二、省长交议，建设厅签呈，据广州市电力厂呈，拟将电力收费办法予以变更，附具原拟办法转请核示等情，提付公决案。

（决议）通过。准予备案。

三、省长交议，据周厅长、汪厅长、黄参事、汪参事签呈，奉交审查广州市政府呈，拟撤销广州市人力手车业组合，设立管理处一案，谨会同拟议意见复请核示等情，提付公决案。

（决议）照拟议意见通过，交广州市政府办理。

四、省长交议，关于市民袁××因不服广州市政府核定工务局准由市民何德投资建筑铺屋之处分，提起诉愿一案，经饬据政务厅依法作成决定书，提付公决案。

（决议）交张参事会同陈院长审查。

五、省长交议，据建设厅签呈，拟请派韩觉伟为本厅农事试验场技正，并兼任该场第五分场主任案。

（决议）通过。

六、省长交议，派毕煜生为广东省政府清乡事务局荐任科员案。

（决议）通过。

七、省长交议，据广东省第一区清乡督察专员公署呈，本署秘书主任潘歌雅、外事秘书杨东泰已另有任用，秘书陈眉介、第二科科长蔡泽民呈请辞职，秘书兼第三科科长黄雄普呈辞秘书本职，拟请各予免职，并请派陈观祥为本署秘书兼第二科科长，徐荣楷为秘书，梁致远为外事秘书，唐文治为第一科科长，钱江为荐任科员案。

（决议）通过。

广 东 省 政 府
第七十五次省政会议录

日　期　八月十七日
地　点　本府会议厅
出　席　陈省长　周应湘　汪宗准　林汝珩　张幼云　汪　屺
　　　　张国珍　黄子美　汪彦斌　许廷杰
列　席　（高等法院长）陈鸿慈
主　席　陈省长
纪　录　王之光　区季鸾

报告事项

一、宣读第七十四次省政会议录。

二、省长报告，广州市政府呈，据财政局呈，为拟请恢复设置土地评价委员会，拟具该会组织规则及会议规则前来，转请核示等情，经准予备案。

讨论事项

一、省长交议，据财政厅签呈，编具本省地方三十三年下半年度收支概算书类，缴请转呈中央核定等情，提付公决案。

（决议）修正通过，呈行政院。

二、省长交议，据建设厅签呈，为增强战时主要物资促进煤炭生产起见，谨拟议意见，附具奖励民营煤矿增产暂行办法，签请核示等情，提付公决案。

（决议）修正通过。

三、省长交议，据建设厅签呈，拟具广州市皮革业商店管理暂行规则草案，暨未经核准设立之皮革品制造业商店救济办法，请核示等情，提付公决案。

（决议）（一）广州市皮革业商店管理暂行规则修正通过。（二）未经核准设立皮革品制造业商店救济办法，交建设厅重拟呈核。

四、省长交议，关于市民李××及梁××不服广州市政府所为处理领筑广州市××××街第××、××号中间废街地段办法，各自提起诉愿一案，经饬据政务厅依法作成决定书，提付公决案。

（决议）交张参事会同陈院长审查。

五、省长交议，据教育厅签呈，拟请派区茂泮为德昭纪念中学校校长案。

（决议）通过。

临时动议

一、省长交议，据财政厅签呈，为潦水陡涨，复遇风雨为灾，对于被灾各县，本年早造沙田税护沙费拟分别减收，新会县照额减四成，中山、顺德等县减三成，番禺县减二成半，东莞县减二成，以示体恤，请核示等情，提付公决案。

（决议）通过。

广东省政府
第七十六次省政会议录

日　　期　八月二十四日

地　　点　本府会议厅

出　　席　陈省长　周应湘　汪宗准　林汝珩　张幼云　汪　屺
　　　　　张国珍　黄子美　汪彦斌　林念慈　许廷杰

列　　席　（高等法院长）陈鸿慈

主　　席　陈省长

纪　录　王之光　区季鸾

报告事项

一、宣读第七十五次省政会议录。

二、省长报告，据广东省第一区清乡督察专员公署呈，本署视察林和已另有任用，请准免职等情，经予照准。

讨论事项

一、省长交议，据政务厅签呈，奉饬议复，关于广州市政府核议，前卫生处拟订取缔广州市肉类商贩规则一案，谨拟议意见复请核示等情，提付公决案。

（决议）照拟议意见通过。

二、省长交议，据财政厅签呈，拟具救济各机关办公费办法，请核示等情，提付公决案。

（决议）通过。

临时动议

一、省长交议，据教育厅签呈，拟请派雷惠明为本厅秘书案。

（决议）通过。

广 东 省 政 府
第七十七次省政会议录

日　期　八月三十一日

地　点　本府会议厅

出　席　陈省长　周应湘　汪宗准　林汝珩　张幼云　汪　屺
　　　　张国珍　黄子美　汪彦斌　林念慈　许廷杰

列　席　（高等法院长）陈鸿慈

主　席　陈省长

纪　录　王之光　区季鸾

报告事项

一、宣读第七十六次省政会议录。

二、省长报告，据政务厅签呈，拟照卫生署规定征收各种医药证书费办法，改订征收本省医药从业人员执照费，附具收费数目表请核示等情，经准照办。

讨论事项

一、省长交议，据建设厅签呈，拟由本厅核定公价，将本市大糠全数收购，发交电力厂备价领用，藉充该厂燃料，附具收购办法签请核示等情，提付公决案。

（决议）修正通过。

二、省长交议，据广州市政府呈，关于财政局以市库支绌，拟议征收本市各行商业佣店捐，藉资弥补一案，谨具意见连同原拟章程转请核示等情，提付公决案。

（决议）本案与法令抵触，应不准行。

三、省长交议，据张参事签呈，奉饬会同陈院长审查政务厅所拟市民袁××不服广州市政府所为核定工务局准由市民何德投资建筑铺屋处分，提起诉愿之决定书一案，谨会同拟议意见复请核示等情，提付公决案。

（决议）照拟议意见通过。

四、省长交议，警务处签呈，据省会警察局呈，本局第三科科长武备另有任用，第四科科长张复兴呈请辞职，拟请均予免职，第一科科长黄天卓拟请调任第三科科长，并请派陈显良为第一科科长，鲍达棠为第四科科长案。

（决议）通过。

广东省政府
第七十八次省政会议录

日　期　九月七日

地　点　本府会议厅

出　席　陈省长　周应湘　汪宗准　林汝珩（汪汉三代）　张幼云

汪　屺　张国珍　黄子美　汪彦斌　林念慈

列　席　（高等法院长）陈鸿慈

主　席　陈省长

纪　录　王之光　区季鸾

报告事项

一、宣读第七十七次省政会议录。

二、省长报告，据财政厅签呈，关于奖券事务处呈拟设置广东省奖励储蓄奖券专款保管委员会，并拟具该会章程请核示一案，经将该章程略加修订，转请核示等情，经予照准。

三、省长报告，据广东省爱路村总本部呈，拟将本部组织暂行办法第三条条文修正为"总本部设在省政府内，由建设厅长兼任总本部长"，等情，经准备案。

讨论事项

一、省长交议，据警务处、广州市政府、番禺县政府、南海县政府会呈，奉饬会同计议划分广州市及南海、番禺两县界址一案，谨将会拟意见连同界址详图，暨市管及代管区域乡名里数表，复请核示等情，提付公决案。

（决议）照拟议意见通过。

二、省长交议，据建设厅签呈，关于自来水厂呈拟由本年九月一日起将给水规程改正一案，谨具意见，连同原拟改正案转请核示等情，提付公决案。

（决议）通过。

三、省长交议，据建设厅签呈，拟将广州市皮革业商店管理暂行规则略加修正，附具修正条文请核示等情，提付公决案。

（决议）修正通过。

四、省长交议，据建设厅签呈，本厅秘书吴练百已另有任用，拟请准予免职，并请派袁国维为本厅秘书，余宏锦为技士案。

（决议）通过。

临时动议

一、省长交议，据建设厅签呈，关于广州市五仙门电力厂呈，送该

336

厂暂定收费规程，并请示电费增价后，对于广州市政府附加建设费应如何征收一案，谨具意见，连同原缴规程转请核示等情，提付公决案。

（决议）（一）自本年八月十五日起，电灯费、电力费、特别工业用电费及保证金，准暂照原案收费，俟将来燃料改用土产煤后，再由建设厅计议呈核。（二）电费照用户实用度数计算。（三）政府机关慈善机关医院五折收费，公务人员七折收费。（四）政府机关慈善机关医院及公务人员用电免缴保证金。（五）保证金全数存入中央储备银行广州分行，如有运用时须呈奉本府核准。（六）广州市政府建设费仍照原案附加一成。（七）余照案通过。

广 东 省 政 府
第七十九次省政会议录

日　期　九月十四日

地　点　本府会议厅

出　席　陈省长　周应湘　汪宗准　林汝珩　张幼云　汪　屺
　　　　张国珍　黄子美　汪彦斌　林念慈　吴广祺　许廷杰

列　席　（高等法院长）陈鸿慈

主　席　陈省长

纪　录　王之光　区季鸾

报告事项

一、宣读第七十八次省政会议录。

二、省长报告，奉行政院电，广东省警务处处长汪屺、广州市市长张焯堃均另有任用，应免本职，并任命王克翔为广东省警务处处长，汪屺为广州市市长，梁建持为广东省第一区行政督察专员，张焯堃为第二区行政督察专员，彭胜夫为第三区行政督察专员，王英儒为第五区行政督察专员等因，经分别令饬遵照。

三、省长报告，关于教育厅签拟设置省立临时中学校办法一案，经核饬：（一）校址及班额两项准照办，仍由该厅征商建设厅同意。（二）

借用军校学生台椅事项，俟函准绥靖公署查复再定。（三）临时费经常费尚属核实应准照办。

讨论事项

一、省长交议，据财政厅签呈，拟将烟酒牌照税费税率从新改订，附具修正税率表请核示等情，提付公决案。

（决议）通过。

二、省长交议，关于市民崔×因不服广州市政府工务局所为不准投资建筑铺业之处分，提起诉愿一案，经饬据政务厅依法作成决定书，提付公决案。

（决议）交张参事会同陈院长审查。

三、省长交议，关于农民姜××等因不服宝安县政府所为欠租私批之处分，提起诉愿一案，经饬据政务厅依法作成决定书，提付公决案。

（决议）通过。照政务厅所拟决定书办理。

广 东 省 政 府
第八十次省政会议录

日　　期　　九月二十二日

地　　点　　本府会议厅

出　　席　　陈省长　周应湘　汪宗准　林汝珩　张幼云　汪　屺
　　　　　　张国珍　汪彦斌　林念慈　吴广祺

列　　席　　（高等法院长）陈鸿慈

主　　席　　陈省长

纪　　录　　王之光　区季鸾

报告事项

一、宣读第七十九次省政会议录。

二、省长报告，据建设厅签呈，为遵令重拟未经核准之皮革品制造业商店核定办法后，请核示等情，经准照办。

三、省长报告，关于博罗县政府呈请通令禁止各县联防队携械越境以防匪徒冒混一案，经核定：（一）各县联防队携械越境，除属追剿匪徒外，以一律禁止为原则。（二）如欲因公务必须携械越境时，须由各县联防总局具函证明，仍于抵达邻县后随时提向邻县军警查验。（三）凡未具函证明又不将枪照提示者，得由邻县军警先将枪械连同人员扣留，俟函准原县联防总局查明再行发还释放等三项办法，并分函绥靖公署查照。

四、省长报告，关于广州市由本府就近督察汕头市划隶第四区行政督察专员公署管辖一案，经呈奉行政院核复照准。

五、省长报告，政务厅签呈，难童收容所所长曹仲平另有任用，拟请免职，所遗所长一职，并拟请派李桂兰接充，经予照准。

讨论事项

一、省长交议，据财政厅签呈，拟具管理各县经营钱庄业章程，暨限制业务暂行办法草案，请核示等情，提付公决案。

（决议）修正通过。

二、省长交议，派朱昌龄为政务厅秘书，请追认案。

（决议）通过追认。

三、省长交议，据广东省第一区行政督察专员公署呈，拟请派陈观祥为本署秘书，马骏千、辛国良、劳励锋、区镜澄为视察，吴霭人、包国光为荐任署员案。

（决议）通过。

临时动议

一、省长交议，关于广州市政府转据财政局呈拟清理登记积案办法第四项拟撤销从前民产登记案一案，经饬据将本案沿革及原卷补缴前来，提付公决案。

（决议）准予撤销。

二、省长交议，据广州市政府呈，拟请任命虞息辅为广州市政府秘书长案。

（决议）通过。

三、省长交议，番禺县县长虞息辅、增城县县长朱则呈请辞职，拟均照准，并拟荐用曾广铨署理番禺县县长，林永深署理增城县县长案。

（决议）通过。

广东省政府
第八十一次省政会议录

日　期　九月二十九日

地　点　本府会议厅

出　席　陈省长　周应湘　汪宗准　林汝珩　张幼云　汪　屺
　　　　张国珍　黄子美　汪彦斌　林念慈　吴广祺　许廷杰

列　席　（高等法院长）陈鸿慈

主　席　陈省长

纪　录　王之光　区季鸾

报告事项

一、宣读第八十次省政会议录。

二、省长报告，据建设厅签呈，本厅技正关西满呈请辞职，拟请准予免职等情，经予照准。

讨论事项

一、省长交议，据建设厅签呈，拟具管理各县大糠暂行办法草案，请核示等情，提付公决案。

（决议）修正通过。

二、省长交议，据政务厅签呈，本厅兼第一科科长吴广祺呈辞兼职，拟请予照准，所遗第一科科长职，拟请派曹宗培充任案。

（决议）通过。

临时动议

一、省长交议，据广州市政府呈，本府参事杨廉父、第二科科长麦益之、会计室主任邝梦熊、专员何藻芹、购料委员会总干事湛宝鎏，广州市保甲委员会秘书胡展云呈请辞职，本府秘书李财另有任用，拟均请免职，并请【派】章启科为本府参事兼购料委员会总干事，鲍达棠为本府秘书，何天醉为会计室主任，张允言兼第二科科长，李财、陈显书

340

为专员，何人魂为广州市保甲委员会秘书案。

（决议）通过。

广 东 省 政 府
第八十二次省政会议录

日　　期　十月五日

地　　点　本府会议厅

出　　席　陈省长　周应湘　汪宗准　林汝珩　张幼云　王克翔
　　　　　张国珍　黄子美　汪彦斌　林念慈　吴广祺　许廷杰

列　　席　（高等法院长）陈鸿慈

主　　席　陈省长

纪　　录　王之光　区季鸢

报告事项

一、宣读第八十一次省政会议录。

二、省长报告，据建设厅签呈，关于本市药材业同业公会容许所属会员开盘炒卖，并擅收会员开盘费，殊未有合，拟依章命令该会解散，另行组织，请核示等情，经准予照办。

三、省长报告，广东省警务处副处长李松侠呈请辞职，经予照准并呈行政院察核。

讨论事项

一、省长交议，关于金十字酒厂司理人毕×因不服前广东省经济局所为毋得以金十字商标使用于酒类商品之处分，提起诉愿一案，经饬据政务厅依法作成决定书，提付公决案。

（决议）交张参事会同陈院长审查。

二、省长交议，据政务厅签呈，本厅秘书吴国祥呈请辞职，拟请予照准，并请派鲍文清为本厅秘书案。

（决议）通过。

三、省长交议，据财政厅签呈，本厅秘书朱镇寰呈请辞职，拟请予照准，并请派石天池为本厅秘书案。

（决议）通过。

四、省长交议，据建设厅签呈，拟请派李俊明为本厅农事试验场技正兼技术组组长案。

（决议）通过。

广东省政府
第八十三次省政会议录

日　期　十月十二日

地　点　本府会议厅

出　席　陈省长　周应湘　汪宗准　林汝珩　张幼云　王克翔
　　　　张国珍　黄子美　汪彦斌　林念慈　吴广祺

列　席　（高等法院长）陈鸿慈

主　席　陈省长

纪　录　王之光　区季鸾

报告事项

一、宣读第八十二次省政会议录。

二、省长报告，据政务厅签呈，拟将取缔广州市肉类商贩规则第三条但书修正为"以上各种执〔按〕照定为每年换发一次，并以每年一月份为换发之期，各商贩须申请更换之"，请核示等情，经准照办。

三、省长报告，据财政厅签呈，为前定土地移转过户及承佃申报暂行办法，与现在办理情形颇有未协，拟予分别修改，请核示等情，经准照办。

四、省长报告，据建设厅签呈，本厅技正兼派驻西村士敏土厂及饮料厂代表李大德呈辞本兼各职，请予照准等情，经予照准。

讨论事项

一、省长交议，据财政厅签呈，谨参照中央增俸办法，拟议本省公务员役增俸办法及支付数目表，请核示等情，提付公决案。

（决议）（一）由本月份执照新定增俸办法支付。（二）免价食米照旧发给。（三）各市县所属机关向由市县地方款收入项下支付者，由各该市县自行审察地方款收入情形酌量办理。

二、省长交议，据广州市政府呈，关于财政局拟将骑楼废街等地价恢复照原额征收，并拟酌增该项执照等费一案，经提会议决，谨录案转请核示等情，提付公决案。

（决议）通过。

三、省长交议，据广州市政府呈，据财政局遵将广州市郊农地税征收实物暂行办法修正前来，转请核示等情，提付公决案。

（决议）通过。

四、省长交议，据建设厅签呈，拟具皮革搬运取缔章程，请核示等情，提付公决案。

（决议）除第十三条关于缉获私皮变价货款处置办法依通案办理外，余照通过。

五、省长交议，据建设厅签呈，本厅第五科科长陆稻香呈请辞职，请予照准，并请派陈迪农为本厅第五科科长案。

（决议）通过。

六、省长交议，据警务处签呈，本处秘书主任章启科、秘书鲍达棠、第一科科长陈廷周、第二科科长王仲和、第四科科长何人魂均请辞职，请予照准，并请派郑介山为本处秘书主任，王涤尘、彭仲安、项熙春为秘书，何伯寅为第一科科长，林万容兼第二科科长，曾广平代理第四科科长案。

（决议）通过。

七、省长交议，据广东省第二区行政督察专员公署呈，拟请派杨士灿、麦益之为本署秘书，湛宝鎏、麦旭初、蔡剑云、刘小吉为视察，邝梦熊、程志远为荐任署员案。

（决议）通过。

广 东 省 政 府
第八十四次省政会议录

日　　期　　十月十九日

地　　点　　本府会议厅

出　　席　　陈省长　周应湘　汪宗准　林汝珩　张幼云　王克翔

　　　　　　张国珍　黄子美　汪彦斌　林念慈　吴广祺　许廷杰

列　　席　　（高等法院长）陈鸿慈

主　　席　　陈省长

纪　　录　　王之光　区季鸾

报告事项

一、宣读第八十三次省政会议录。

二、省长报告，据警务处签呈，广东省会警察局局【长】黎春荣呈请辞职，请予照准，遗缺拟请派郭卫民接任等情，经予照准。

讨论事项

一、省长交议，据财政厅签呈，关于广州市按押业同业公会沥陈该行困难情形，请将断赎期改为三个月，押本月息提高为每百元收息六元一案，应否照准，附具押店调查表、营业状况表转请核示等情，提付公决案。

（决议）（一）年饷减收为三十元。（二）断赎期仍定为六个月。（三）自公布之日起，新当利息改为押本每百元收月息四元。

二、省长交议，据广东省第三区行政督察专员公署呈，拟请派陈柏年、麦治平为本署秘书，王任之、蔡汉荪、黄奉欣、谢梦生为视察，林谦为署员案。

（决议）通过。

344

广 东 省 政 府
第八十五次省政会议录

日　期　十月二十六日

地　点　本府会议厅

出　席　陈省长　周应湘　汪宗准　林汝珩　张幼云

　　　　王克明〔翔〕　张国珍　黄子美　汪彦斌　林念慈

　　　　吴广祺　许廷杰

列　席　（高等法院长）陈鸿慈

主　席　陈省长

纪　录　王之光　区季榆

报告事项

一、宣读第八十四次省政会议录。

二、省长报告，关于本府政务、建设两厅分科规则，经呈奉行政院，指饬应将建设厅分科规则第四条三款内"审计"二字删等因，经转饬遵照。

三、省长报告，据财政厅签呈，拟将本省地税征收实物暂行办法第六条条文修正，附具修正条文请核示等情，经准照办。

四、省长报告，广州市政府呈，据财政局呈，拟征收实物管理办法，暨市郊农地税实物征收处组织规程，及谷米运照式样前来，转请备案等情，经准予备案。

五、省长报告，据广州市政府呈，关于财政局呈复，遵令修正市区广告费及娱乐场院附加费征收章程，并拟将音乐茶座附加费暂从缓办一案，谨将修正征收章程转请核示等情，经准予备案。

六、省长报告，据政务厅签呈，本厅第二科科长区季鸾因病辞职，请予免职，所遗科长一职，并请派本厅秘书李星榆暂行兼代等情，经予照准。

七、省长报告，据建设厅签呈，请派本厅秘书赵若山，兼任派驻广

345

东省营西村士敏土厂及广东饮料厂代表，兼办硫酸梳打厂事务等情，经准照办。

讨论事项

一、省长交议，据建设厅签呈，拟具承办广州市五仙门电力厂合约草案，请核示等情，提付公决案。

（决议）修正通过。

二、省长交议，据警务处签呈，本处视察长兼任第二科科长林万春面辞兼职，第三科科长陈智豪另有任用，请均免职，并请派陈智豪为本处第二科科长，张绍昌为秘书兼代第三科科长案。

（决议）通过。

三、省长交议，据建设厅签呈，本厅技士吴灿璋办事勤慎，资历相当，拟请晋升为荐任技士案。

（决议）通过。

四、省长交议，据广州市政府呈，广州市保甲委员会秘书何人魂呈请辞职，请予免职，所遗该会秘书职，并请派凌广图充任案。

（决议）通过。

广 东 省 政 府
第八十六次省政会议录

日　　期　十一月二日

地　　点　本府会议厅

出　　席　陈省长　周应湘　汪宗准　林汝珩　张幼云　王克翔
　　　　　张国珍　黄子美　汪彦斌　林念慈　吴广祺

列　　席　（高等法院长）陈鸿慈

主　　席　陈省长

纪　　录　王之光　李星榆

报告事项

一、宣读第八十五次省政会议录。

二、省长报告，关于本府前订修正成药查验注册章程一案，经咨准卫生署函复，所有各省市成药之管理发售，请照本署呈奉核准公布之管理成药规则办理，以资划一等由，经照咨办理。

三、省长报告，据政务厅案呈，关于本省警饷增加饷率案，拟并照财政厅所议，"所有省会长警饷额，照原定加二倍发给，另每名每月发给战时津贴四百元"办法，由十月份起实【行】，请核示等情，经准照办。

四、省长报告，据建设厅签呈，据粮食管理事务所呈拟米粮贩运商搬运麻包输出入暂行办法草案，暨申请书式样，转请核示等情，经准予照办。

讨论事项

一、省长交议，据建设厅签呈，拟具三十三年厉行冬耕栽植杂粮推动办法，请核示等情，提付公决案。

（决议）修正通过。

二、省长交议，据广州市政府呈，关于饬据本府参事室暨工务局，核议财政局所拟恢复征收码头轮渡湾泊费，并修正征收章程一案，请核示等情，提付公决案。

（决议）除将章程修正外，余照通过。

三、省长交议，据建设厅签呈，拟请派黄伯桀为本厅技正案。

（决议）通过。

四、省长交议，据广州市政府呈，本府财政局第二课课长麦灿呈请辞职，请予免职。遗职拟请派伍维藩充任案。

（决议）通过。

广 东 省 政 府
第八十七次省政会议录

日　期　十一月九日
地　点　本府会议厅

出　　席　陈省长　周应湘　汪宗准　林汝珩　张幼云　王克翔
　　　　　张国珍　黄子美　林念慈　吴广祺　张宗骞
列　　席　（高等法院长）陈鸿慈　（广州市市长）汪　屺
主　　席　陈省长
纪　　录　王之光　李星榆

报告事项

一、宣读第八十六次省政会议录。

二、省长报告，外交部驻广东省特派员公署已奉令结束，关于本省外交事宜，由本府设置外事室办理，经呈奉行政院电饬准予备案。

三、省长报告，据广州市政府呈，本府参事吴实之、社会局局长朱祖绳另有任用，均请免职，并拟请派朱祖绳为本府参事，梁匡平为社会局局长，吴实之为财政局局长等情，经予照准。

四、省长报告，据广东省第三区行政督察专员公署呈，拟请派林免升为本署荐任署员等情，经准照派。

讨论事项

一、省长交议，据政务厅签呈，谨拟具外事室各股职掌细则，并拟将该室职掌事项增列本厅分科规则内，请核示等情，提付公决案。

（决议）修正通过，呈行政院备案。

二、省长交议，据广州市政府呈，为实施管理本市市郊各乡村行政任务起见，拟组设市郊管理处暨第一、二行政区署，附具组织规则及预算表，请核示等情，提付公决案。

（决议）除修正市郊管理处组织规则外，余照通过并呈行政院备案。

三、省长交议，据奖励储蓄奖券专款保管委员会签呈，拟将第一期储蓄奖券存款经营畜牧事业，附具增产农牧场计划，请核示等情，提付公决案。

（决议）通过。

四、省长交议，据张参事签呈，奉饬会同陈院长审查政务厅所拟市民李××及梁××不服广州市政府所为处理领筑广州市×××街第××、××号中间废街地段办法，各自提起诉愿之决定书一案，谨会同拟议意见复请核示等情，提付公决案。

（决议）照审查意见通过。

五、省长交议，据清乡事务局签呈，本局秘书兼第二科科长罗电威、秘书陈柏年呈请辞职，请予免职，并请派崔耀广、赵颂昊为本局秘书，李思云为第二科科长案。

（决议）通过。

临时动议

一、省长交议，据建设厅先后签呈，关于广州市自来水厂请自十一月份起实施增费给水规程一案，谨分别拟议意见，连同原拟规程转请核示等情，提付公决案。

（决议）（一）政府机关慈善机关医院及公务员专用喉基本水费，及超过水量费，均照原呈增费规程五折收费。（二）贩卖喉基本水量二十立方米，每月收一千二百元，超过水量每立方米收费七十元。（三）公共喉每立方米收费二十五元。（四）新增水费准由十一月份起实施。

二、省长交议，中山县县长卢宝永另候任用，应予免职，遗缺拟派李荫南署理案。

（决议）通过。

广东省政府
第八十八次省政会议录

日　期　十一月十五日

地　点　本府会议厅

出　席　陈省长　周应湘　汪宗准　林汝珩　张幼云　王克翔
　　　　张国珍　林念慈　吴广祺　张宗骞

列　席　（高等法院长）陈鸿慈　（广州市市长）汪　屺

主　席　陈省长

纪　录　王之光　李星榆

报告事项

一、宣读第八十七次省政会议录。

二、省长报告，据建设厅签呈，关于广州市五仙门电力厂请再将管理广州市大糠暂行办法内所定罚则酌予修正一案，尚属可行，拟除将第九条条文修正外，并拟另增办法二条，以期周密，附具增修条文，请核示等情，经准予照办。

讨论事项

一、省长交议，据财政厅签呈，谨拟具汕头市钱庄业章程及限制暂行办法草案，请核示等情，提付公决案。

（决议）通过。

二、省长交议，据广州市政府呈，关于财政局呈，拟恢复征收土地移转增价税，并拟于复征前六个月内先行举办自由更正地价一案，连同原拟征收章程转请核示等情，经饬据财政厅签议意见前来，提付公决案。

（决议）照财政厅核议意见通过。

三、省长交议，关于厚兴手车公司等请求复核本府核准广州市政府撤销广州市人力手车业组合，设立管理处，并将车辆收归公有一案，经饬据广州市政府先后呈复核议意见，并拟由十月二十一日起，将各手车饷新定饷额每日每辆征收二元五角，以裕库收等情，提付公决案。

（决议）通过。

四、省长交议，据中山县政府呈，关于本府地方款收不敷支，请准举办山货类捐，以资弥补，奉饬将县属山货类每月出产及过境暨月征额约数，并补拟承办章程呈核等因，谨遵将上项名点列请核示等情，经饬据财政厅签议意见前来，提付公决案。

（决议）照财政厅核议意见通过。

五、省长交议，据警务处签呈，广东省会警察局秘书张绍昌、第一科科长陈显良、第三科科长黄天卓、第四科科长鲍达棠呈请辞职，督察长保伯平另有任用，拟请均予免职，并请派陈璞为该局秘书，罗电威为第一科科长，保伯平为第三科科长，刘灏章为第四科科长，潘仲吉为督察长案。

（决议）通过。

广 东 省 政 府
第八十九次省政会议录

日　　期　十一月二十四日

地　　点　本府会议厅

出　　席　陈省长（周厅长代）　周应湘　汪宗准　张幼云　王克翔
　　　　　张国珍　黄子美　汪彦斌　林念慈

列　　席　（高等法院长）陈鸿慈　（教育厅秘书）汪汉三

主　　席　陈省长（周厅长代）

纪　　录　王之光　李星榆

报告事项

一、宣读第八十八次省政会议录。

二、省长报告，据政务厅签呈，拟请派刘志成为本厅秘书等情，经准照派。

三、省长报告，据清乡事务局签呈，拟请派余福超、谢乐山、莫建民、王鹤侣、李贞干、杨琼如为本局荐任科员等情，经准照办。

四、省长报告，据广东省第一区行政督察专员公署呈，本署秘书陈观祥呈请辞职，视察马骏千另有任用，均请免职，荐任署员包××因案拟请撤职，并请派马骏千为本署秘书，魏子祯为视察，龙海云为荐任署员等情，经准照办。

讨论事项

一、省长交议，据警务处签呈，关于中山县政府呈拟从新厘定征收船户警捐办法，及东莞县政府请由十月份起征收船户牌照警费两案，谨饬并案拟议意见，连同修正各市县警察局征收船舶警捐表，暨船舶牌照费征收表，复请核示等情，提付公决案。

（决议）（一）照警务处核议意见通过。（二）由民国三十四年一月一日开始实施。

二、省长交议，据张参事签呈，奉饬会同陈院长审查政务厅所拟金十字酒厂司理人毕×因不服前经济局所为毋庸以金十字商标使用于酒类商品之处分，提起诉愿之决定书一案，谨会同拟议意见复请核示等情，提付公决案。

（决议）照审查意见通过。

广 东 省 政 府
第九十次省政会议录

日　期　十一月三十日

地　点　本府会议厅

出　席　陈省长（周厅长代）　周应湘　汪宗准　张幼云　王克翔
　　　　张国珍　黄子美　汪彦斌　林念慈　张宗骞

列　席　（高等法院长）陈鸿慈　（教育厅秘书）汪汉三

主　席　陈省长（周厅长代）

纪　录　王之光　李星榆

报告事项

一、宣读第八十九次省政会议录。

二、省长报告，据政务厅签呈，本厅第七科科长梁匡平已另有任用，请予免职，遗职并请派本厅秘书朱寿添暂行兼代等情，经准照派。

讨论事项

一、省长交议，据建设厅签呈，拟将本厅西濠口码头准许船只湾泊，以利河面交通，谨拟具该码头租用规则，请核示等情，提付公决案。

（决议）修正通过。

二、省长交议，据建设厅签呈，为适应现实需要，拟将本省战时物资移动取缔暂行章程再予修正，附具修正章程请核示等情，提付公决案。

（决议）通过。

三、省长交议，据财政厅签呈，本厅第一科科长张衡五因病出缺，第二科科长李仲素另有任用，请予免职，并请派李仲素为本厅第一科科长，龙公颖为第二科科长案。

（决议）通过。

四、省长交议，据广东省第二区行政督察专员公署呈，本署视察刘小吉另有任用，请予免职，并请派郝焕文为本署视察，刘小吉、王有为为荐任署员案。

（决议）通过。

广东省政府
第九十一次省政会议录

日　期　十二月七日

地　点　本府会议厅

出　席　陈省长（周应湘代）　周应湘　汪宗准　张幼云　张国珍
　　　　黄子美　汪彦斌　林念慈　张宗蹇

列　席　（高等法院长）陈鸿慈　（教育厅秘书）汪汉三

主　席　陈省长（周厅长代）

纪　录　王之光　李星榆

报告事项

一、宣读第九十次省政会议录。

讨交事项

一、省长交议，财政厅签呈，据广东区地方禁烟局呈，为遵令拟具禁种罂粟实施及奖惩细则，转请核示等情，提付公决案。

（决议）修正通过。

二、省长交议，据建设厅签呈，关于自本年十一月份起停止发给市民粮食配给证一案，经饬据粮食管理事务所拟议意见，连同拟具米粮零售商管理营业规则前来，转请核示等情，提付公决案。

（决议）通过。

三、省长交议，据财政厅签呈，本厅秘书魏洵另有任用，请予免职，遗职拟请派郑逊伯接充案。

（决议）通过。

四、省长交议，据建设厅签呈，本厅技士黄锡伟办事勤慎，拟请晋升为荐任技士案。

（决议）通过。

临时动议

一、省长交议，据财政厅签呈，为严密管理本省对澳门汇兑，以杜流弊起见，谨拟具管理对澳门汇兑暂行办法草案，请核示等情，提付公决案。

（决议）通过。

广东省政府
第九十二次省政会议录

日　　期　十二月十四日

地　　点　本府会议厅

出　　席　陈省长（周应湘代）　周应湘　汪宗准　张幼云　王克翔
　　　　　张国珍　黄子美　汪彦斌　林念慈　张宗骞

列　　席　（高等法院长）陈鸿慈　（教育厅秘书）汪汉三

主　　席　陈省长（周应湘代）

纪　　录　王之光　李星榆

报告事项

一、宣读第九十一次省政会议录。

二、省长报告，关于本省地税暨沙田税费改征实物，暨调整业佃交收地租办法一案，经呈奉行政院，本年九月二日院字第六八七七号令饬准照办理。

三、省长报告，据建设厅签呈，拟将广东省皮革业商店管理暂行规则酌予增修，附具修正条文请核示等情，经准照办。

四、省长报告，据清乡事务局签呈，本局第一科科长陈眉介呈请辞

职，请予免职，遗职拟请派本局秘书崔耀广暂行兼代等情，经予照准

讨论事项

一、省长交议，据广州市政府呈，关于财攻局拟将本市宅地税集中征收一案，经饬据本府参事室签复核议意见，连同修正征收办法前来，转请核示等情，提付公决案。

（决议）修正通过。

二、省长交议，据广州市政府呈，工务局第二课课长黄文韶因病出缺，技正李金培另有任用，请予免职，并请派李金培代理该局第二课课长，彭奠原为技正案。

（决议）通过。

广东省政府
第九十三次省政会议录

日　　期　十二月二十一日

地　　点　本府会议厅

出　　席　陈省长（周应湘代）　周应湘　汪宗准　张幼云　王克翔
　　　　　张国珍　黄子美　汪彦斌　林念慈　张宗骞

列　　席　（高等法院长）陈鸿慈　（教育厅秘书）汪汉三

主　　席　陈省长（周厅长代）

纪　　录　王之光　李星榆

报告事项

一、宣读第九十二次省政会议录。

讨论事项

一、省长交议，据建设厅签呈，本厅工业试验所筹备完竣，定期成立，请派高士琛为该所所长，以专责成案。

（决议）通过。

二、省长交议，据警务处签呈，本处秘书兼第三科科长兼代秘书主

任张绍昌、视察梁少华均另有任用，请予免职，并请派张绍昌为本处秘书主任，余金章为秘书，梁少华为第三科科长案。

（决议）通过。

临时动议

一、省长交议，据政务厅签呈，谨拟具公务员配给柴薪暂行办法，请核示等情，提付公决案。

（决议）修正通过。

广 东 省 政 府
第九十四次省政会议录

日　　期　十二月二十八日

地　　点　本府会议厅

出　　席　陈省长　周应湘　汪宗准　张幼云　王克翔　张国珍
　　　　　黄子美　汪彦斌　林念慈　张宗骞

列　　席　（高等法院长）陈鸿慈　（教育厅秘书）汪汉三

主　　席　陈省长

纪　　录　王之光　李星榆

报告事项

一、宣读第九十三次省政会议录。

二、省长报告，据财政厅签呈，拟将管理对澳门汇兑暂行办法第五条条文略予修正，附具修正条文请核示等情，经准予照办。

讨论事项

一、省长交议，据广东省物资调查委员会呈，为抑平物价，杜绝囤积居奇，以安定民生起见，谨拟具密报检举囤积主要商品办法草案，暨修正囤积基准草案，请核示等情，提付公决案。

（决议）交张厅长、汪厅长、黄参事审查，并约陈院长出席，由张厅长召集。

356

二、省长交议，据张参事签呈，奉饬会同陈院长审查政务厅所拟市民崔×不服广州市政府工务局所为不准投资建筑铺业之处分，提起诉愿之决定书一案，谨会同拟议意见复请核示等情，提付公决案。

（决议）照审查意见通过。

广 东 省 政 府
第九十五次省政会议录

日　期　民国三十四年一月四日

地　点　本府会议厅

出　席　陈省长　周应湘　汪宗准　张幼云　王克翔　张宗骞
　　　　张国珍　黄子美　汪彦斌　林念慈

列　席　（高等法院长）陈鸿慈　（教育厅秘书）汪汉三

主　席　陈省长

纪　录　王之光　李星愉

报告事项

一、宣读第九十四次省政会议录。

二、省长报告，本府建设厅粮食管理事务所经予裁撤，其粮食行政事宜，依照院颁省行政机构改革案，仍由建设厅办理，征实发实事宜统归财政厅办理。

三、省长报告，据财政厅签呈，关于顺德县政府及顺德县地税征收实物管理处会呈，遵将本县前拟蔗地地税征收实物暂行章程分别改善，再请核定一案，除该第二、五两条仍应修正外，余尚允洽，拟准暂行试办，转请核示等情，经准照办。

四、省长报告，据建设厅签呈，奉饬核议关于本市经纪业同业公会筹备会请求变更觅店担保办法一案，拟将广州市各行业经纪管理暂行规则第三条第五项修正为"本市殷实商店一家担保或缴纳保证金国币一万元"，是否有当，请核示等情，经准照办。

五，省长报告，广州市政府呈，据财政局呈，拟将征收市区广告费章程第三条丙、己两项条文分别修正，列〔连〕同修正条文转请核示等情，经准备案。

讨论事项

一、省长交议，关于黄×等不服南海县政府呈奉核饬华益行采矿办法之处分，提起诉愿一案，经饬据政务厅依法作成决定书，提付公决案。

（决议）交张参事会同陈院长审查。

二、省长交议，派政务厅秘书彭文达兼任该厅外事室主任案。

（决议）通过。

三、省长交议，政务厅秘书兼代第七科科长朱寿添着免本职，专任政务厅第七科科长，并派潘衡为政务厅秘书案。

（决议）通过。

临时动议

一、省长交议，本府参事吴广祺呈请辞职，拟予免职案。

（决议）通过。

二、省长交议，据财政厅签呈，为办理粮食征实发实事宜，拟增设第六科，请派李誉水为该科科长，并派余肇初为本厅视察案。

（决议）通过。

三、省长交议，据建设厅签呈，为办理粮食行政事宜，拟增设第六科，并请派莫伯闲为该科科长案。

（决议）通过。

广 东 省 政 府
第九十六次省政会议录

日　期　一月十一日

地　点　本府会议厅

出　席　陈省长　周应湘　汪宗准　张幼云　王克翔　张宗骞
　　　　张国珍　黄子美　汪彦斌　林念慈

358

列　席　（高等法院长）陈鸿慈　（教育厅秘书）汪汉三

主　席　陈省长

纪　录　王之光　李星榆

报告事项

一、宣读第九十五次省政会议录。

二、省长报告，据建设厅签呈，拟将本厅批商承办各县公路行车办法酌予修改，附同修正条文请核示等情，经准照办。

三、省长报告，据建设厅签呈，本厅第五科科长陈迪农呈请辞职，拟请免职，遗职并请派本厅第二科科长姚梅生暂行兼代等情，经予照准。

讨论事项

一、省长交议，饬据政务厅拟具广东省政府分区查铲烟苗办法，提付公决案。

（决议）通过。

二、省长交议，严禁各市县铺屋征收实物租金，以利国币流通案。

（决议）通过。

三、省长交议，饬据政务厅拟订配给各机关特价米粮办法案。

（决议）修正通过。

临时动议

一、省长交议，拟荐用梁伟文为本府政务厅技士，请公决案。

（决议）通过。

广 东 省 政 府
第九十七次省政会议录

日　期　一月十八日

地　点　本府会议厅

出　席　陈省长　周应湘　汪宗准　张幼云　王克翔　张宗骞
　　　　张国珍　黄子美　汪彦斌　林念慈

列　席　（高等法院长）陈鸿慈

主　席　陈省长

纪　录　王之光　李星榆

报告事项

一、宣读第九十六次省政会议录。

二、省长报告，据广东省第二区行政督察专员公署呈，本署秘书杨士灿呈请辞职，拟请免职等情，经予照准。

讨论事项

一、省长交议，据建设厅签呈，据广州市电力厂呈，以物价高涨，亏损甚巨，拟自一月份起增加电费一案，连同附件签请察核等情，提付公决案。

（决议）（一）军用电收费额包括中日双方军事机关。（二）碾米机及省政府直接经营工厂使用电力，每度收费一百元，余照现呈收费表办理。（三）政府机关（包括中日双方及第三国之政府机关）、慈善机关，及政府指定之医院暨公务员（包括中日双方及第三国公务员在内），使用电灯免收保证金，并照现呈收费表五折收费。（四）饮料厂使用电力保证金全收，士敏土厂收半额，自来水厂全免。（五）余照案通过。（六）自本年一月份起实施。

二、省长交议，据第三区行政督察专员公署签呈，本署秘书陈柏年、麦治平呈请辞职，拟请准予免职，并请派黄日新、凌福文为本府秘书案。

（决议）通过。

临时动议

一、省长交议，派郭保焕为本府清乡事务局政治工作团团长案。

（决议）通过。

广东省政府
第九十八次省政会议录

日　期　一月二十五日

地　点　本府会议厅

出　席　陈省长　周应湘　汪宗准　张幼云　王克翔　张宗骞
　　　　张国珍　黄子美　汪彦斌　林念慈

列　席　（高等法院长）陈鸿慈

主　席　陈省长

纪　录　王之光　李星榆

报告事项

一、宣读第九十七次省政会议录。

二、省长报告，关于本省拟仍遵照奉颁修正保安队暂行组织要纲，组设保安队，并设置保安司令部一案，经奉行政院令饬照准。

三、省长报告，据财政厅签呈，本厅先后呈准增设第五、六两科谨将该科职掌条文列请增列各厅处处务规程等情，业经暂予修正饬遵。

讨论事项

一、省长交议，据广州市政府呈，关于土地评价委员会呈缴评定全市各店户租值及地价应增倍数表，暨评定租值及地价征收地税实施细则，并拟自三十四年份起实施一案，转请核示等情，提付公决案。

（决议）交汪厅长、张参事、黄参事、汪参事、林参事审查，由汪厅长召集。

二、省长交议，关于全国商业统制总会广东分会呈请自本年月份起，将该会征收事务费增为按值征收千分之十一案，经饬据物资统制审议委员会广东分会拟议意见，呈复前来，提付公决案。

（决议）通过。

三、省长交议，据广东省第一区行政督察专员公署呈，拟请增派龚遂三为本署视察案。

（决议）通过。

广东省政府
第九十九次省政会议录

日　　期　二月一日

地　　点　本府会议厅

出　　席　陈省长　周应湘　汪宗准　张幼云　王克翔　张宗骞
　　　　　张国珍　黄子美　汪彦斌　林念慈

列　　席　（高等法院长）陈鸿慈　（教育厅秘书）汪汉三

主　　席　陈省长

纪　　录　王之光　李星榆

报告事项

一、宣读第九十八次省政会议录。

二、省长报告，奉行政院指令，为关于本省第一区清乡督察专员公署改组为第一区行政督察专员公署，核与规定不符，仍应改为第一区清乡督察专员公署；至原任命第一区行政督察专员梁建持，应予改任为第一区清乡督察专员，兼理该区行政督察专员事务等因，经转饬遵照定期改组。

讨论事项

一、省长交议，据张厅长、汪厅长、黄参事签呈，奉饬会同陈院长审查广东省物资调查委员会所拟，密报检举囤积主要商品办法，暨修正囤积基准草案一案，谨会同拟议意见复请核示等情，提付公决案。

（决议）照审查意见通过。

二、省长交议，据广东省第五区行政督察专员公署呈，拟请派吴万权为本署秘书，梁成为视察，李庆镖、李时中、梅振军、岑大犟为荐任署员案。

（决议）通过。

广东省政府
第一百次省政会议录

日　期　二月八日

地　点　本府会议厅

出　席　陈省长　周应湘　汪宗准　张幼云　王克翔　汪宗骞
　　　　张国珍　黄子美　汪彦斌　林念慈

列　席　（高等法院长）陈鸿慈

主　席　陈省长

纪　录　王之光　李星榆

报告事项

一、宣读第九十九次省政会议录。

二、省长报告，建设厅签呈，据广州市电力厂呈，拟自本年二月一日起，将保证金及工程手续费酌予增加，转请核示等情，经予照准。

讨论事项

一、省长交议，据财政厅签呈，谨拟具本省公务员役及省会警察长警，暨护沙队士兵薪饷及办公费增加办法，请核示等情，提付公决案。

（决议）省会警察长警及护沙队士兵增饷部分，照所拟甲项办法办理，余照案通过，均自二月份实施。

二、省长交议，据财政厅签呈，遵饬拟具本厅分科规则，请核示等情，提付公决案。

（决议）通过。

三、省长交议，建设厅签呈，据广州市自来水厂呈，为电费加价，支出突增，拟酌予增加水费，附具改正增加水费表暨收支预算比较表，转请核示等情，提付公决案。

（决议）（一）基本水量照旧。（二）保证金一二耗管改为七百五十元。（三）其余照案通过。（四）自二月份起实施。

四、省长交议，据顺德县政府呈，拟将本县青云文社公产从新整理，附具整理办法请核示等情，提付公决案。

（决议）交政务厅比照整理东莞明伦堂原则另拟办法呈候核定。

五、省长交议，据政务厅签呈，本厅编译高茵呈请辞职，请予免职，并请派华德光为本厅编译案。

（决议）通过。

临时动议

一、省长交议，拟请任命章启佑为本府参事案。

（决议）通过。呈行政院。

广 东 省 政 府
第一百零一次省政会议录

日　　期　　二月十五日

地　　点　　本府会议厅

出　　席　　陈省长　周应湘　汪宗准　张宗骞　王克翔　张国珍
　　　　　　黄子美　汪彦斌　林念慈　章启佑

列　　席　　（高等法院长）陈鸿慈　（教育厅秘书）汪汉三

主　　席　　陈省长

纪　　录　　王之光　李星榆

报告事项

一、宣读第一百次省政会议录。

二、省长报告，据财政厅签呈，关于广东财政特派员公署函，准税务局转据国光卷烟厂等联请豁免卷烟纸专税一案，转请核示等情，经准予豁免。

讨论事项

一、省长交议，据汪厅长、张参事、黄参事、汪参事、林参事签呈，奉交审查广州市政府土地评价委员会所拟评定全市各店户租值及地价应增倍数表，暨评定租值及地价征收地税实施细则，并拟自三十四年份起实施一案，谨会同拟议意见复请核示等情，提付公决案。

（决议）照审查意见通过。

二、省长交议，据建设厅签呈，本厅秘书兼第六科科长莫伯闲呈辞本兼各职，请予免职，所遗第六科科长一职，拟请派本厅专员韩公孟兼代案。

（决议）通过。

广东省政府
第一百零二次省政会议录

日　期　二月二十二日

地　点　本府会议厅

出　席　陈省长　周应湘　汪宗准　张幼云　张宗骞　张国珍
　　　　黄子美　汪彦斌　林念慈　章启佑

列　席　（高等法院长）陈鸿慈　（教育厅秘书）汪汉三

主　席　陈省长

纪　录　王之光　李星榆

报告事项

一、宣读第一百零一次省政会议录。

二、省长报告，据建设厅签呈，本厅奉准增设第六科，谨拟订该科职掌条文，列请增列各厅处处务规程等情，业经分别改正饬遵。

讨论事项

一、省长交议，据政务厅签呈，关于顺德县政府呈，拟将该县青云文社公产从新整理一案，遵饬比照整理东莞明伦堂原则，另拟整理办法复请核示等情，提付公决案。

（决议）修正通过。

二、省长交议，据警务处签呈，本处代理第四科科长曾广平另有任用，拟请免职，遗职并请派彭举充任案。

（决议）通过。

广东省政府
第一百零三次省政会议录

日　期　三月一日

地　点　本府会议厅

出　席　陈省长（周应湘代）　周应湘　汪宗准　张幼云　王克翔

　　　　张宗骞　张国珍　黄子美　汪彦斌　林念慈　章启佑

列　席　（高等法院长）陈鸿慈　（教育厅秘书）汪汉三

主　席　陈省长（周厅长代）

纪　录　王之光　李星榆

报告事项

一、宣读第一百零二次省政会议录。

二、省长报告，据建设厅签呈，本厅技正邝森机呈请辞职，拟请准予免职等情，经予照准。

讨论事项

一、省长交议，据财政厅签呈，谨拟具各县地税征收实物管理处暂行补充办法，暨各县沙田征实监追办法，请核示等情，提付公决案。

（决议）修正通过。

二、省长交议，据汕头市政府呈，为防止囤积操纵粮食起见，谨拟具管理碾谷商店规则，请核示等情，提付公决案。

（决议）交建设厅审查。

三、省长交议，据警务处签呈，奉饬办理本市各商号囤积主要商品嫌疑一案，谨拟议处理意见签请核示等情，提付公决案。

（决议）通过。

四、省长交议，关于调整本市果菜栏各铺业权关系一案，经先后饬据复兴广州市灾区委员会暨会同广州市政府、广东省银行拟议办法，呈复前来，提付公决案。

（决议）（一）范围内经界经已混合不易分清之店铺，应就现在之铺位分间投变。（二）投变价款交由中储行广州分行保管。（三）余照通过。

五、省长交议，新委中山县县长李荫南辞不到任，经予照准，遗缺并经派本府参事林念慈兼署，请追认案。

（决议）通过追认。

六、省长交议，本府参事兼政务厅会计室主任林念慈另有任用，应免去兼职，所遗会计室主任一职，派政务厅秘书谢宏泽兼任案。

（决议）通过。

七、省长交议，据政务厅签呈，本厅视察沈念祖呈请辞职，拟请免职，并请派屈明新充任案。

（决议）通过。

八、省长交议，据建设厅签呈，拟请派欧庆翔、陈伟、曾志扬、钟尚仁为本厅工业试验所技正案。

（决议）通过。

九、省长交议，据核计处呈，本处秘书潘世燊、第二科科长刘善授、第三科科长冯重明、第四科科长陈应凤均请辞职，拟请准予免职并请派陈卓立为本处秘书，梁方为第二科科长，沈念祖为第三科科长，潘绍诚为第四科科长案。

（决议）通过。

临时动议

一、省长交议，从化县县长吴乾煦辞职照准，遗缺派潘歌雅署理案。

（决议）通过。

广 东 省 政 府
第一百零四次省政会议录

日　期　三月八日
地　点　本府会议厅

出　席　陈省长（周应湘代）　周应湘　汪宗准　张幼云　王克翔
　　　　张国珍　黄子美　汪彦斌　林念慈　章启佑
列　席　（高等法院长）陈鸿慈　（教育厅秘书）汪汉三
主　席　陈省长（用厅长代）
纪　录　王之光　李星榆

报告事项

一、宣读第一百零三次省政会议录。

二、省长报告，据财政厅签呈，关于新会县政府呈，拟将江门市宅地税额增加，附具增定地价表转请核示等情，经准予备案。

讨论事项

一、省长交议，据建设厅签呈，遵饬将本厅分科规则修正，附具修正全文签请核示等情，提付公决案。

（决议）修正通过。

二、省长交议，据建设厅签呈，请派王乃光为本厅技士案。

（决议）通过。

三、省长交议，据广东省第二区行政督察专员公署呈，拟请派刘善授为本署秘书案。

（决议）通过。

临时动议

一、省长交议，据财政厅签呈，为调整各属屠猪牛捐，以增裕库帑起见，拟将本省屠猪牛捐征收章程修正，并拟具屠猪牛捐承商增减饷额办法，请核示等情，提付公决案。

（决议）（一）每月猪牛公价比较承商起饷之月公价，超过五成至一倍以下者，其应增饷额照八成计缴，超过一倍至二倍以下者七成计缴，超过二倍以上者照六成计缴。（二）余照案通过。

二、省长交议，据建设厅签呈，本厅技正王振民辞职拟予照准，请察核等情，提付公决案。

（决议）通过。

三、省长交议，据政务厅签呈，拟请派李志文为本厅编译案。

（决议）通过。

广 东 省 政 府
第一百零五次省政会议录

日　　期　三月十五日
地　　点　本府会议厅
出　　席　陈省长（周应湘代）　周应湘　汪宗准　张幼云　王克翔
　　　　　张国珍　汪彦斌　章启佑
列　　席　（高等法院长）陈鸿慈　（教育厅秘书）汪汉三
主　　席　陈省长（周厅长代）
纪　　录　王之光　李星榆

报告事项

一、宣读第一百零四次省政会议录。

讨论事项

一、省长交议，据建设厅签呈，拟将前经济局移交本厅接管之制冰机招商承办制冰厂，谨拟具招商承办章程草案，请核示等情，提付公决案。

（决议）修正通过。

二、省长交议，据建设厅签呈，拟将广东省民营土榨糖寮取缔暂行规则再行修正，附具修正规则请核示等情，提付公决案。

（决议）通过。

三、省长交议，广州市政府呈，据工务局呈，拟将本市建筑规则内各项征费从新增定，并拟自本年三月份起照新定费额征收一案，转请核示等情，提付公决案。

（决议）通过。

临时动议

一、省长交议，据教育厅签呈，本厅督学程岳恩、省立第一中学校校长苏熊瑞均另有任用，拟请准予免职，并请派苏熊瑞为本厅督学程岳恩为省立第一中学校校长案。

（决议）通过。

广东省政府
第一百零六次省政会议录

日　　期　三月二十二日

地　　点　本府会议厅

出　　席　陈省长（周应湘代）　周应湘　汪宗准　张幼云　王克翔
　　　　　张宗骞　张国珍　黄子美　汪彦斌　章启佑

列　　席　（高等法院长）陈鸿慈　（教育厅秘书）汪汉三

主　　席　陈省长（周厅长代）

纪　　录　王之光　李星榆

报告事项

一、宣读第一百零五次省政会议录。

讨论事项

一、省长交议，据政务厅签呈，关于各机关本年二月份办理配给慈善等项特价米亏损数，应如何补拨，请核示等情，提付公决案。

（决议）（一）亏损数仍由糖厂捐赠白糖变价款抵补，不敷之数由省库筹拨。（二）三月份起配给价由省府核定。

二、省长交议，政务厅案呈，准建设厅函复，关于汕头市政府管理碾谷商店规则一案审查意见，请核示等情，提付公决案。

（决议）照审查意见修正通过。

三、省长交议，建设厅签呈，据卸粮食管理事务所【长】呈，拟具补配各机关三十三年十二月份以前特价米办法，转请核示等情，提付公决案。

（决议）通过。

四、省长交议，据核计处呈，本处视察江伟斌呈请辞职，拟请准予免职，遗职并请派叶蕰充任案。

（决议）通过。

临时动议

一、省长交议，番禺县县长曾广铨另候任用，应予免职，遗缺派冯壁峭署理案。

（决议）通过。

广 东 省 政 府
第一百零七次省政会议录

日　　期　三月三十一日

地　　点　本府会议厅

出　　席　陈省长（周应湘代）　周应湘　张幼云　王克翔　张国珍
　　　　　汪彦斌　章启佑

列　　席　（高等法院长）陈鸿慈　（财政厅秘书）沈天疆
　　　　　（教育厅秘书）汪汉三

主　　席　陈省长（周厅长代）

纪　　录　王之光　李星榆

报告事项

一、宣读第一百零六次省政会议录。

二、省长报告，据清乡事务局签呈，本局秘书兼第一科科长崔耀广呈辞本兼各职，荐任科员李贞干另有任用，拟请准予免职等情，经予照准。

讨论事项

一、省长交议，据财政厅签呈，编具本省地方三十四年上半年度收支概算书类，缴请转呈中央核定等情，提付公决案。

（决议）通过。呈行政院。

二、省长交议，据警务处签呈，本处秘书项熙春另候任用，拟请予免职，遗职并请派达冠章充任案。

（决议）通过。

广东省政府
第一百零八次省政会议录

日　期　四月五日

地　点　本府会议厅

出　席　陈省长（周应湘代）　周应湘　李荫南　王克翔　黄子美
　　　　张国珍　章启佑

列　席　（高等法院长）陈鸿慈　（财政厅秘书）沈天疆
　　　　（教育厅秘书）汪汉三

主　席　陈省长（周厅长代）

纪　录　王之光　李星榆

报告事项

一、宣读第一百零七次省政会议录。

讨论事项

一、省长交议，据张参事签复，会同陈院长审查政务厅所拟黄×等不服南海县政府呈奉核饬华益行采矿办法处分，提起诉愿之决定书一案，谨拟议意见呈请核示等情，提付公决案。

（决议）照审查意见通过。

二、省长交议，据清乡事务局签呈，拟请派吴大章为本局第一科科长，区德明为荐任科员案。

（决议）通过。

三、省长交议，据警务处签呈，本处第一科科长何伯寅另有任用，拟请予以免职，遗职并请派刘邦民充任案。

（决议）通过。

临时动议

一、省长交议，本府参事汪彦斌、林念慈均请辞职，拟予照准案。

（决议）通过。呈行政院。

广 东 省 政 府
第一百零九次省政会议录

日　期　四月十二日

地　点　本府会议厅

出　席　陈省长（周应湘代）　周应湘　汪宗准　李荫南　王克翔
　　　　黄子美　张国珍　章启佑

列　席　（高等法院长）陈鸿慈　（教育厅秘书）汪汉三

主　席　陈省长（周厅长代）

纪　录　王之光　李星榆

报告事项

一、宣读第一百零八次省政会议录。

二、省长报告，据建设厅签呈，本厅秘书主任高贞白、秘书袁国维、秘书兼第一科科长陈友琴、第四科科长李杰、暂代第五科科长姚梅生、代理第六科科长韩公孟、技正王宏猷、技士吴灿璋、垦牧场主任李俊明、驻澳门办事处专员叶长春、纺纱厂厂长林藻坤、手工艺厂厂长吴练百、工业试验所所长高士琛等十三员，均请辞职，拟请准予免职等情，经予照准。

讨论事项

一、省长交议，据政务厅签呈，为补助防空救护起见，拟议公务员救护队组织办法，请核示等情，提付公决案。

（决议）通过。

二、省长交议，关于市民陈××不服广州市政府所为撤销承领广州市×××路第×××号与×××号中间废街地段之处分，提起诉愿一案，经饬政务厅依法作成决定书，提付公决案。

（决议）交张参事会同陈院长审查。

三、省长交议，据清乡事务局签呈，拟请派卢宝永为本局秘书主任案。

（决议）通过。

四、省长交议，据建设厅签呈，本厅技正兼第三科科长邹焕新呈辞兼职，拟予照准，并请派平伯益为本厅秘书主任，邓子青为秘书兼第三科科长，邹君晃为第一科科长，李耀明为第四科科长案。

（决议）通过。

广 东 省 政 府
第一百一十次省政会议录

日　　期　　四月十九日

地　　点　　本府会议厅

出　　席　　陈省长（周应湘代）　周应湘　汪宗准　李荫南　郭卫民
　　　　　　张国珍　黄子美　章启佑

列　　席　　（高等法院长）陈鸿慈　（教育厅秘书）汪汉三

主　　席　　陈省长（周厅长代）

纪　　录　　王之光　李星榆

报告事项

一、宣读第一百零九次省政会议录。

二、省长报告，本府警务处处长兼本省警官学校校长王克翔，因病呈辞本兼各职，业经先予照准，并派该处副处长郭衡〔卫〕民，暂行代理处务暨代理警官学校校长，并电呈行政院备案。

三、省长报告，据政务厅签呈，为增强防空救护力量起见，除奉准组织公务员救护队外，并拟议广州市人民救护队组织办法，请核示等情，经予照准。

四、省长报告，据本府清乡事务局签呈，拟请派杨林为本局荐任科员，经准予照派。

五、省长报告，据广东省第三区行政督察专员公署呈，本署视察黄奉欣呈请辞职，请准予免职等情，经予照准。

讨论事项

一、省长交议，据财政厅签呈，拟将本省沙田税费征收实物暂行办法，暨各段沙田征收处组织暂行简章，予以修正，附具修正办法及简章呈请核示等情，提付公决案。

（决议）通过。

二、省长交议，据政务厅签呈，为适应广州市市郊环境，确立地方治安起见，经会同广州市政府及省会警察局、番禺县政府议拟，将前定市区界址从新划定，谨拟具调整市区界址办法六项，签请核示等情，提付公决案。

（决议）通过。

三、省长交议，据建设厅签呈，拟将本厅纺纱厂及手工艺厂合并办理，改名为纺织厂，该厂长一职，并拟由厅长兼任，请核示等情，提付公决案。

（决议）通过。

四、省长交议，据建设厅先后签呈，本厅第一科科长邬君晃，技士关伟雄、罗志鹏均请辞职，拟请准予免职，技士彭安石、沈祥虎、陈荣贵办事勤慎，拟晋升为技正，并请派林冠南为技正，邝锦康为秘书，何崇德为第一科科长案。

（决议）通过。

临时动议

一、省长交议，据政务厅签呈，关于配给各机关特价米，拟请改善办法等情，提付公决案。

（决议）交政务厅、财政厅、建设厅另拟改善办法。

广 东 省 政 府
第一百一十一次省政会议录

日　期　四月二十六日
地　点　本府会议厅

出　　席　陈省长（周应湘代）　周应湘　李荫南　郭卫民　黄子美
　　　　　张国珍　章启佑
列　　席　（高等法院长）陈鸿慈　（财政厅秘书）石天池
　　　　　（教育厅秘书）汪汉三
主　　席　陈省长（周厅长代）
纪　　录　王之光　李星榆

报告事项

一、宣读第一百一十次省政会议录。

二、省长报告，据警务处先后签呈，本处秘书王涤尘、彭仲安，第
一科科长刘邦民，第四科科长彭举均请辞职，拟请准予免职等情，经予
照准。

讨论事项

一、省长交议，据财政厅签呈，为减轻省库负担起见，拟请由本年
五月份起，裁减本省各机关公务员及军警名额米量，暨拟议处理俸给费
节余办法，并请酌将不急要之机关予以裁并，以节公帑，是否有当，签
请核示等情，提付公决案。

（决议）通过。

二、省长交议，据张参事、黄参事、章参事签呈，为适应战时体
制，均衡财政收支及增强行政效率起见，对于本省行政各机关似应加以
调整，谨拟议意见签请核示等情，提付公决案。

（决议）（一）第四、五区行政督察专员公署予以保留。（二）本府
核计处并予裁撤，归并财政厅办理。（三）广州市政府暨秘书处公物文
件移交政务厅接收。（四）工务局改为广东省会工务处，局长改为主任
（荐任），隶属本府。（五）广州市政府附设各机关，按其性质分别归并
或改隶本府各厅。（六）余照案通过。

三、省长交议，据财政厅签呈，关于奖券事务处呈，拟发行每期增
产奖券特等奖号码预测游戏券一案，谨将原拟办法加以修正，转请核示
等情，提付公决案。

（决议）通过。

四、省长交议，据广州市政府呈，关于财政局呈，拟改征骑楼地
价，及加收请领骑楼废街畸畛等地执照各费一案，转请核示等情，提付

公决案。

（决议）通过。

五、省长交议，据政务厅、财政厅、建设厅签呈，奉饬议拟改善配给各机关特价米办法一案，谨会同拟议办法签复核示等情，提付公决案。

（决议）修正通过。

六、省长交议，据财政厅签呈，本厅秘书主任兼奖券事务处经理沈天疆，呈辞秘书主任本职，请予照准，遗职拟由秘书石天池接充，并请派莫伯闲为本厅秘书案。

（决议）通过。

七、省长交议，本府参事黄子美呈请辞职，拟予照准案。

（决议）通过。呈行政院。

广 东 省 政 府
第一百一十七次省政会议录^①

日　　期　六月七日

地　　点　本府会议厅

出　　席　陈省长（周应湘代）　周应湘　汪宗准　李荫南　陈良烈
　　　　　郭卫民　黄子美　张国珍　章启佑

列　　席　（高等法院长）陈鸿慈

主　　席　陈省长（周厅长代）

纪　　录　王之光　李星榆

报告事项

一、宣读第一百一十六次省政会议录。

讨论事项

一、省长交议，据政务厅签呈，谨拟具广州市区娼妓检验规则，请

---

① 馆藏缺第一百一十二至一百一十六次省政会议录。

予核示等情，提付公决案。

（决议）修正通过。

二、省长交议，财政厅签呈，修正广州市郊临时地税征收实物事务所组织规程草案，请予核示等情，提付公决案。

（决议）通过。

三、省长交议，建设厅签呈，修正本厅纺织厂组织章程草案，请予核示等情，提付公决案。

（决议）修正通过。

四、省长交议，据警务处签呈，谨拟具本处分科规则草案，请予核示等情，提付公决案。

（决议）修正通过。

五、省长交议，据清乡事务局签呈，拟具中山县清乡地区团队总指挥部组织规则及编制表，暨经临预算书表等，请予核示等情，提付公决案。

（决议）该部人员由清乡事务局驻中山县办事处人员兼任，不另支经费。

临时动议

一、省长交议，据政务厅签呈，拟将承销广州市区垃圾办法改为征收实物，谨将前定招投章程妥为修正，呈请核示等情，提付公决案。

（决议）修正通过。

二、省长交议，教育厅签呈，据省立临时中学拟请改名为省立第六中学，转请核示等情，提付公决案。

（决议）通过。

三、省长交议，奉陈中委函谕，敬师运动应以礼义为尚，不必竟作宣传从事征集物质，至教师待遇低微，可酌收学费，以资挹注，盼各同志妥为办理等因，提付公决案。

（决议）交教育厅妥为办理。

四、省长交议，三水县县长倪家祥、海康县县长袁珊洲辞职，经予照准，遂溪县县长胡国华另有任用，应予免职，并拟派梁匡平为三水县县长，胡国华为海康县县长，吴万权为遂溪县县长案。

（决议）通过。

广东省政府
第一百一十八次省政会议录

日　　期　六月十四日

地　　点　本府会议厅

出　　席　陈省长（周应湘代）　周应湘　汪宗准　李荫南　陈良烈
　　　　　张国珍　章启佑

列　　席　（高等法院长）陈鸿慈　（警务处秘书）张绍昌

主　　席　陈省长（周应湘代）

纪　　录　王之光　李星榆

报告事项

一、宣读第一百一十七次省政会议录。

二、省长报告，据政务厅签呈，本厅第八科科长熊文杰因病辞职，拟请准予免职，遗职并请派本厅第二科科长李星榆暂代等情，经予照准。

讨论事项

一、省长交议，据财政厅签呈，为调整南番顺中四属纱绸晒莨捐，以裕库收起见，拟将捐率改为从价征收，并拟委托蚕丝建设特捐处驻粤办事处南海稽征所代征解缴，谨拟具办法及组织章程呈请核示等情，提付公决案。

（决议）（一）改正名称为"晒莨捐"。（二）余修正通过。

二、省长交议，据建设厅签呈，修正本厅血清制造所组织章程，请予核示等情，提付公决案。

（决议）通过。

三、省长交议，据财政厅先后签呈，广州市郊临时地税征收实物管理事务所主任郑逊伯、广州省税局局长徐国材、南三省税局局长李汉彝均另有任用，拟请准予免职，并请派徐国材为广州市郊临时地税征收实物管理事务所主任，李汉彝为广州省税局局长，张升为南三省税局局长案。

（决议）通过。

四、省长交议，据教育厅签呈，本厅第四科科长兼民众教育馆馆长潘福禧呈辞本兼各职，拟请准予免职，并请派王德辉为本厅第四科科长兼民众教育馆馆长案。

（决议）通过。

五、省长交议，据警务处先后签呈，本处第一科科长达冠章呈请辞职，第四科科长梁少华另有任用，拟请均予免职，并请派郑重为本处第一科科长，梁忠代理第四科科长案。

（决议）通过。

临时动议

一、省长交议，派梁朝汇为本府参事案。

（决议）通过。呈行政院。

广东省政府
第一百一十九次省政会议录

日　　期　六月二十一日

地　　点　本府会议厅

出　　席　陈省长（周应湘代）　汪宗准　李荫南　陈良烈　郭卫民
　　　　　黄子美　张国珍　章启佑　梁朝汇

列　　席　（高等法院长）陈鸿慈

主　　席　陈省长（周厅长代）

纪　　录　王之光　李星榆

报告事项

一、宣读第一百一十八次省政会议录。

讨论事项

一、省长交议，据政务厅签呈，拟将招投承销广州市区垃圾章程略为修正，请核示等情，提付公决案。

（决议）修正通过。

二、省长交议，据建设厅签呈，奉准核定对澳门贸易仍采取指定商制度一案，谨拟议意见，连同拟具各项办法及规程草案，呈请核示等情，提付公决案。

（决议）暂行办法第一条修正，余照案通过。

三、省长交议，据建设厅签呈，拟提高征收批商承办各县公路路租，并将前定办法修正，请核示等情，提付公决案。

（决议）通过。

四、省长交议，据建设厅签呈，本厅技正林藻坤辞不就职，拟请免职，并请派陈均沛为本厅技正案。

（决议）通过。

临时动议

一、省长交议，据教育厅签呈，本厅督学邝家鼎、省立第五中学校长凌汝骥均另有任用，拟请予以免职，并请派邝家鼎为省立第五中学校长案。

（决议）通过。

广 东 省 政 府
第一百二十次省政会议录

日　期　六月二十八日

地　点　本府会议厅

出　席　陈省长（周应湘代）　周应湘　汪宗准　李荫南　陈良烈

　　　　郭卫民　黄子美　张国珍　章启佑　梁朝汇

列　席　（高等法院长）陈鸿慈

主　席　陈省长（周厅长代）

纪　录　王之光　李星榆

报告事项

一、宣读第一百一十九次省政会议录。

讨论事项

一、省长交议，饬据政务厅拟具广东省政府民政厅分科规则，提付公决案。

（决议）修正通过。

二、省长交议，据财政厅签呈，关于广州市土地管理事务所拟具处理本市宅地税办法一案，分别核议意见转请核示等情，提付公决案。

（决议）照财政厅拟议意见通过。

三、省长交议，据建设厅签呈，为利便商人起卸货物，拟将前粮食管理事务所第一第二两码头开放，并拟改订征收夫力费及装卸费，以裕收入，是否有当，请核示等情，提付公决案。

（决议）（一）渡船停泊费改为每日征收租金一百元，渡江小艇载客上落不收费。（二）夫力费百分之三十及装卸费全数解厅转库。

四、省长交议，据政务厅签呈，本厅第四科科长禤炽而呈请辞职，拟请准予免职，并请派梁公俊为本厅第四科科长案。

（决议）通过。

五、省长交议，据建设厅签呈，本厅秘书赵若山呈请辞职，拟请准予免职，并请派祝尧封为本厅秘书案。

（决议）通过。